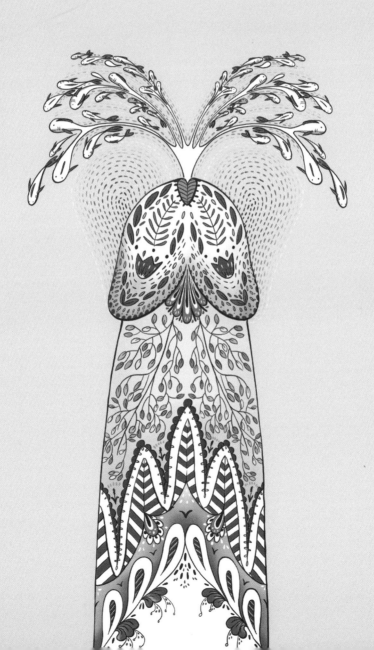

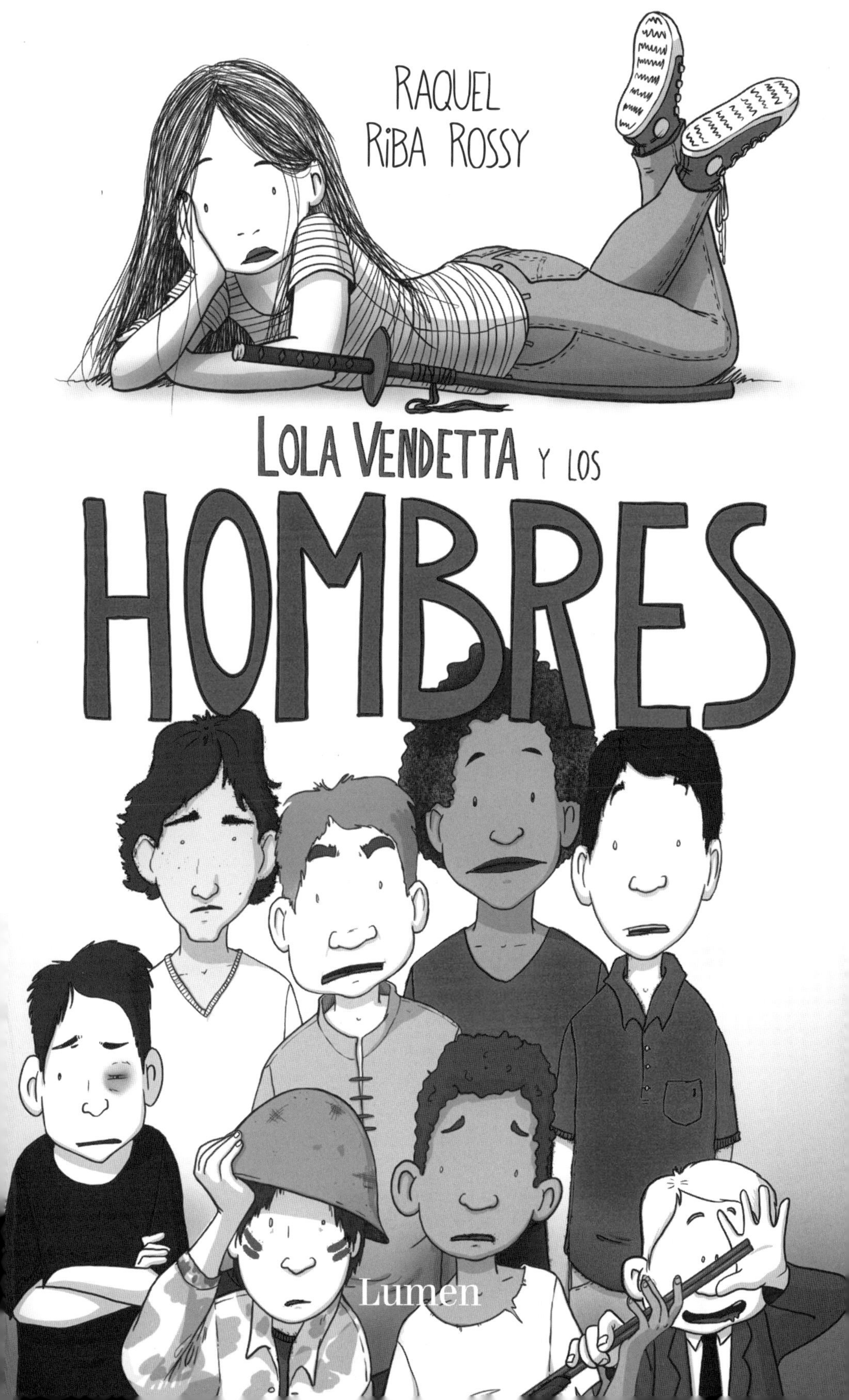
RAQUEL RIBA ROSSY
LOLA VENDETTA Y LOS
HOMBRES
Lumen

Primera edición: abril de 2019

© 2019, Raquel Riba Rossy
Publicado mediante acuerdo con International Editor's Co.
© 2019, Penguin Random House Grupo Editorial, S. A. U.
Travessera de Gràcia, 47-49. 08021 Barcelona

Printed in Spain – Impreso en España

ISBN: 978-84-264-0603-3
Depósito legal: B-2321-2019

Compuesto en M. I. Maquetación, S. L.
Impreso en Gráficas 94, S. L.
Sant Quirze del Vallès (Barcelona)

H 4 0 6 0 3 3

Penguin
Random House
Grupo Editorial

A MI PADRE, JAUME RIBA SAMARRA,
QUE ME HA EXPLICADO LA HONRADEZ,
LA HUMANIDAD Y EL VALOR DE
LA VIDA EN TODAS SUS EXPRESIONES,
NO CON PALABRAS
SINO CON EL EJEMPLO MÁS HUMILDE.

A CÉSAR BIOJÓ ARENAS,
QUE ME HA AYUDADO EN TODO
EL PROCESO CREATIVO, EN LA CREACIÓN
DE LAS VIÑETAS DE ACCIÓN DE ESTE LIBRO,
Y ME HA ABIERTO EL CORAZÓN
COMO NUNCA ANTES.

A TODO EL EQUIPO
DE REEVOLUCIÓN FEMENINA,
ESPECIALMENTE A SEBAS Y A ANA,
POR ARROPARME CON AMOR,
SIN JUICIO NI EXIGENCIAS.

PERSONAJES

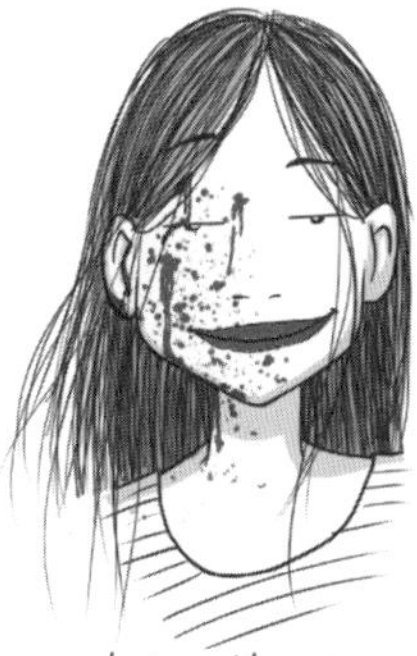

LOLA VENDETTA

AFILADA, CONTUNDENTE Y FEMENINA.

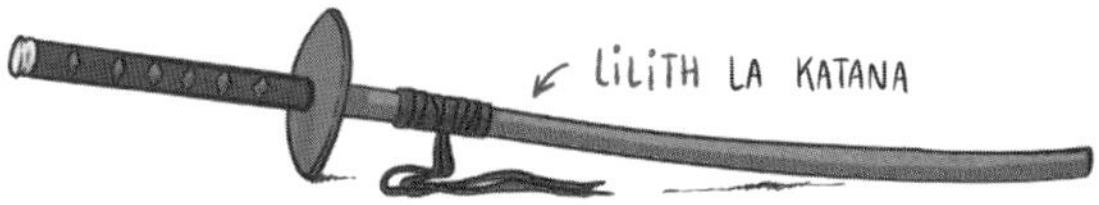

← LILITH LA KATANA

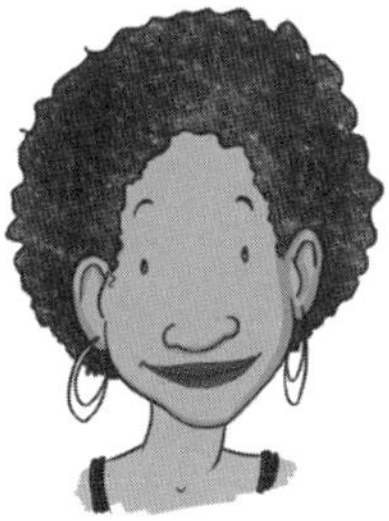

ROSA

AMIGA DE LA VIDA
EN LA GRAN CIUDAD.
MADE IN COLOMBIA

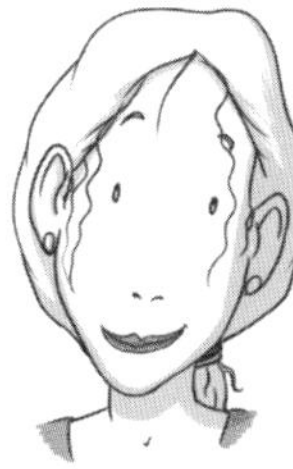

MAITE

AMIGA DE LOLA
DE TODA LA VIDA.
MADE IN ESPAÑA.

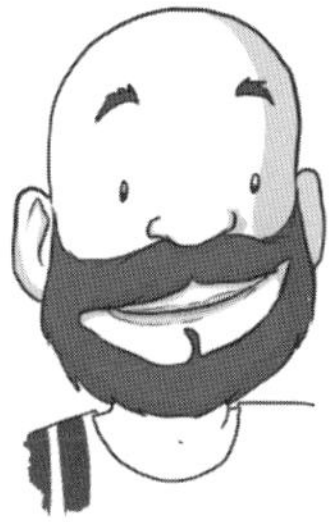

RAFA

AMIGO DE LOLA.
MADE IN EL PAÍS
DE LA PACHORRA.

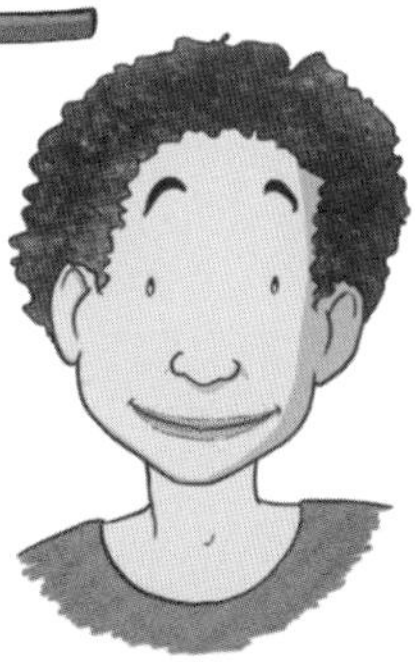

ALBERTO - SÉSAR

NACIDO EN COLOMBIA.
MADE IN EL MUNDO.
POTENCIAL CANDIDATO DE LOLA.

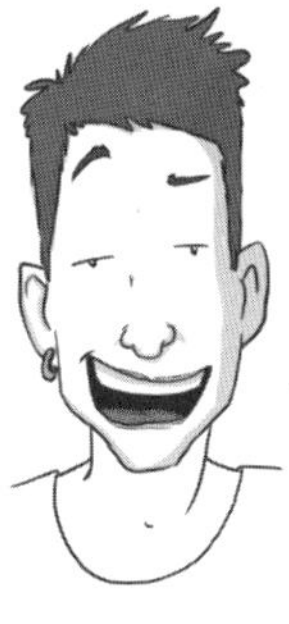

EL NANO

CANDIDATO PARA
LOLA

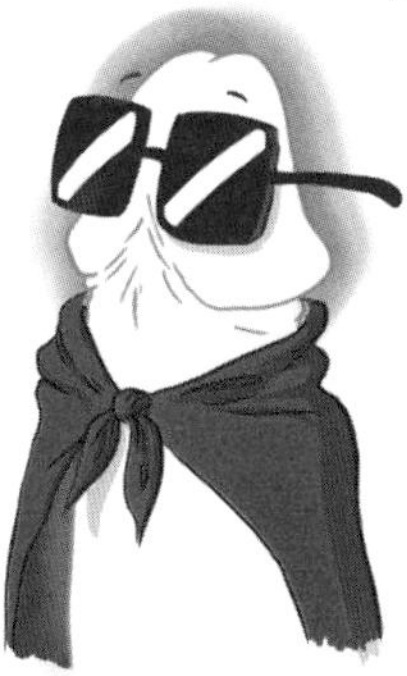

PENE LÁSER

EL PROTOMACHO
QUE VA CON EL PENE
POR DELANTE.

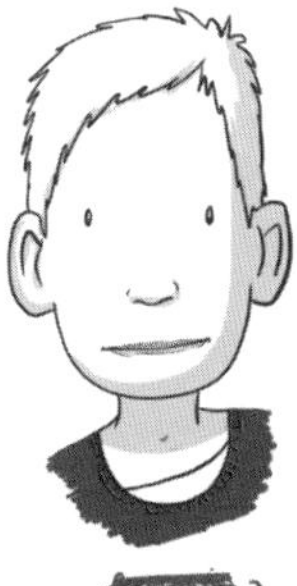

[redacted]
(VOLDEMORT)

♥ MAITE

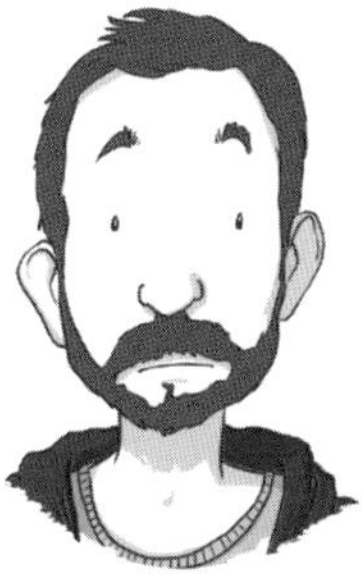

JORDI

CANDIDATO PARA
LOLA

ANTES DE CREAR ESTE LIBRO HE TENIDO ALGUNA QUE OTRA RESISTENCIA...

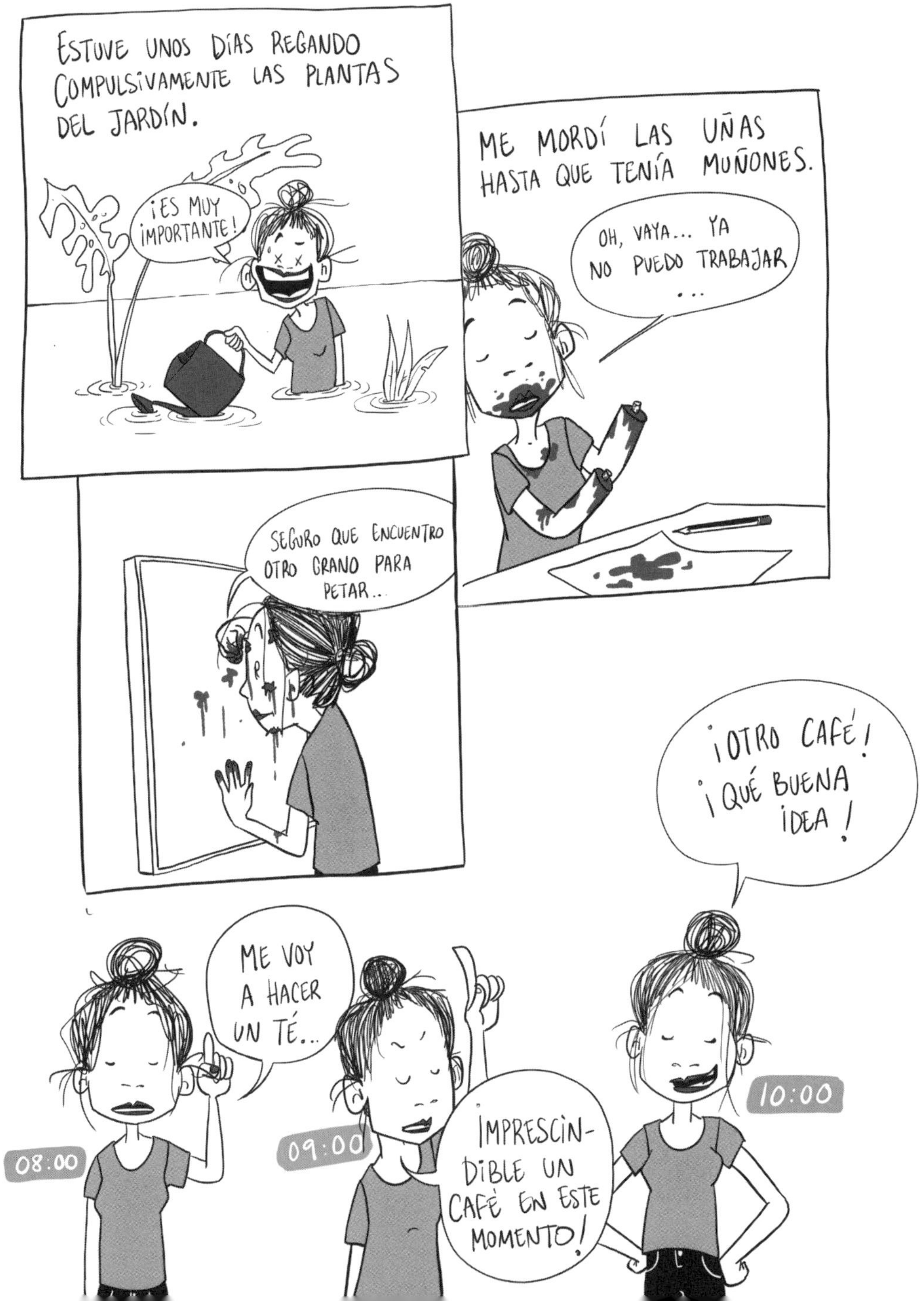
ESTUVE UNOS DÍAS REGANDO COMPULSIVAMENTE LAS PLANTAS DEL JARDÍN.
¡ES MUY IMPORTANTE!
ME MORDÍ LAS UÑAS HASTA QUE TENÍA MUÑONES.
OH, VAYA... YA NO PUEDO TRABAJAR...
SEGURO QUE ENCUENTRO OTRO GRANO PARA PETAR...
08:00
ME VOY A HACER UN TÉ...
09:00
¡IMPRESCINDIBLE UN CAFÉ EN ESTE MOMENTO!
10:00
¡OTRO CAFÉ! ¡QUÉ BUENA IDEA!

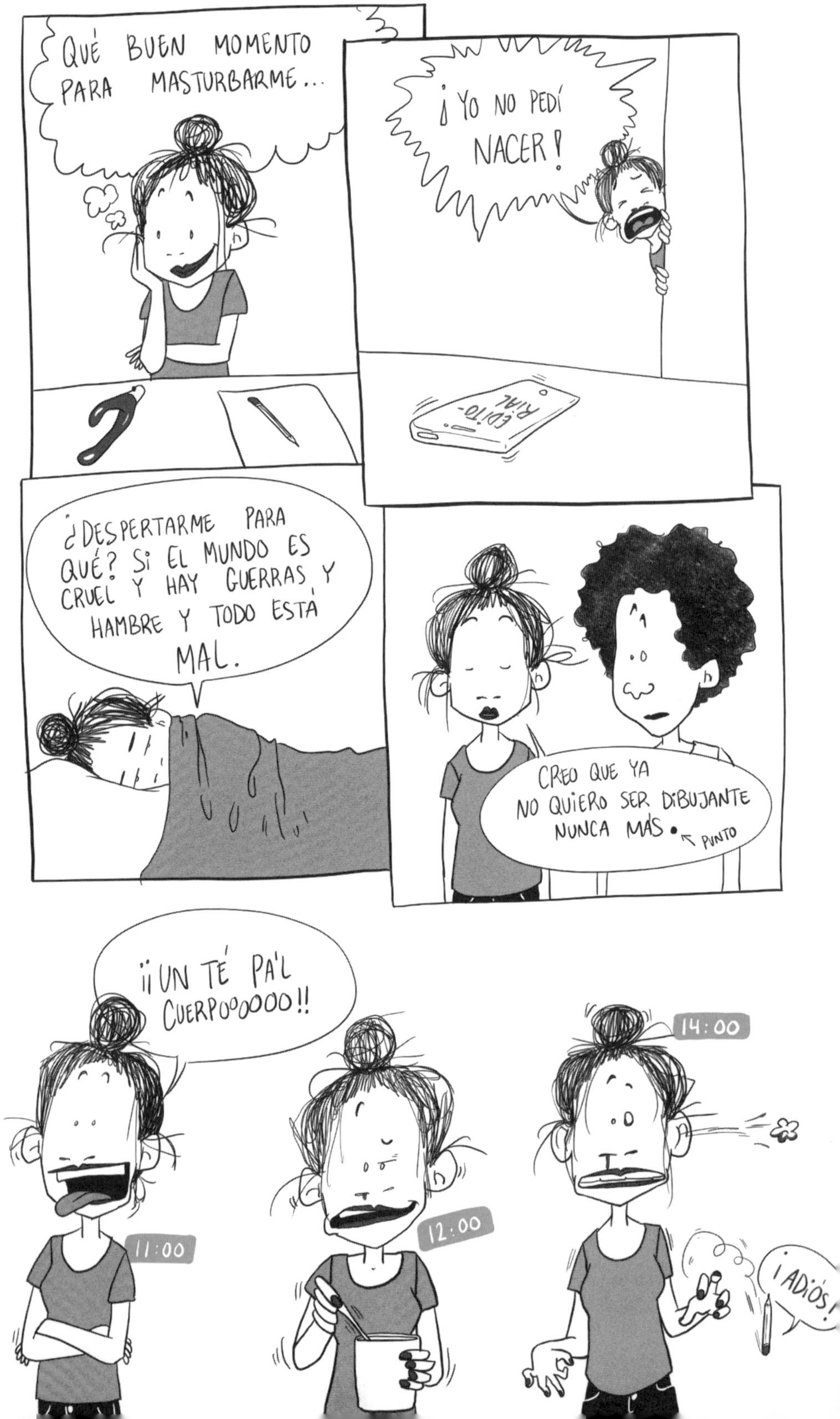
QUÉ BUEN MOMENTO PARA MASTURBARME...
¡YO NO PEDÍ NACER!
EDITO-RIAL
¿DESPERTARME PARA QUÉ? SI EL MUNDO ES CRUEL Y HAY GUERRAS Y HAMBRE Y TODO ESTÁ MAL.
CREO QUE YA NO QUIERO SER DIBUJANTE NUNCA MÁS.
PUNTO
¡¡UN TÉ PA'L CUERPOOOOOO!!
11:00
12:00
14:00
¡ADIÓS!

DESDE QUE EMPECÉ A TRABAJAR CON EL PERSONAJE ME HAN PASADO COSAS ASÍ:

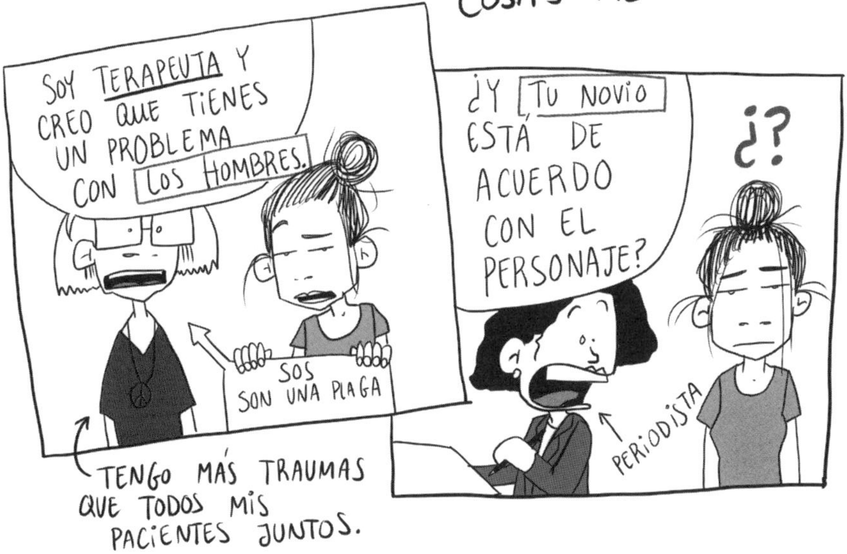
SOY TERAPEUTA Y CREO QUE TIENES UN PROBLEMA CON LOS HOMBRES.
SOS
SON UNA PLAGA
TENGO MÁS TRAUMAS QUE TODOS MIS PACIENTES JUNTOS.
¿Y TU NOVIO ESTÁ DE ACUERDO CON EL PERSONAJE?
¿?
PERIODISTA

LOS SUPERHÉROES MASCULINOS SE APALIZAN A LO BESTIA EN TODAS LAS PELÍCULAS, PERO ...

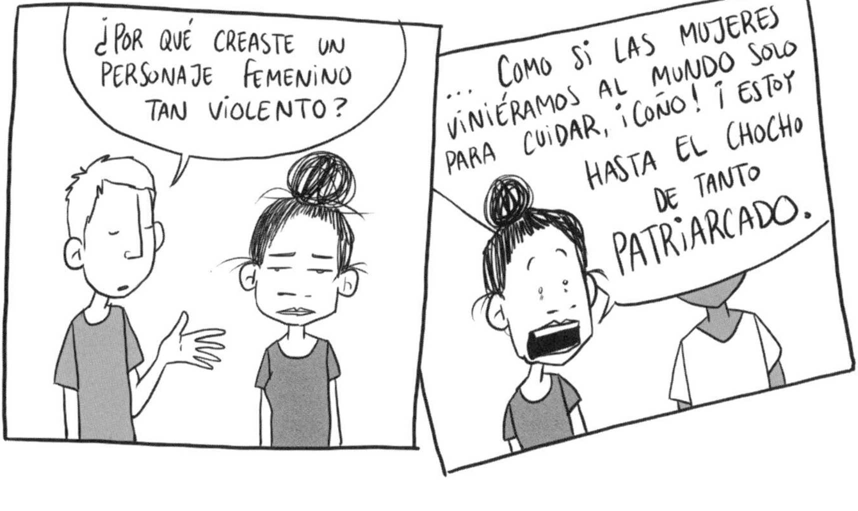
¿POR QUÉ CREASTE UN PERSONAJE FEMENINO TAN VIOLENTO?
... COMO SI LAS MUJERES VINIÉRAMOS AL MUNDO SOLO PARA CUIDAR, ¡COÑO! ¡ESTOY HASTA EL CHOCHO DE TANTO PATRIARCADO.

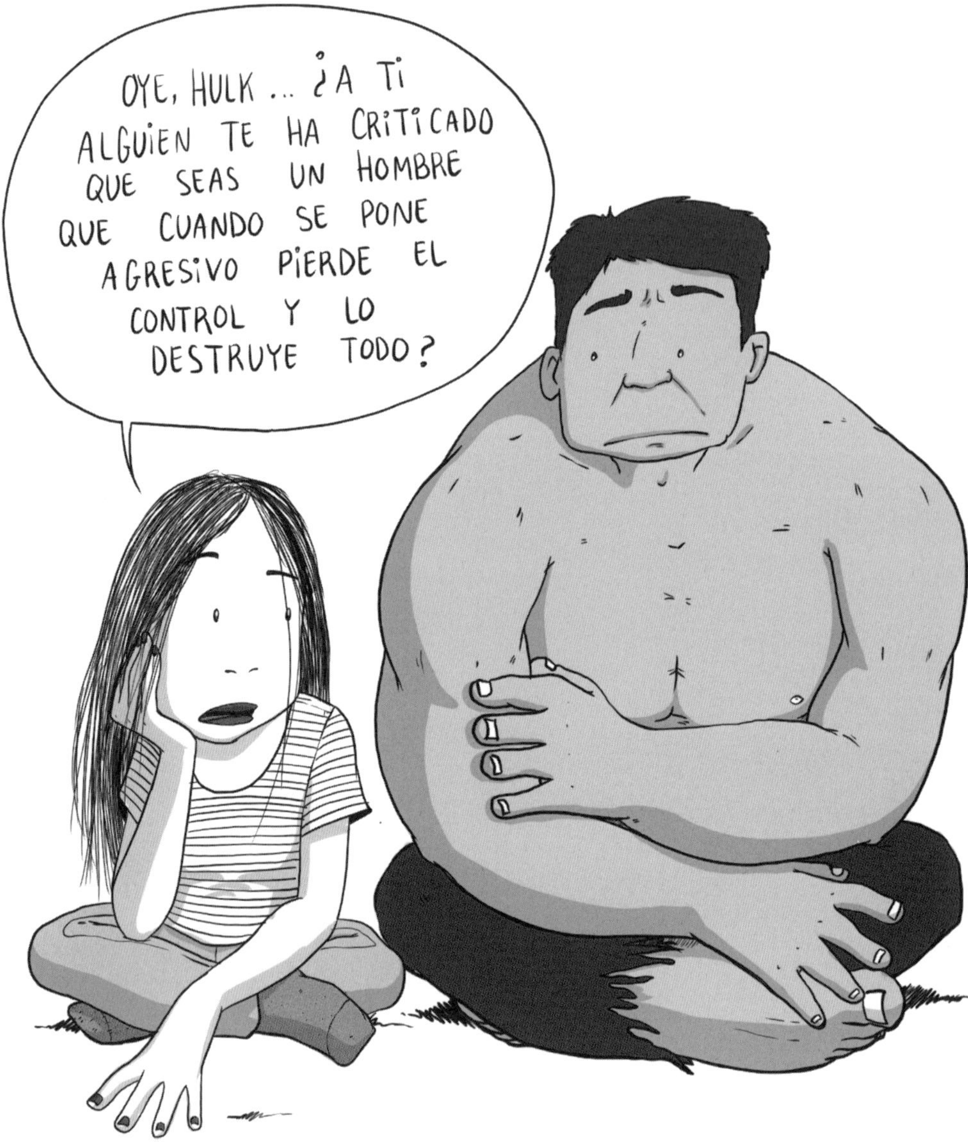
OYE, HULK... ¿A TI ALGUIEN TE HA CRITICADO QUE SEAS UN HOMBRE QUE CUANDO SE PONE AGRESIVO PIERDE EL CONTROL Y LO DESTRUYE TODO?

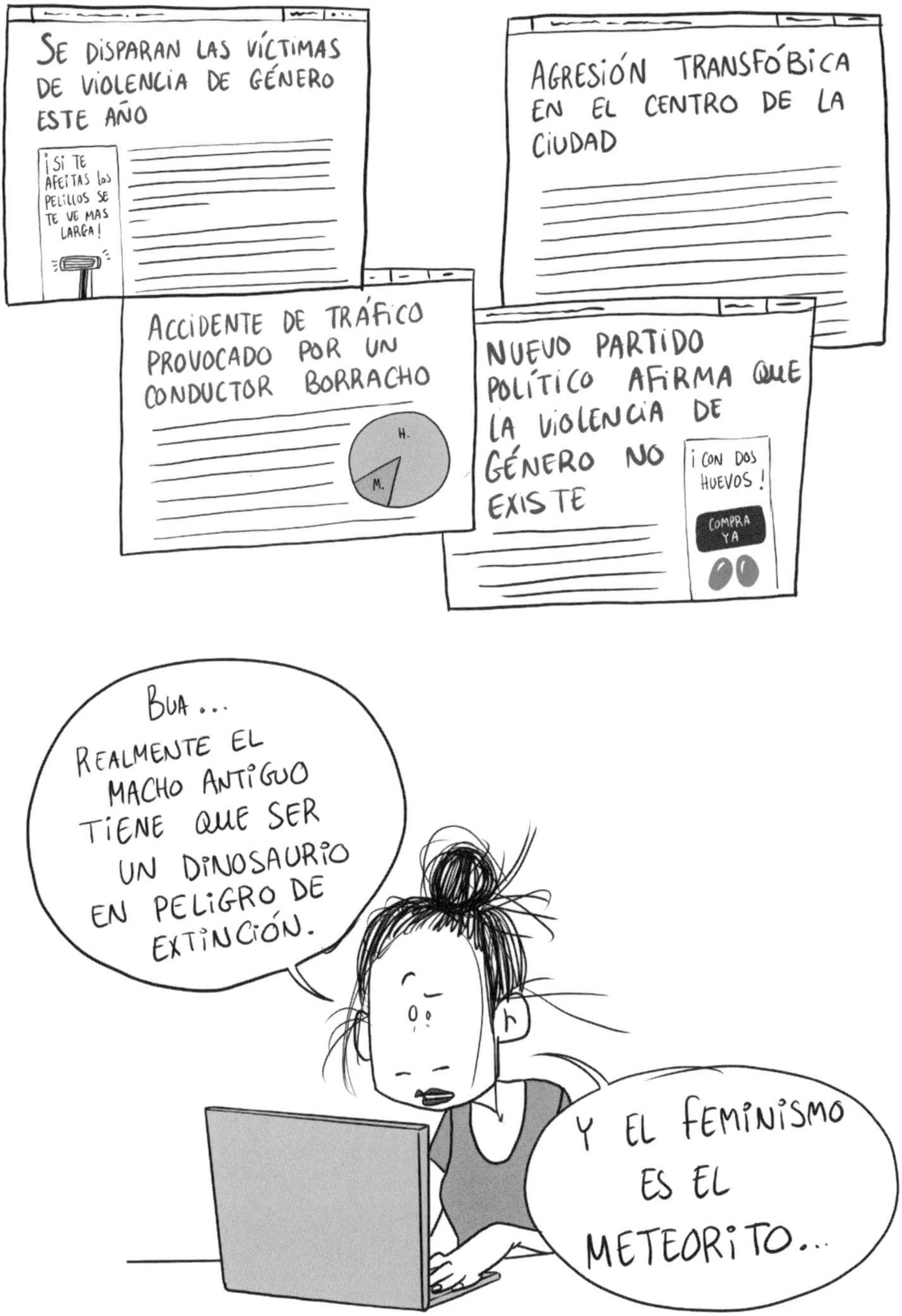
SE DISPARAN LAS VÍCTIMAS DE VIOLENCIA DE GÉNERO ESTE AÑO
¡SI TE AFEITAS LOS PELILLOS SE TE VE MAS LARGA!
AGRESIÓN TRANSFÓBICA EN EL CENTRO DE LA CIUDAD
ACCIDENTE DE TRÁFICO PROVOCADO POR UN CONDUCTOR BORRACHO
H.
M.
NUEVO PARTIDO POLÍTICO AFIRMA QUE LA VIOLENCIA DE GÉNERO NO EXISTE
¡CON DOS HUEVOS!
COMPRA YA
BUA... REALMENTE EL MACHO ANTIGUO TIENE QUE SER UN DINOSAURIO EN PELIGRO DE EXTINCIÓN.
Y EL FEMINISMO ES EL METEORITO...

AQUELLO A LO QUE LLAMAMOS "PATRIARCADO" HA METIDO TODO LO QUE LE ESTORBA EN

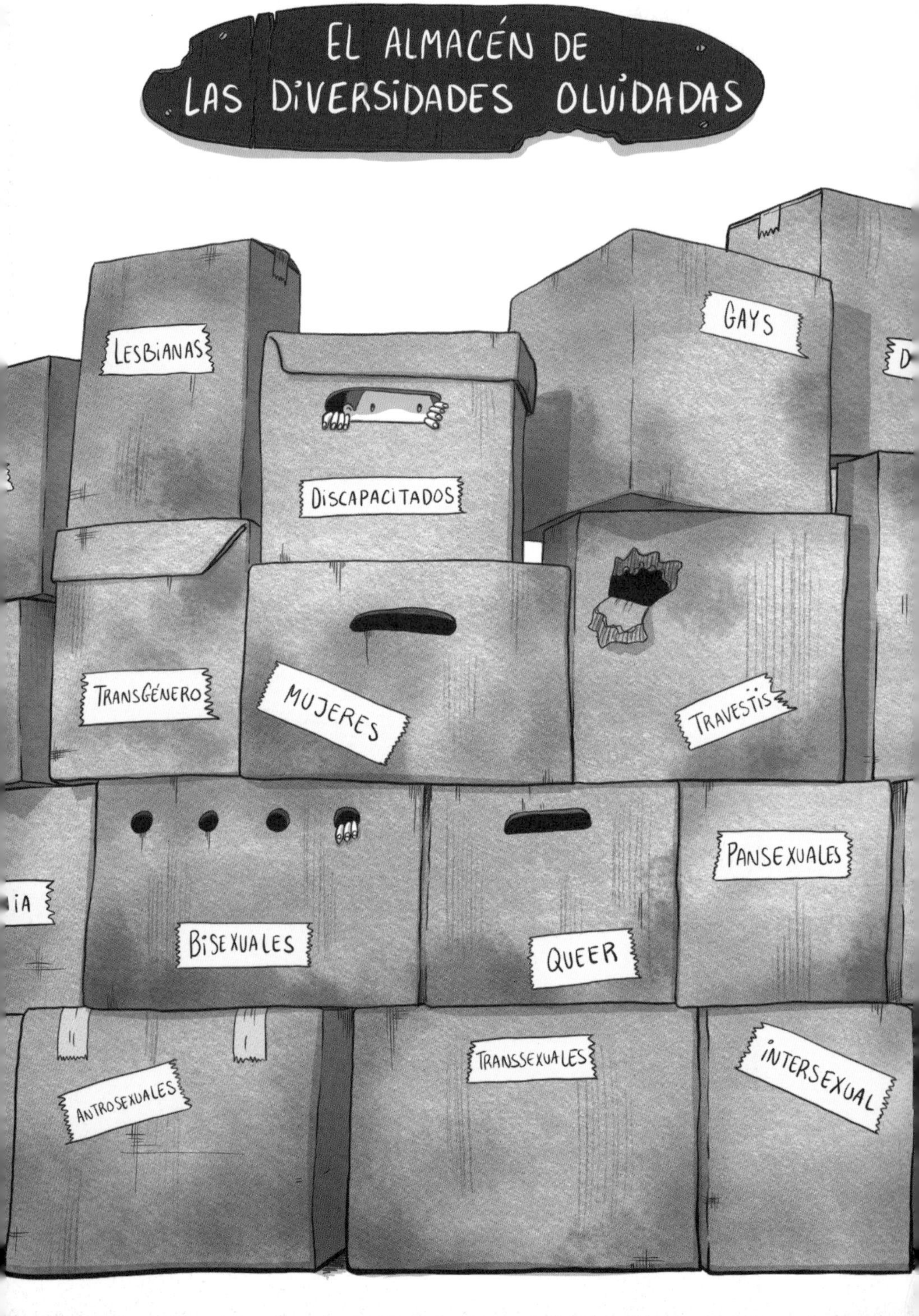
EL ALMACÉN DE LAS DIVERSIDADES OLVIDADAS
LESBIANAS
GAYS
DISCAPACITADOS
TRANSGÉNERO
MUJERES
TRAVESTIS
PANSEXUALES
BISEXUALES
QUEER
ANTROSEXUALES
TRANSSEXUALES
INTERSEXUAL

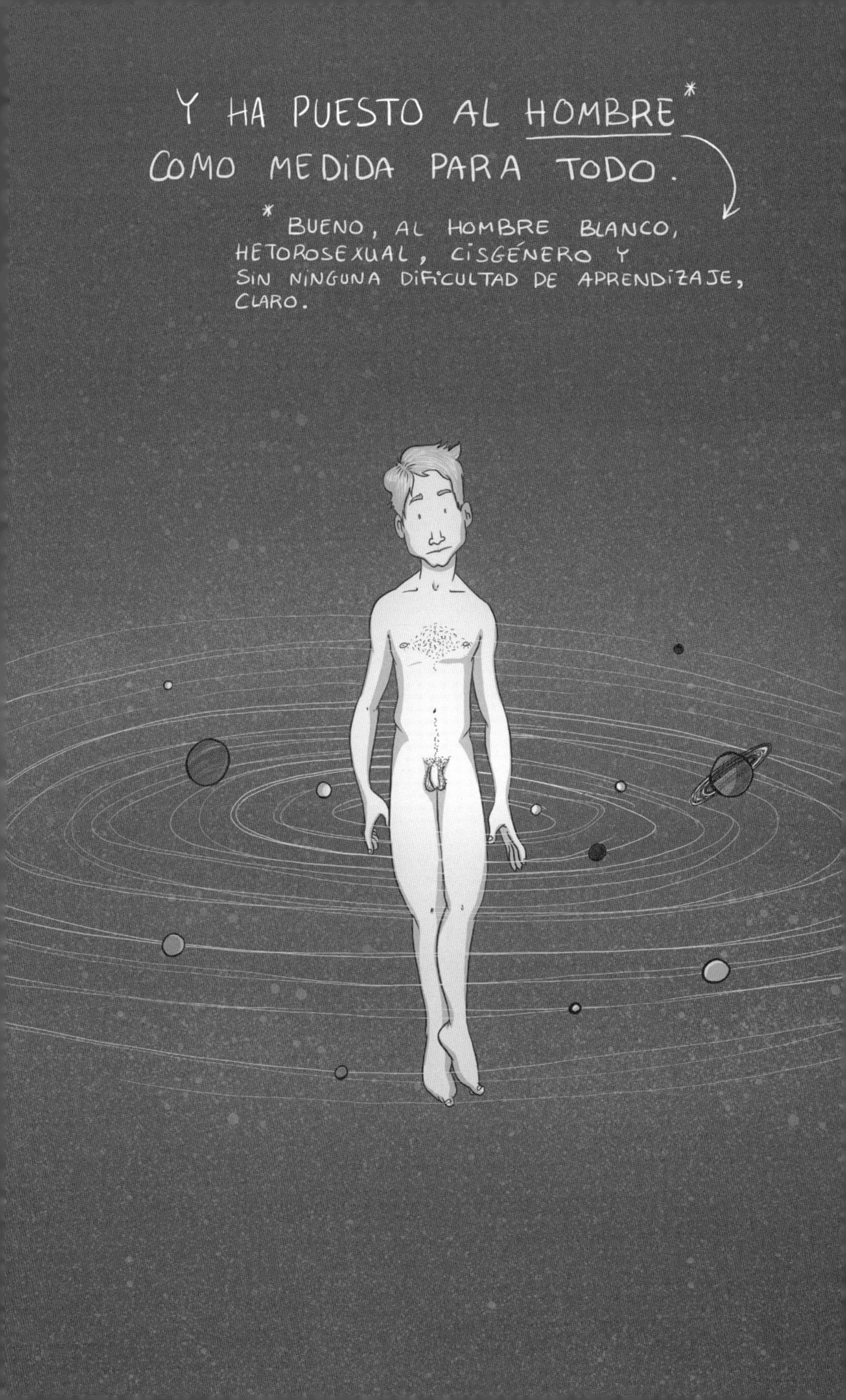
Y HA PUESTO AL HOMBRE* COMO MEDIDA PARA TODO.
* BUENO, AL HOMBRE BLANCO, HETOROSEXUAL, CISGÉNERO Y SIN NINGUNA DIFICULTAD DE APRENDIZAJE, CLARO.

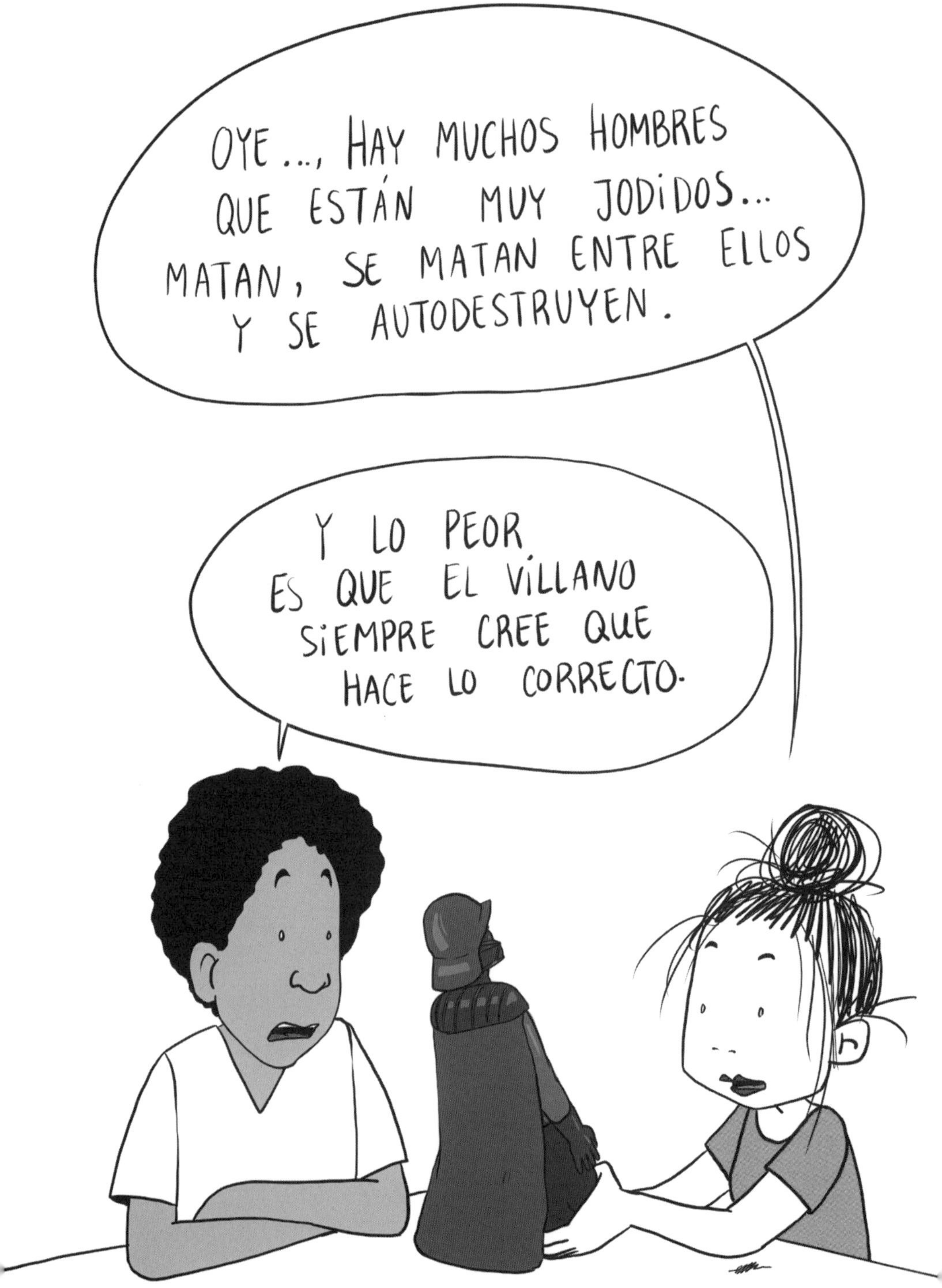
OYE..., HAY MUCHOS HOMBRES QUE ESTÁN MUY JODIDOS... MATAN, SE MATAN ENTRE ELLOS Y SE AUTODESTRUYEN.
Y LO PEOR ES QUE EL VILLANO SIEMPRE CREE QUE HACE LO CORRECTO.

ESTE ES EL PERSONAJE DEL "CAMPEÓN" Y ESTÁ INSPIRADO EN MI HERMANO DE LA VIDA REAL.

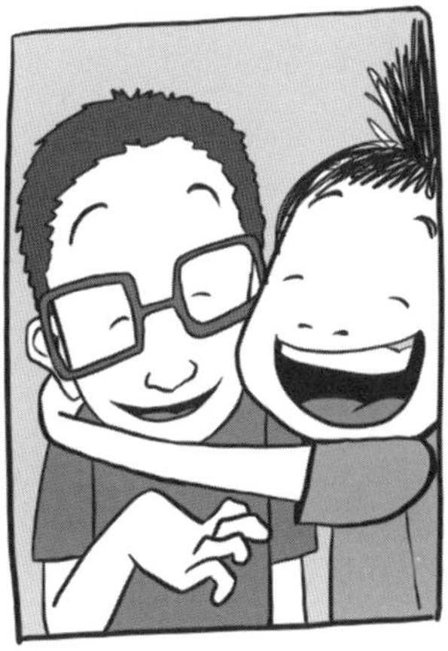

AL CAMPEÓN LE HICIERON BULLYING EN EL COLEGIO POR TENER UNA INTELIGENCIA DISTINTA A LA DE LOS DEMÁS.

Y LOS NIÑOS QUE LE PEGABAN ERAN LOS MISMOS PROTOMACHOS A LOS QUE ADORABAN MIS AMIGAS...

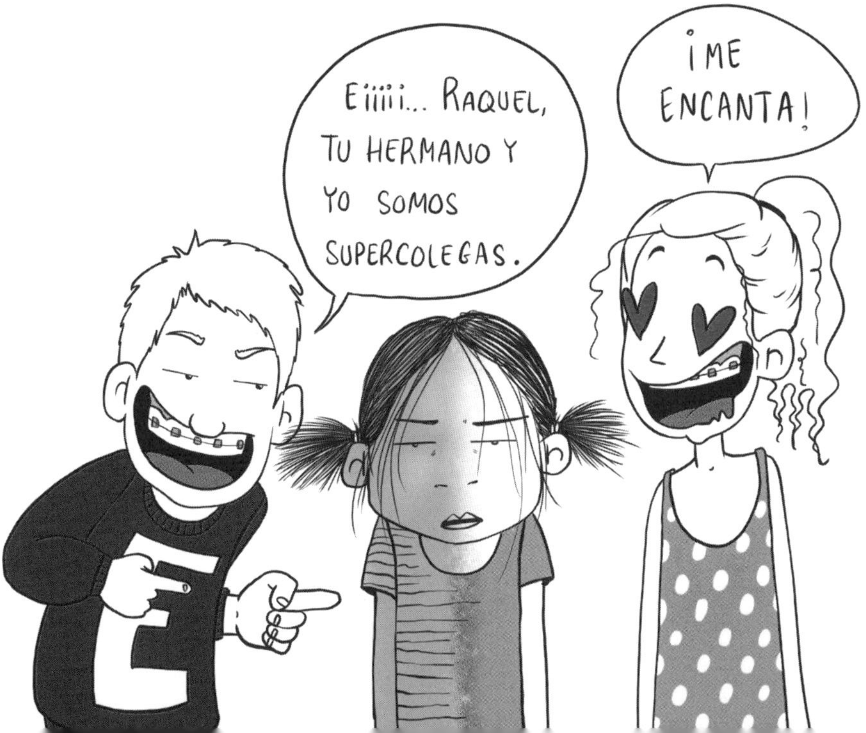
EIIIII... RAQUEL, TU HERMANO Y YO SOMOS SUPERCOLEGAS.
¡ME ENCANTA!

EN LOS PATIOS DE LOS COLEGIOS, EL 70-80%
DEL ESPACIO ERA ↑ PARA JUGAR AL FÚTBOL ...
    *Y SIGUE SIENDO EN MUCHAS ESCUELAS
¿Y QUIÉN JUGABA AL FÚTBOL MAYORMENTE?

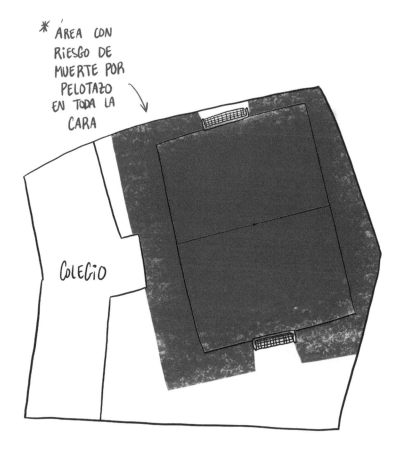

* ÁREA CON
RIESGO DE
MUERTE POR
PELOTAZO
EN TODA LA
CARA

COLEGIO

DESDE ENTONCES NOS EXPLICARON CÓMO
LA HISTORIA LLEVA SIGLOS FUNCIONANDO.

DESCO-NEXIÓN

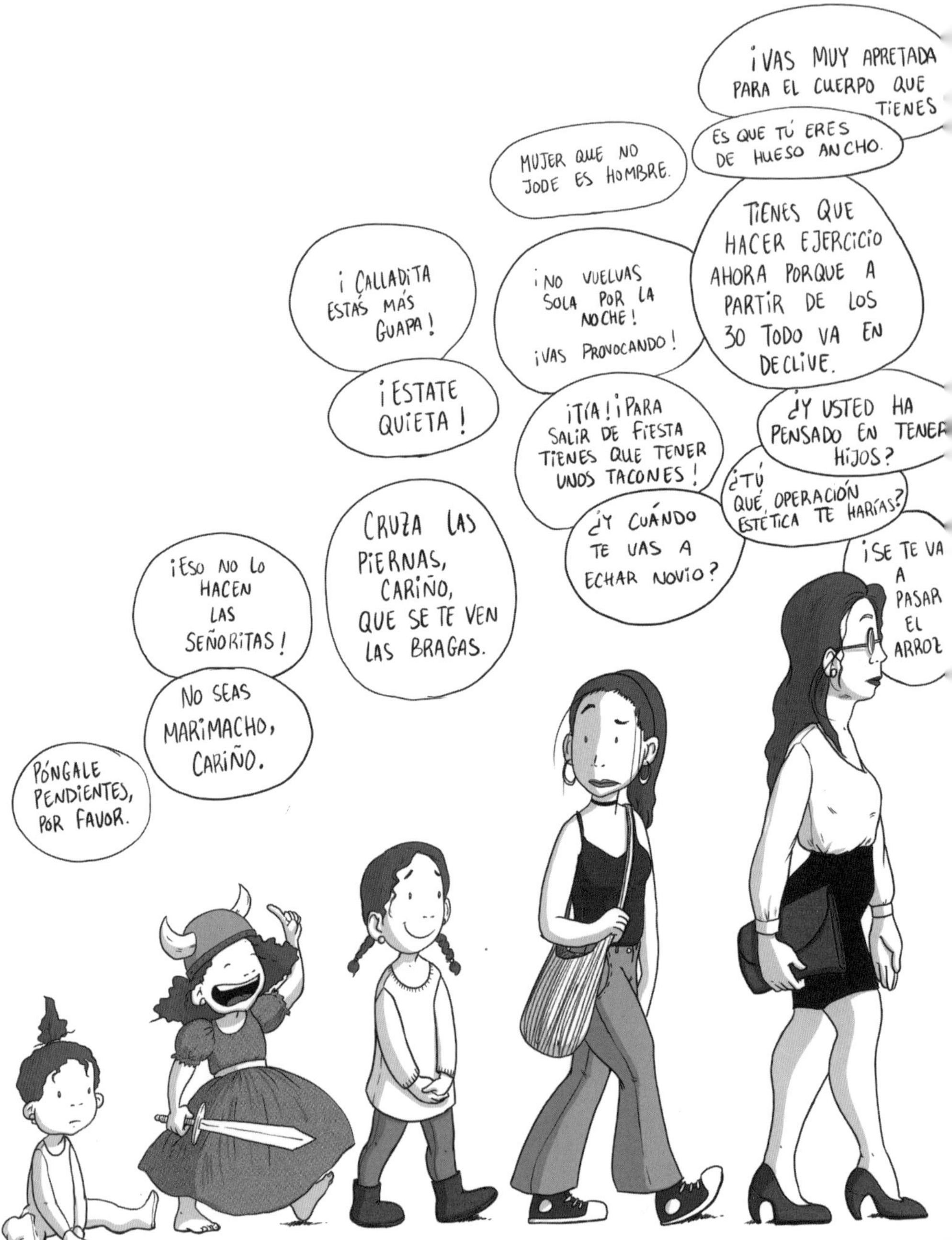
PÓNGALE PENDIENTES, POR FAVOR.
NO SEAS MARIMACHO, CARIÑO.
¡ESO NO LO HACEN LAS SEÑORITAS!
CRUZA LAS PIERNAS, CARIÑO, QUE SE TE VEN LAS BRAGAS.
¡ESTATE QUIETA!
¡CALLADITA ESTÁS MÁS GUAPA!
¿Y CUÁNDO TE VAS A ECHAR NOVIO?
¡TÍA! ¡PARA SALIR DE FIESTA TIENES QUE TENER UNOS TACONES!
¡NO VUELVAS SOLA POR LA NOCHE! ¡VAS PROVOCANDO!
MUJER QUE NO JODE ES HOMBRE.
¡SE TE VA A PASAR EL ARROZ
¿TÚ QUÉ OPERACIÓN ESTÉTICA TE HARÍAS?
¿Y USTED HA PENSADO EN TENER HIJOS?
TIENES QUE HACER EJERCICIO AHORA PORQUE A PARTIR DE LOS 30 TODO VA EN DECLIVE.
ES QUE TÚ ERES DE HUESO ANCHO.
¡VAS MUY APRETADA PARA EL CUERPO QUE TIENES

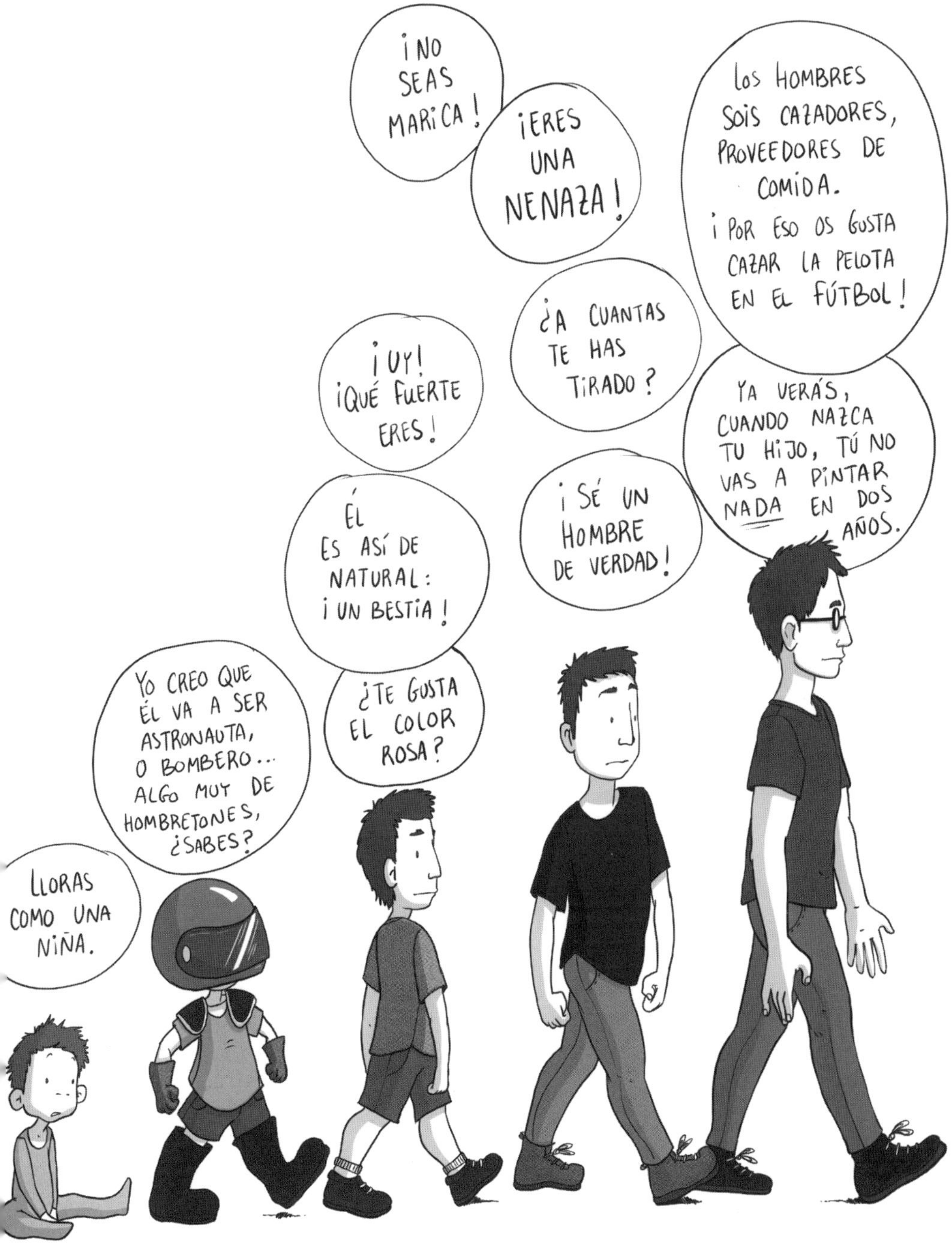
LLORAS COMO UNA NIÑA.
YO CREO QUE ÉL VA A SER ASTRONAUTA, O BOMBERO... ALGO MUY DE HOMBRETONES, ¿SABES?
¿TE GUSTA EL COLOR ROSA?
ÉL ES ASÍ DE NATURAL: ¡UN BESTIA!
¡UY! ¡QUÉ FUERTE ERES!
¡NO SEAS MARICA!
¡ERES UNA NENAZA!
¡SÉ UN HOMBRE DE VERDAD!
¿A CUANTAS TE HAS TIRADO?
YA VERÁS, CUANDO NAZCA TU HIJO, TÚ NO VAS A PINTAR NADA EN DOS AÑOS.
LOS HOMBRES SOIS CAZADORES, PROVEEDORES DE COMIDA. ¡POR ESO OS GUSTA CAZAR LA PELOTA EN EL FÚTBOL!

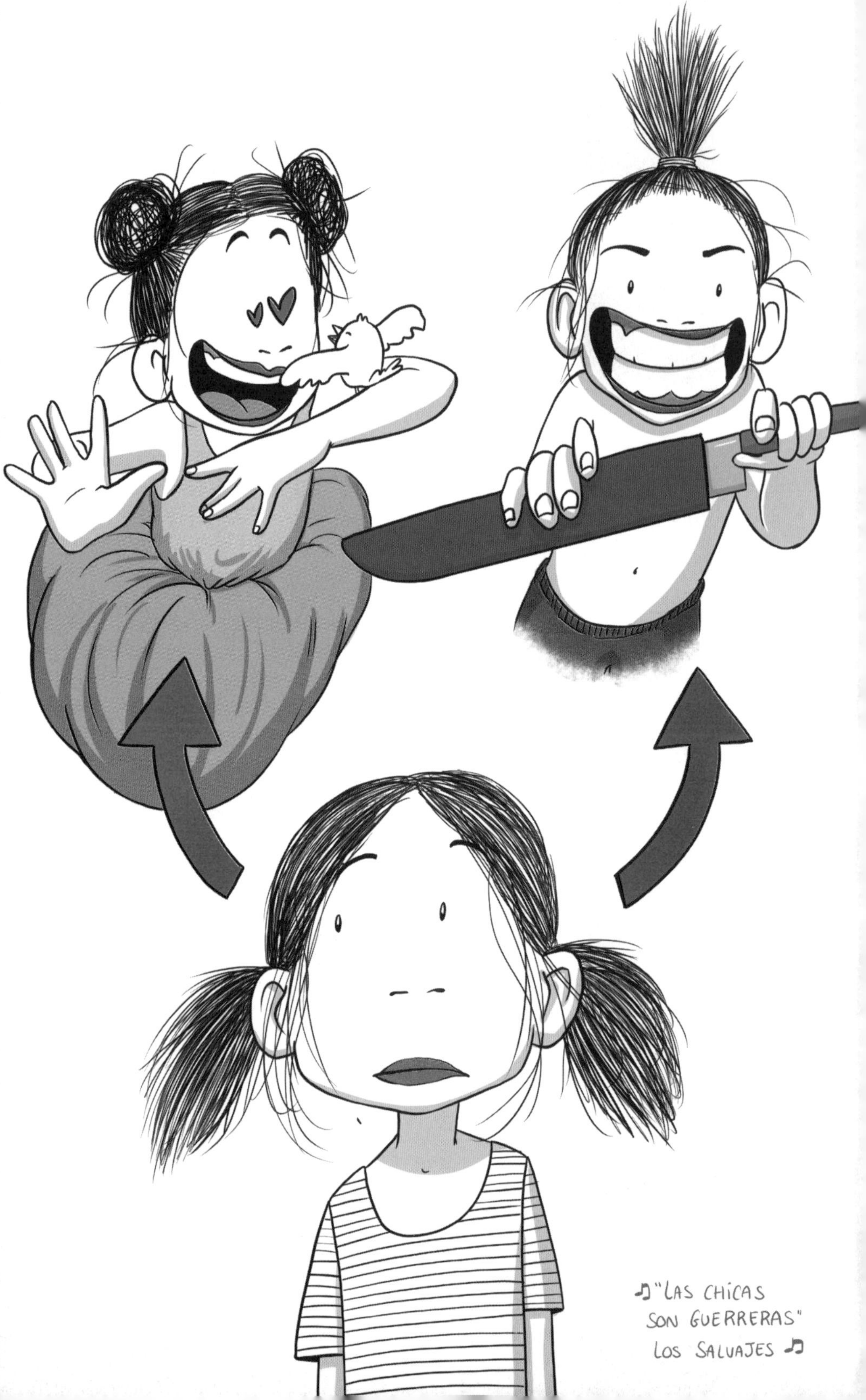
♫ "LAS CHICAS
SON GUERRERAS"
LOS SALVAJES ♫

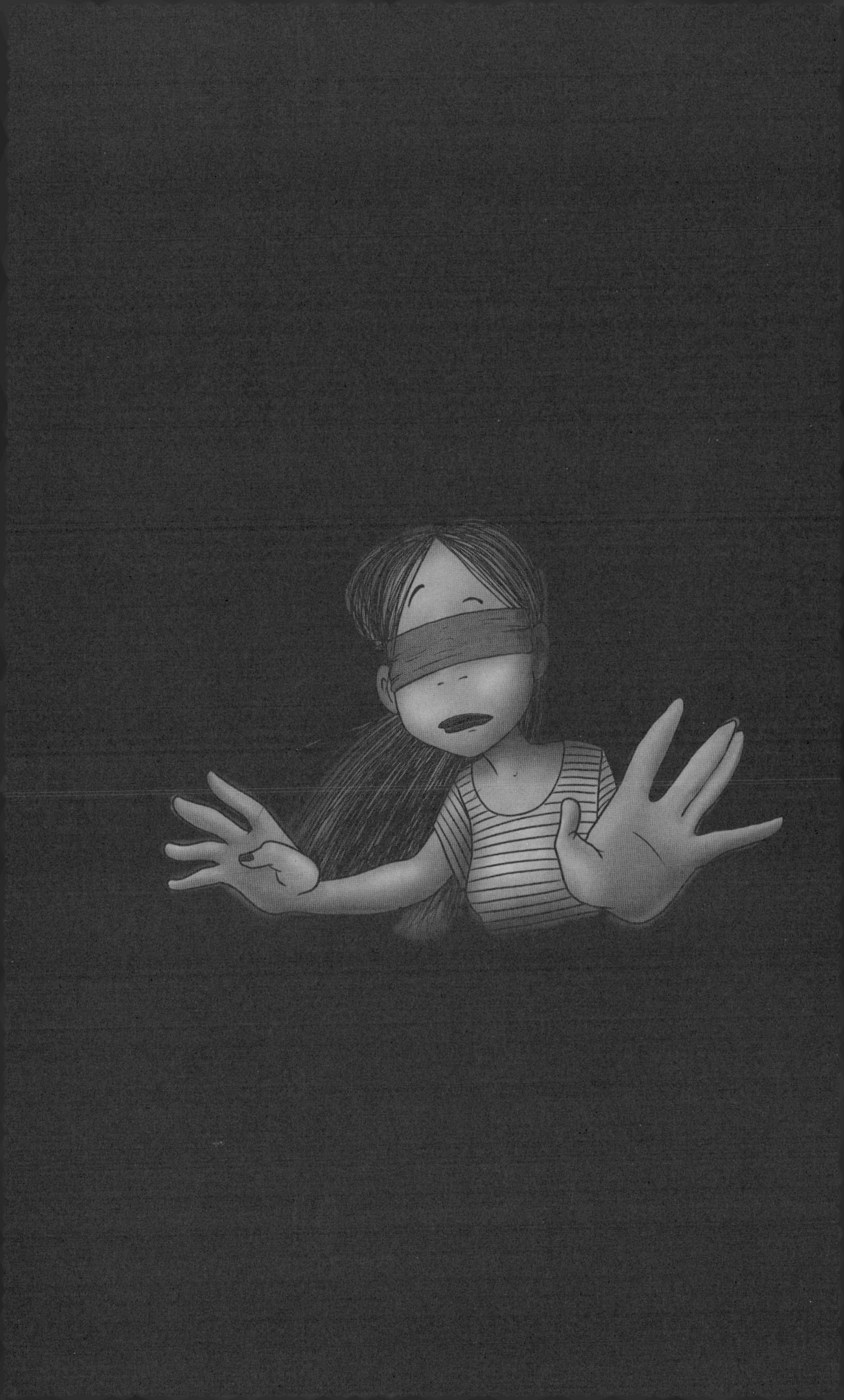

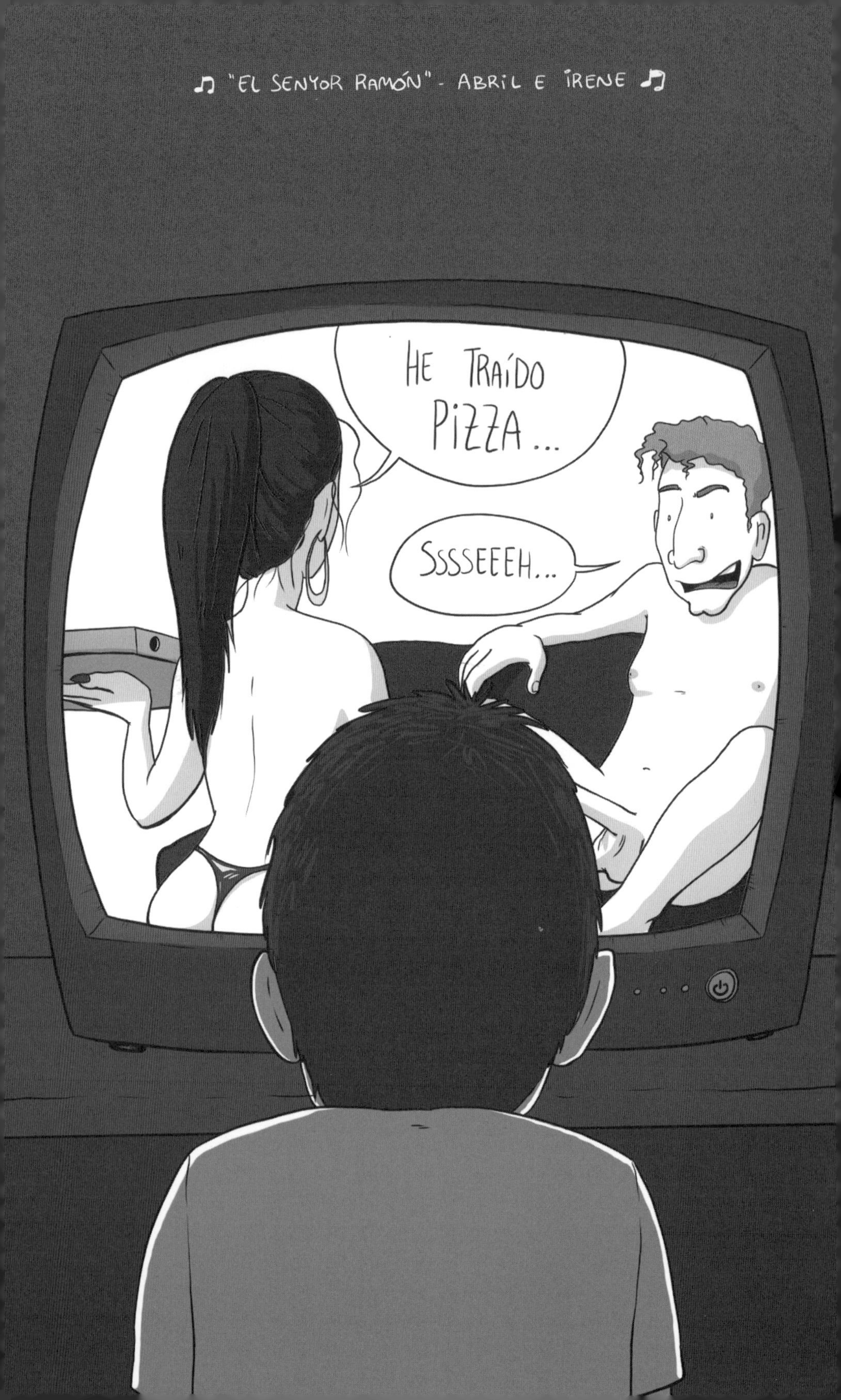
♫ "EL SENYOR RAMÓN" - ABRIL E IRENE ♫
HE TRAÍDO PIZZA...
SSSSEEEH...

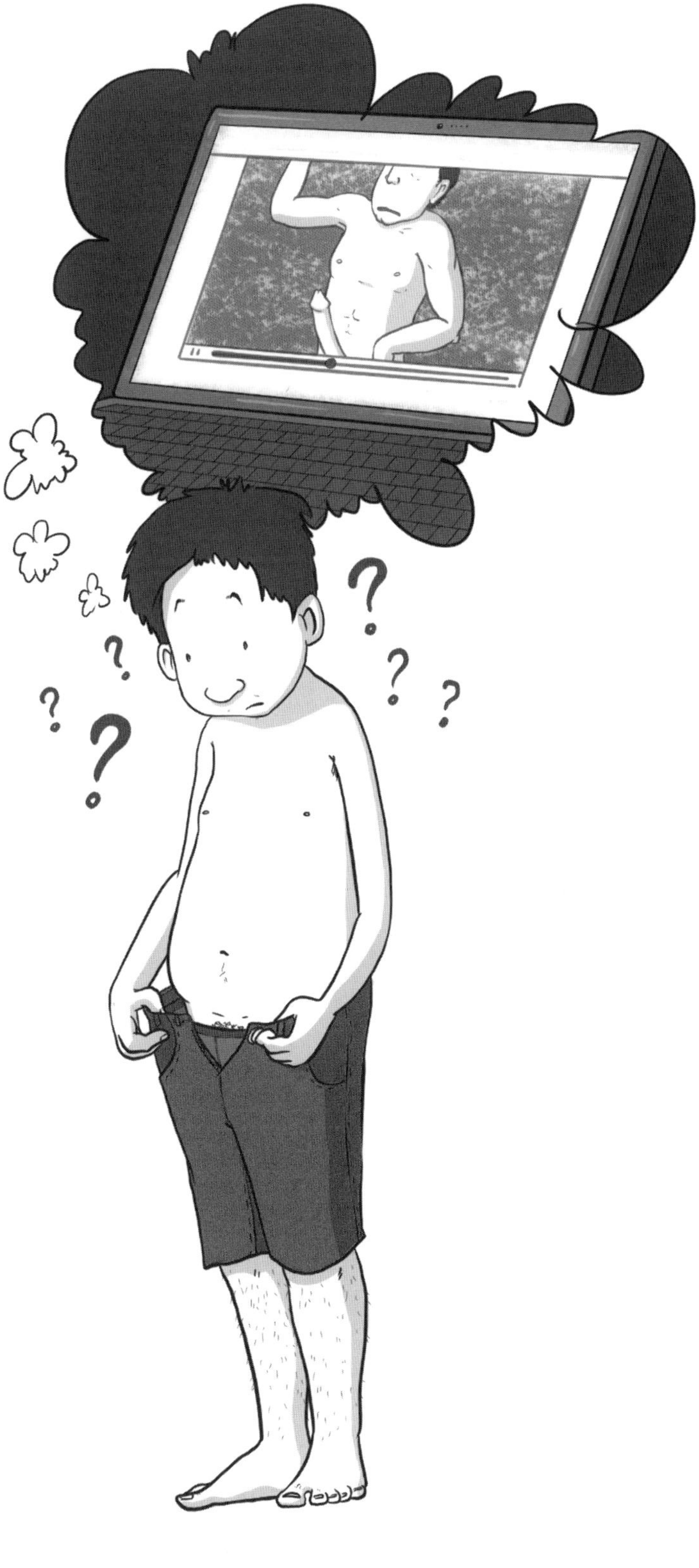

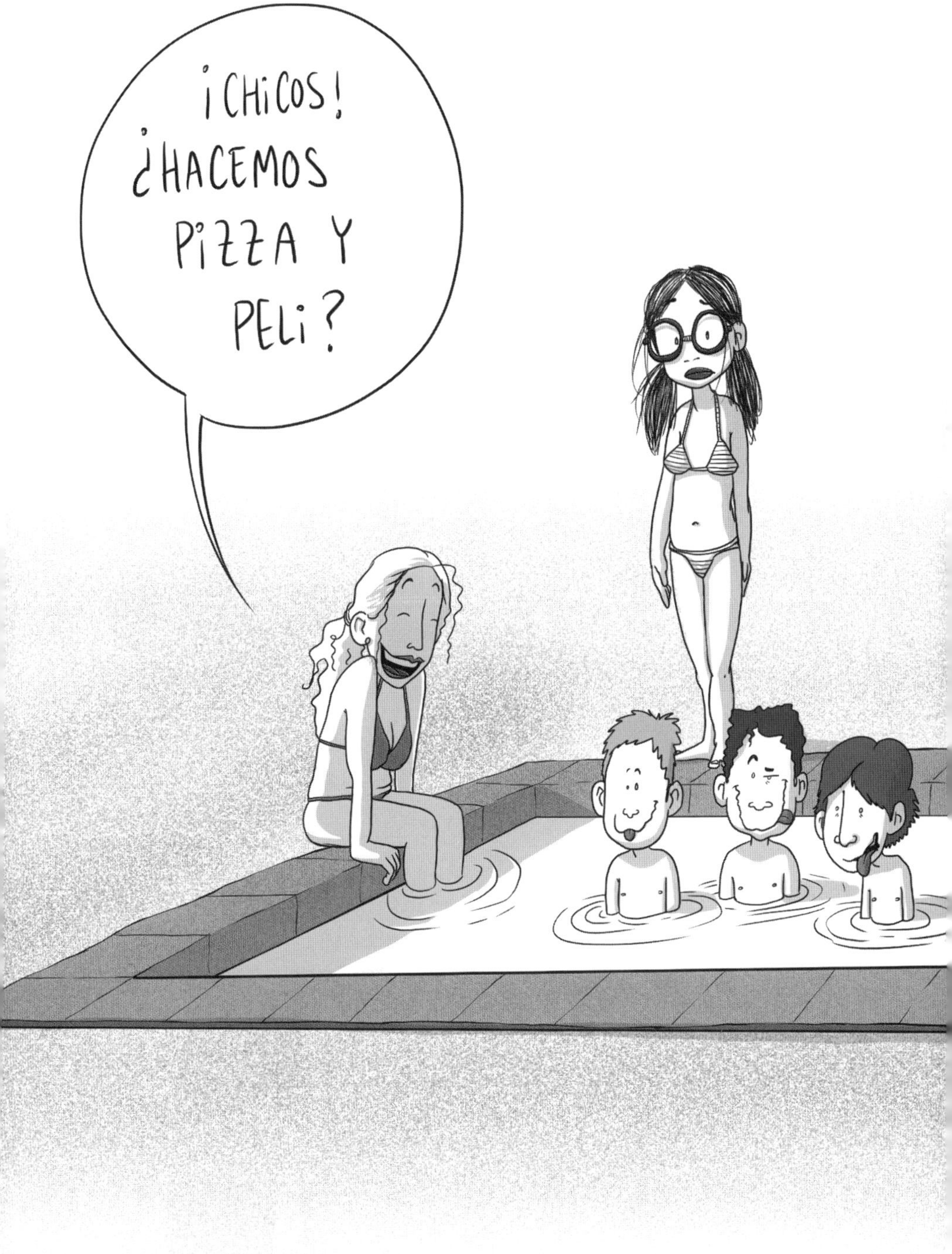
¡CHICOS! ¿HACEMOS PIZZA Y PELI?

EN MUCHOS RELATOS NOS HAN EXPLICADO QUE UN BUEN MACHO TIENE QUE HACER ESTO:

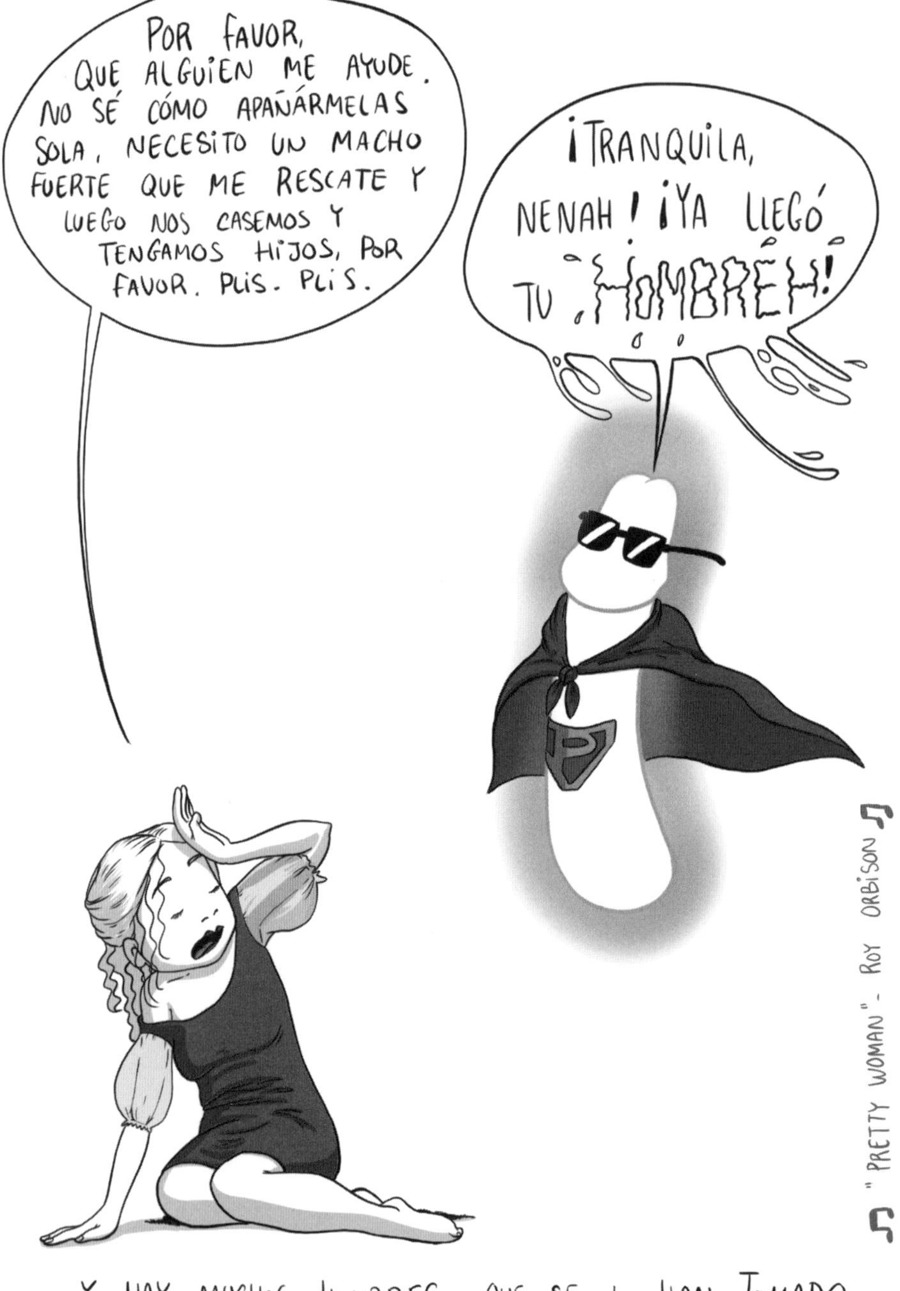
POR FAVOR, QUE ALGUIEN ME AYUDE. NO SÉ CÓMO APAÑÁRMELAS SOLA. NECESITO UN MACHO FUERTE QUE ME RESCATE Y LUEGO NOS CASEMOS Y TENGAMOS HIJOS, POR FAVOR. PLIS. PLIS.
¡TRANQUILA, NENAH! ¡YA LLEGÓ TU HOMBREH!
♫ "PRETTY WOMAN" - ROY ORBISON ♫

Y HAY MUCHOS HOMBRES QUE SE LO HAN TOMADO <u>MUY</u> EN SERIO.

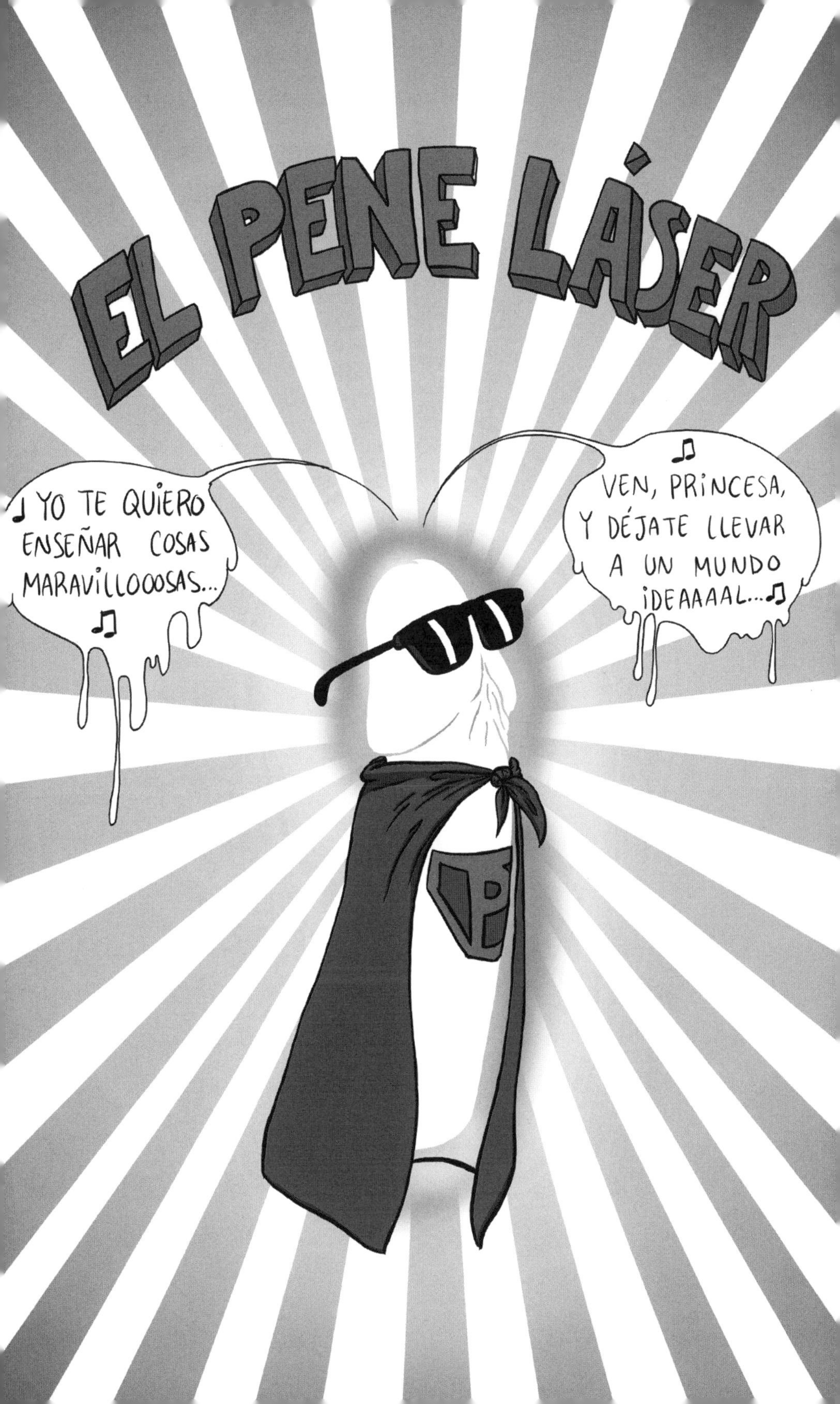
EL PENE LÁSER
♩ YO TE QUIERO ENSEÑAR COSAS MARAVILLOOOSAS... ♫
♫ VEN, PRINCESA, Y DÉJATE LLEVAR A UN MUNDO IDEAAAAL... ♫
PL

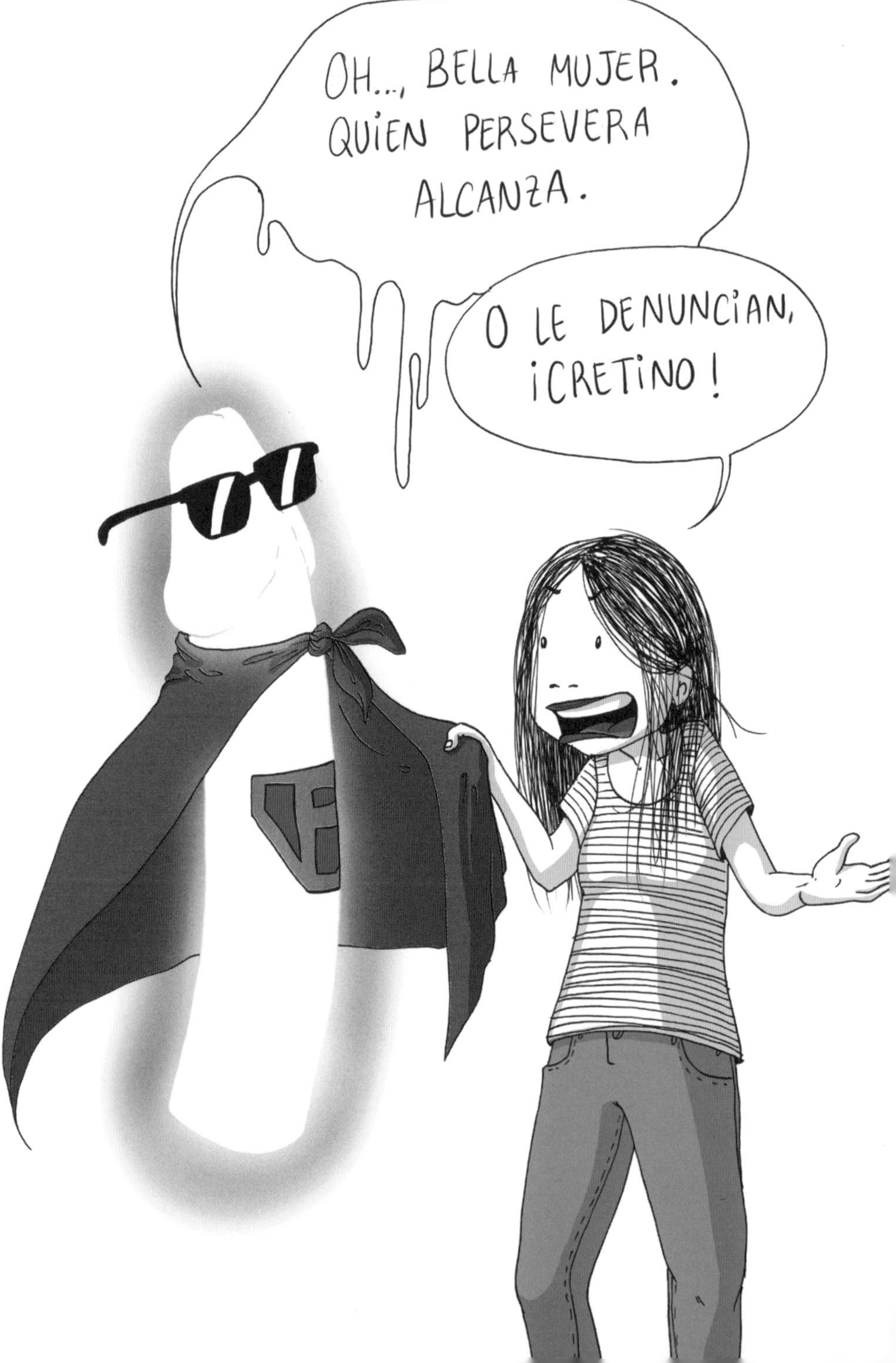
OH..., BELLA MUJER. QUIEN PERSEVERA ALCANZA.
O LE DENUNCIAN, ¡CRETINO!

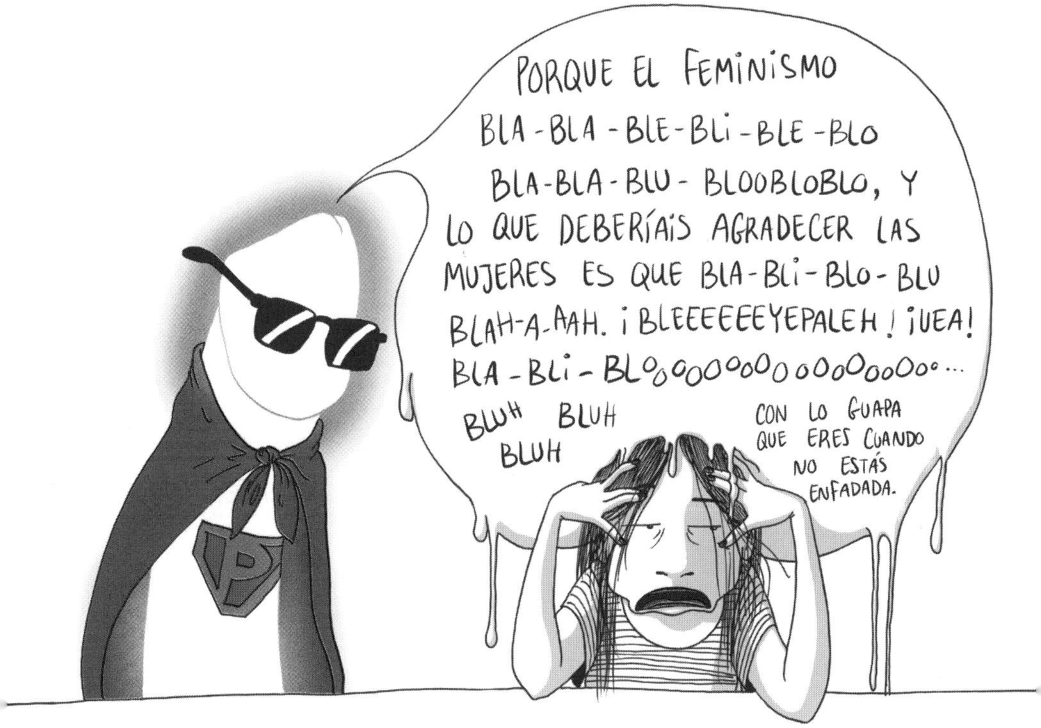
PORQUE EL FEMINISMO
BLA-BLA-BLE-BLI-BLE-BLO
BLA-BLA-BLU-BLOOBLOBLO, Y
LO QUE DEBERÍAIS AGRADECER LAS
MUJERES ES QUE BLA-BLI-BLO-BLU
BLAH-A-AAH. ¡BLEEEEEEYEPALEH! ¡UEA!
BLA-BLI-BLOOOOOOOOOOOOOOOOO...
BLUH BLUH
BLUH
CON LO GUAPA QUE ERES CUANDO NO ESTÁS ENFADADA.

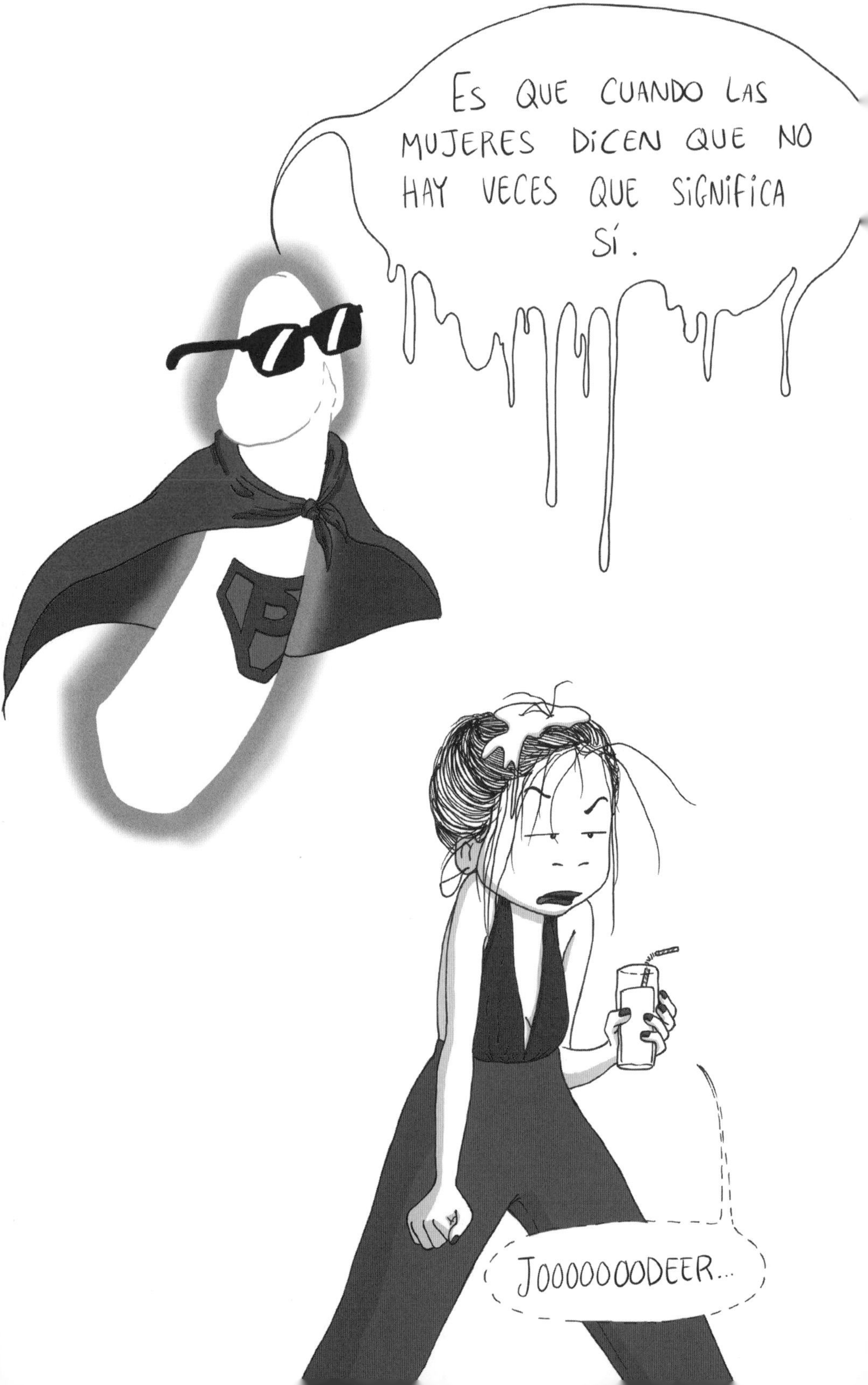
ES QUE CUANDO LAS MUJERES DICEN QUE NO HAY VECES QUE SIGNIFICA SÍ.
JOOOOOOODEER...

¡PERO NO TODOS SOMOS ¡GUALES!

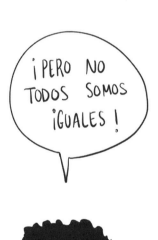

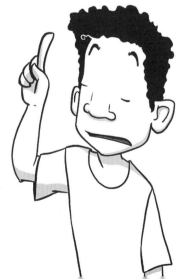

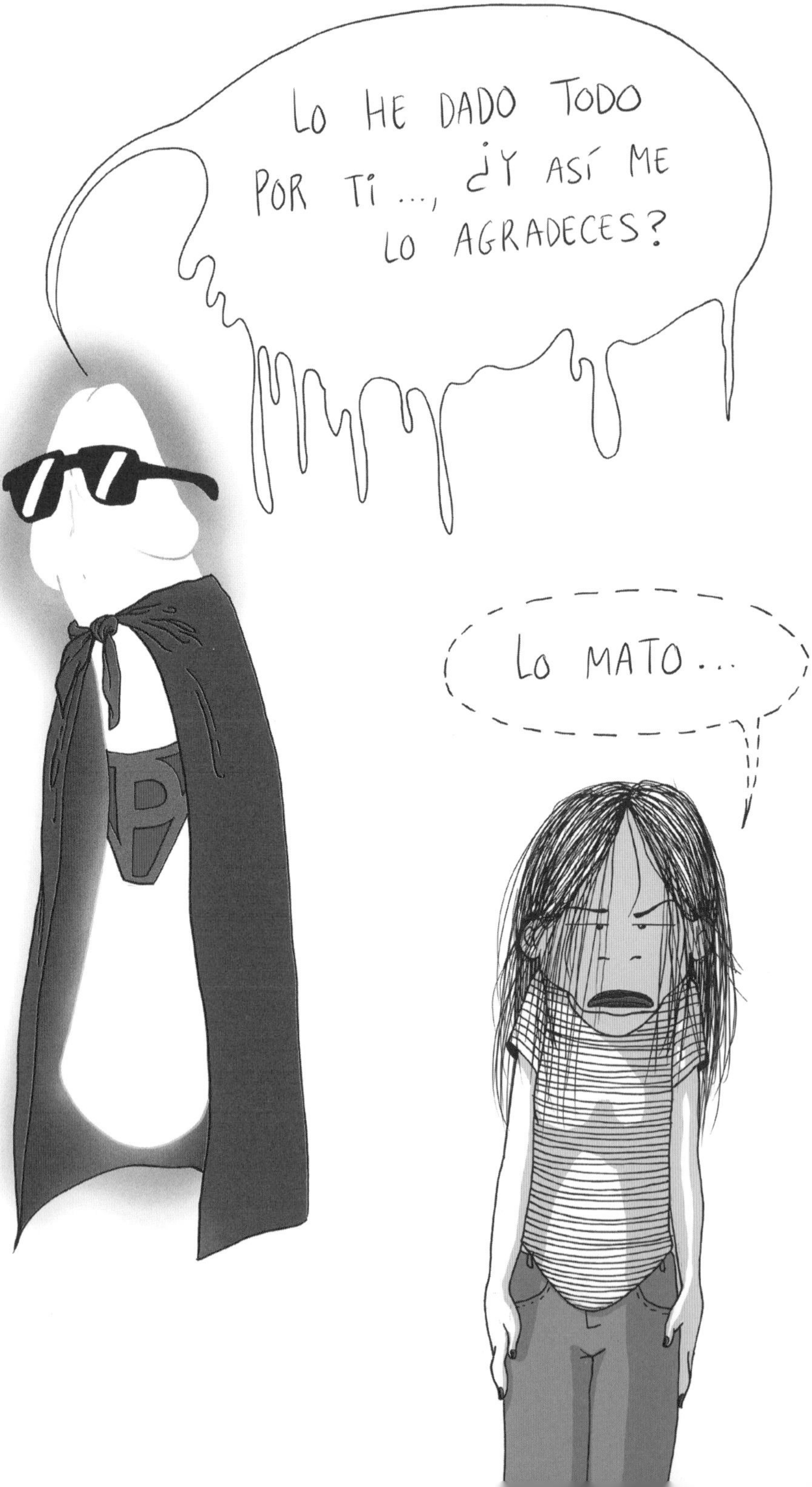
LO HE DADO TODO POR TI..., ¿Y ASÍ ME LO AGRADECES?
LO MATO...

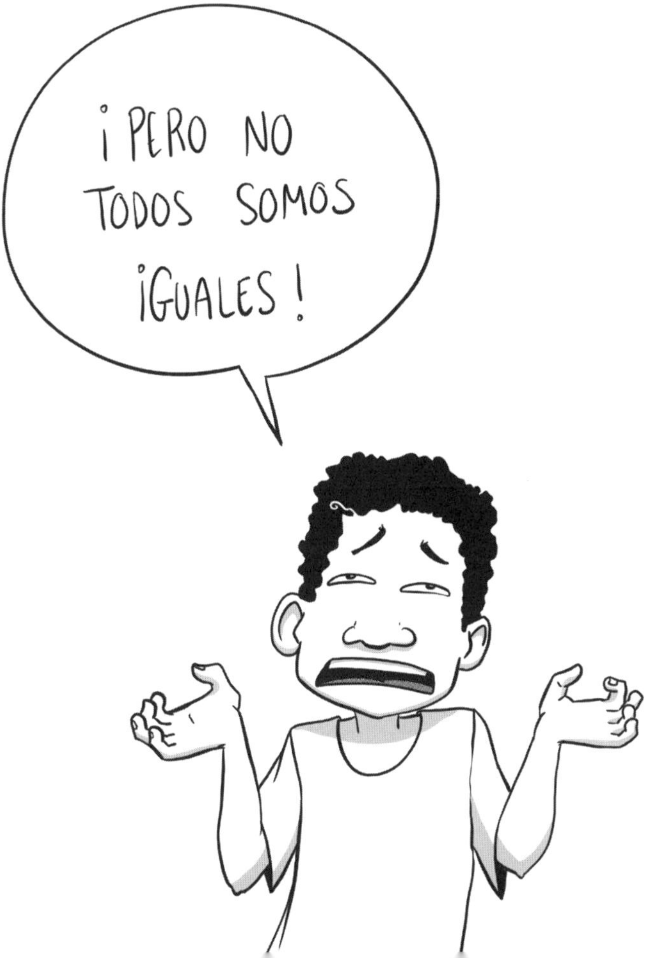
¡PERO NO TODOS SOMOS IGUALES!

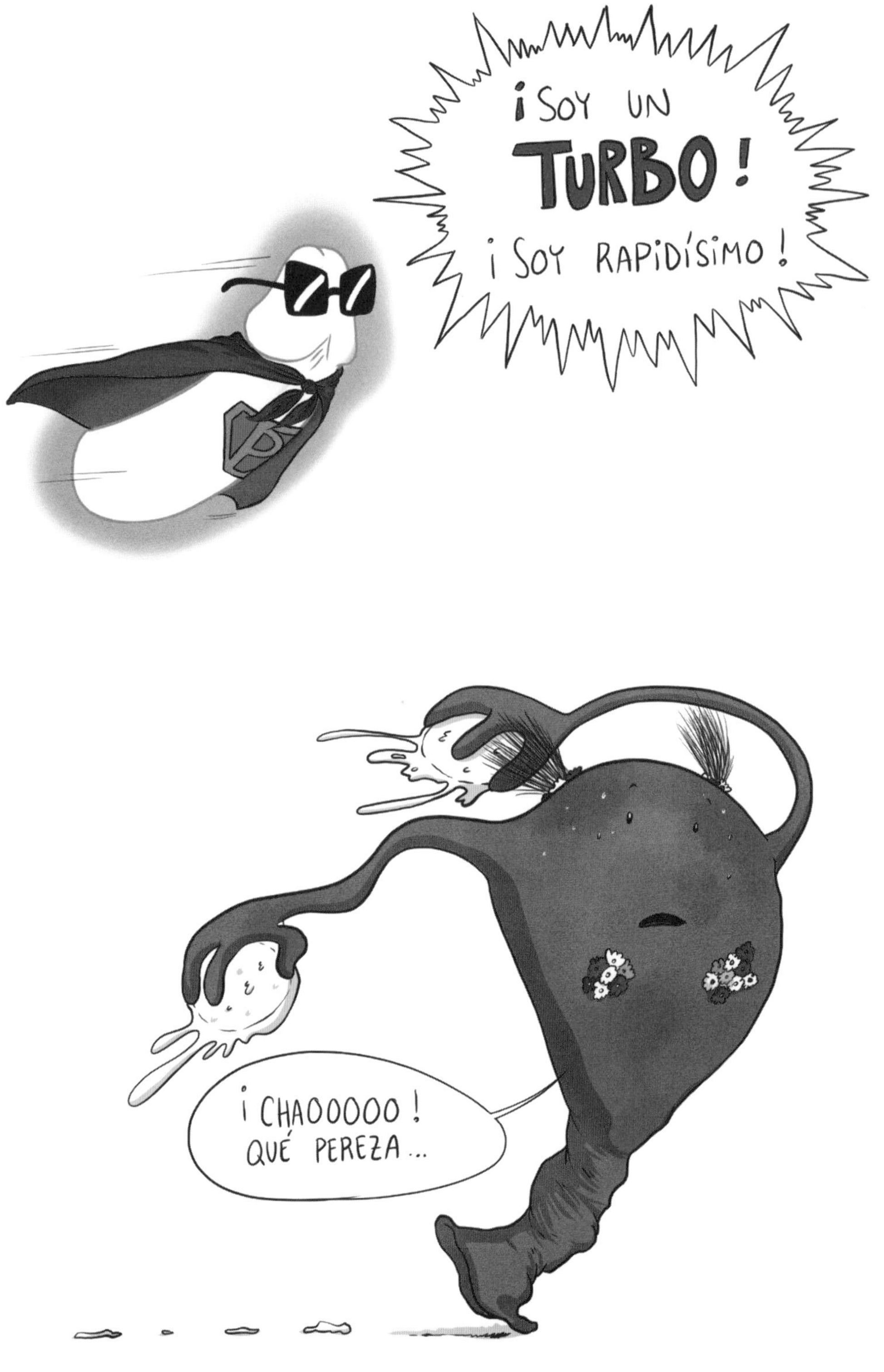
¡SOY UN TURBO! ¡SOY RAPIDÍSIMO!
¡CHAOOOOO! QUÉ PEREZA...

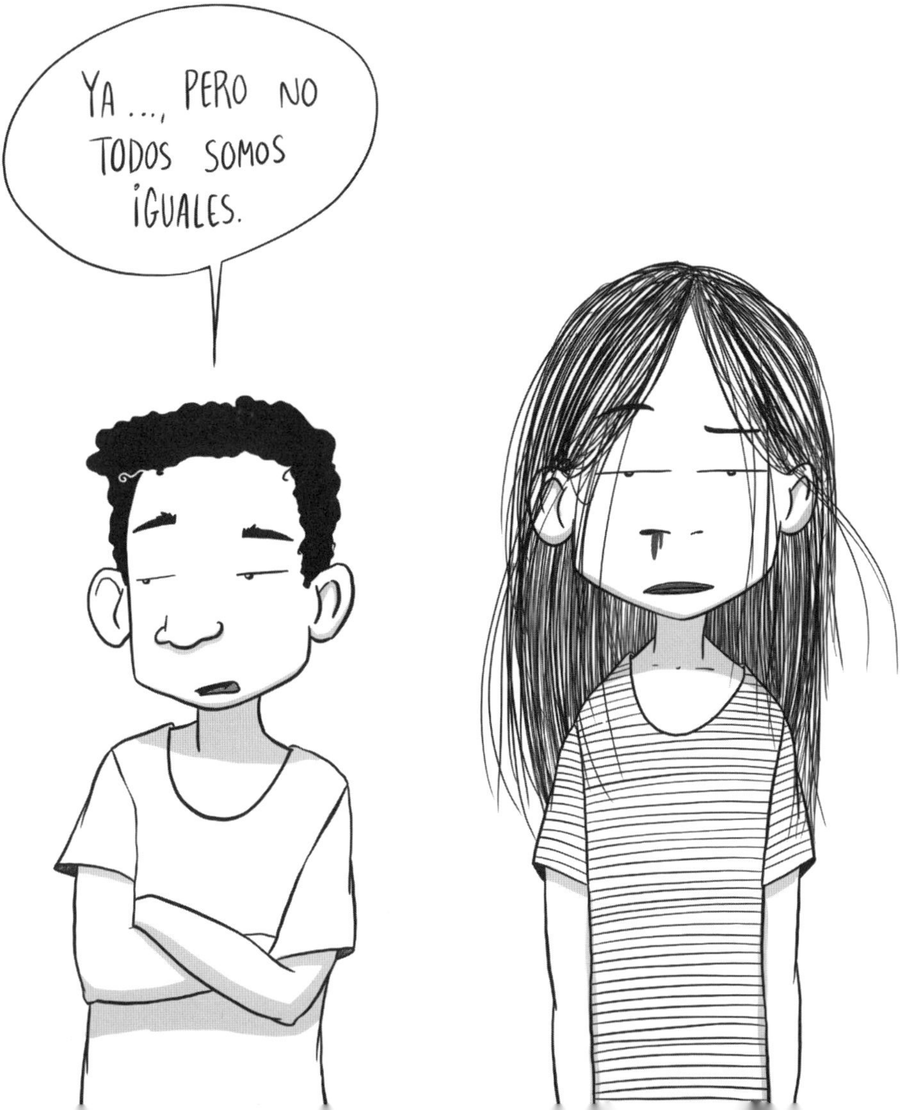
YA..., PERO NO TODOS SOMOS IGUALES.

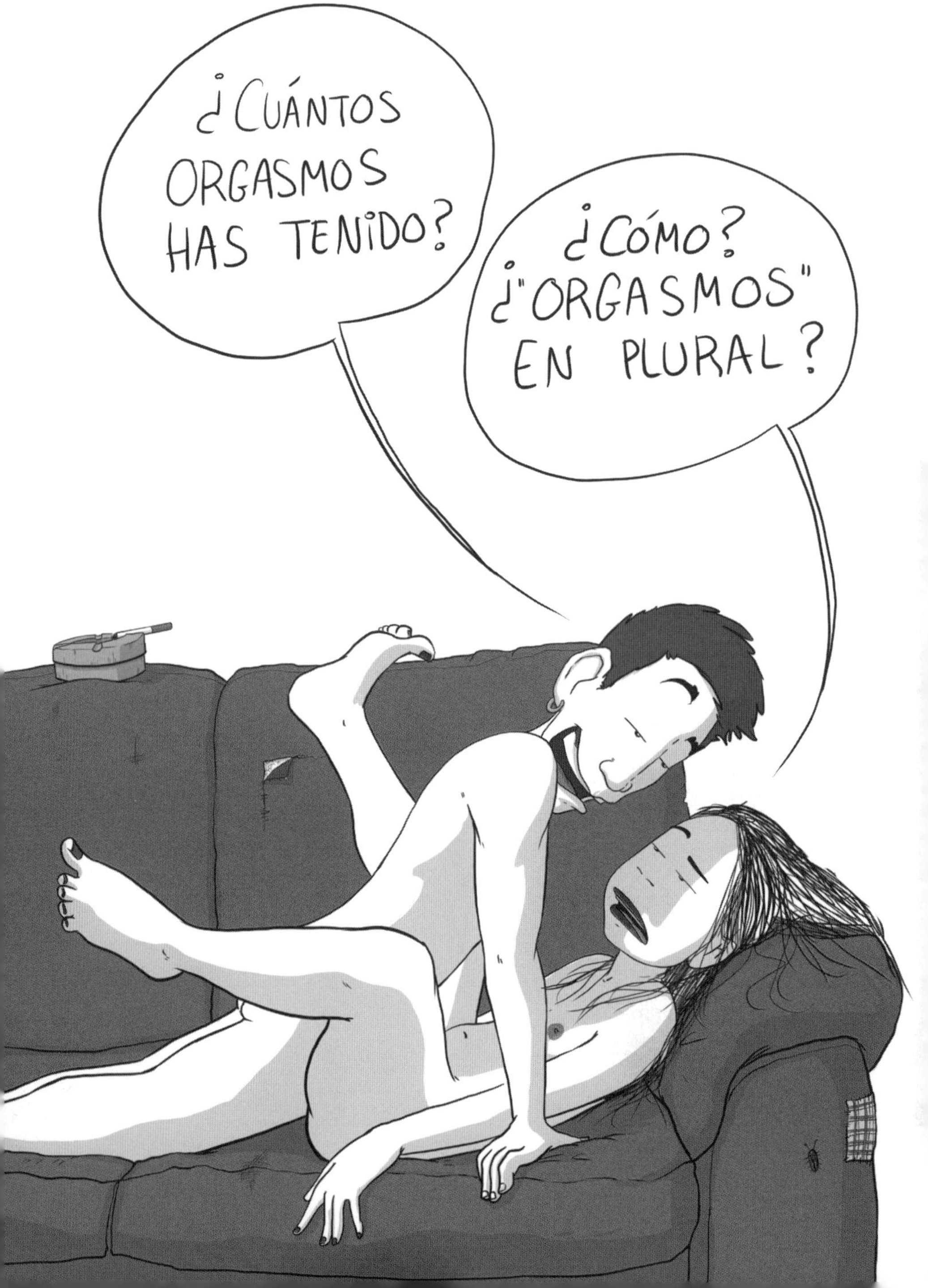
¿CUÁNTOS ORGASMOS HAS TENIDO?
¿CÓMO? ¿"ORGASMOS" EN PLURAL?

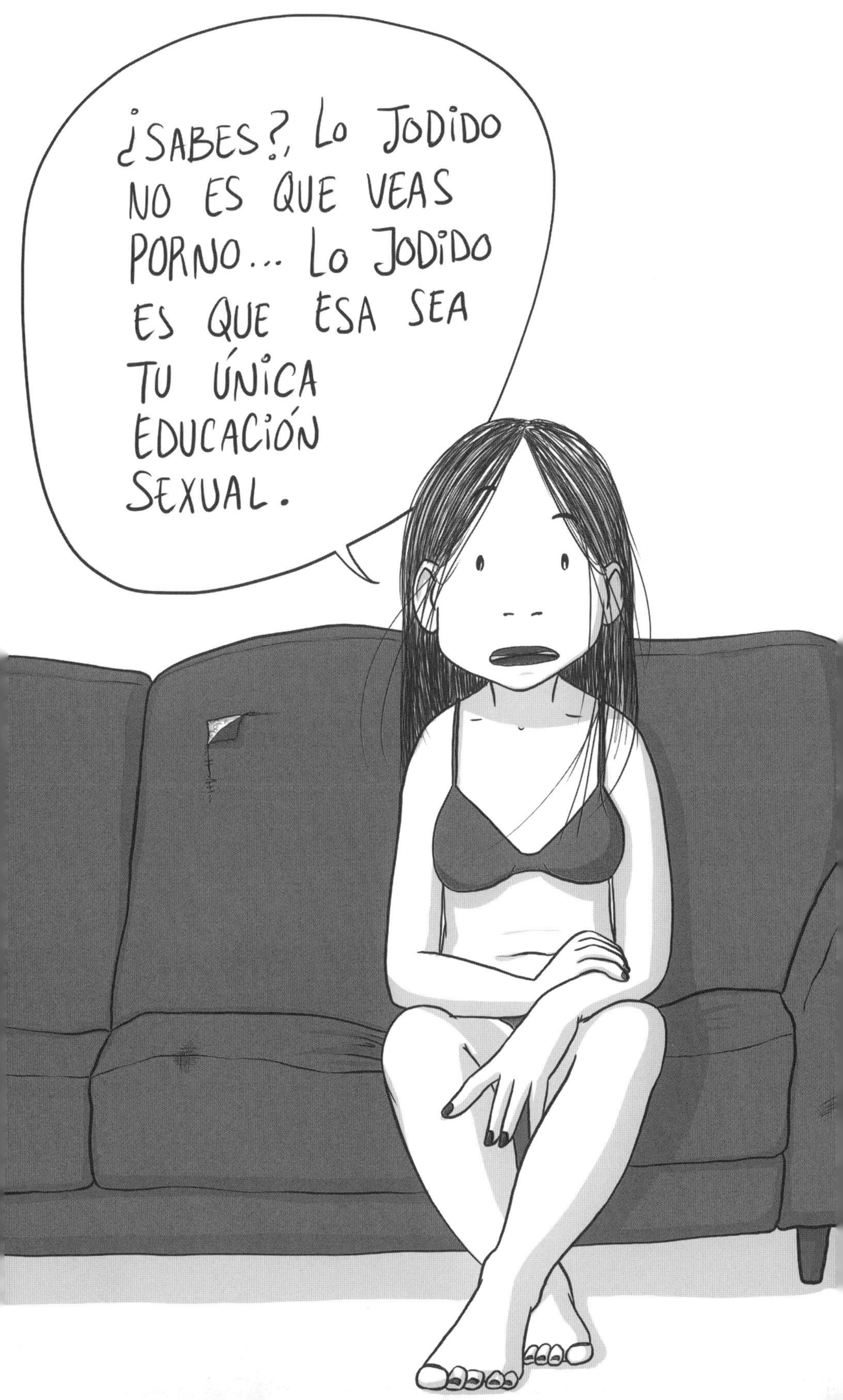
¿SABES?, LO JODIDO NO ES QUE VEAS PORNO... LO JODIDO ES QUE ESA SEA TU ÚNICA EDUCACIÓN SEXUAL.

♫ "SILENCIO" - JORGE DREXLER ♫

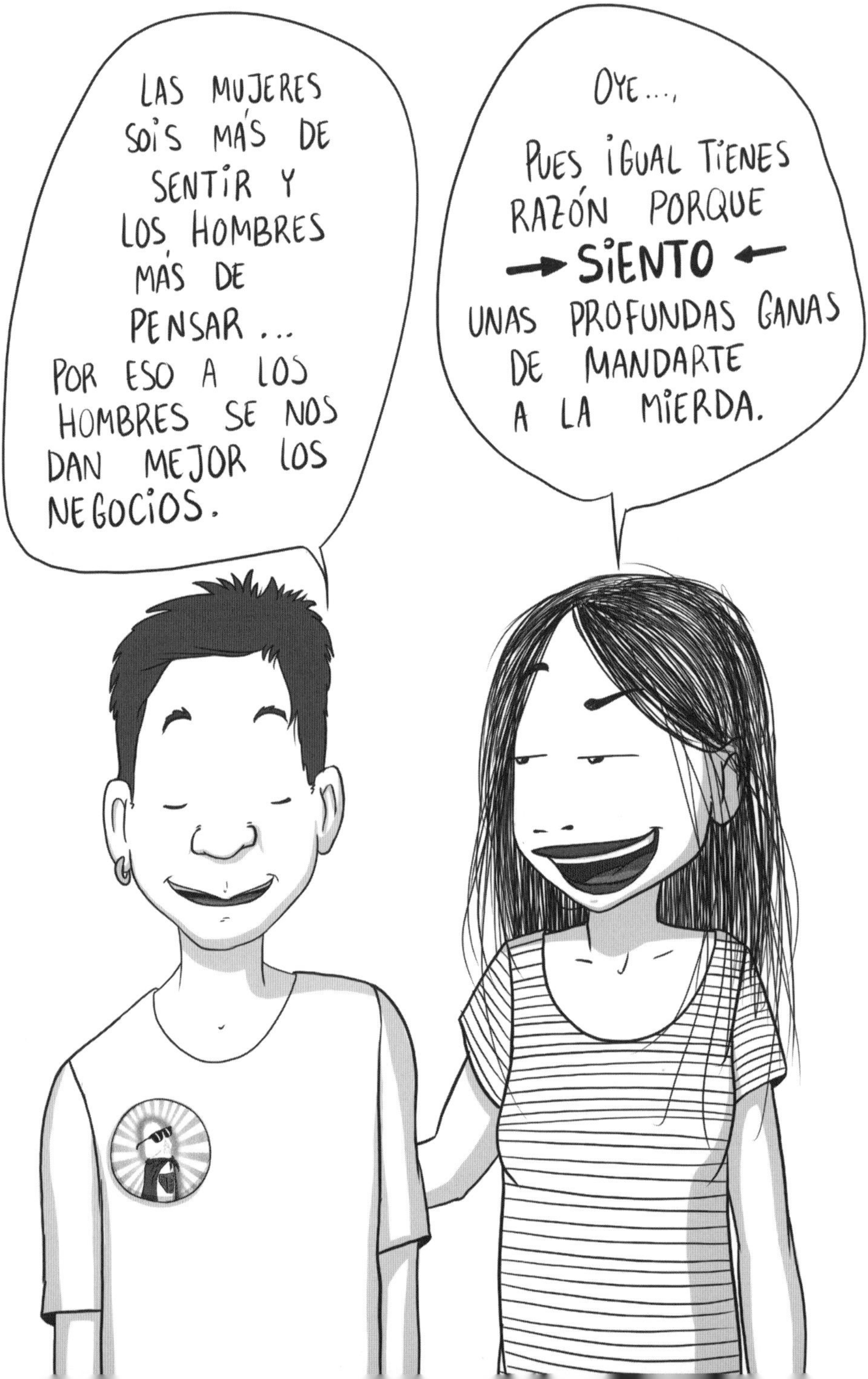
LAS MUJERES SOIS MÁS DE SENTIR Y LOS HOMBRES MÁS DE PENSAR... POR ESO A LOS HOMBRES SE NOS DAN MEJOR LOS NEGOCIOS.
OYE...,
PUES IGUAL TIENES RAZÓN PORQUE → SIENTO ← UNAS PROFUNDAS GANAS DE MANDARTE A LA MIERDA.

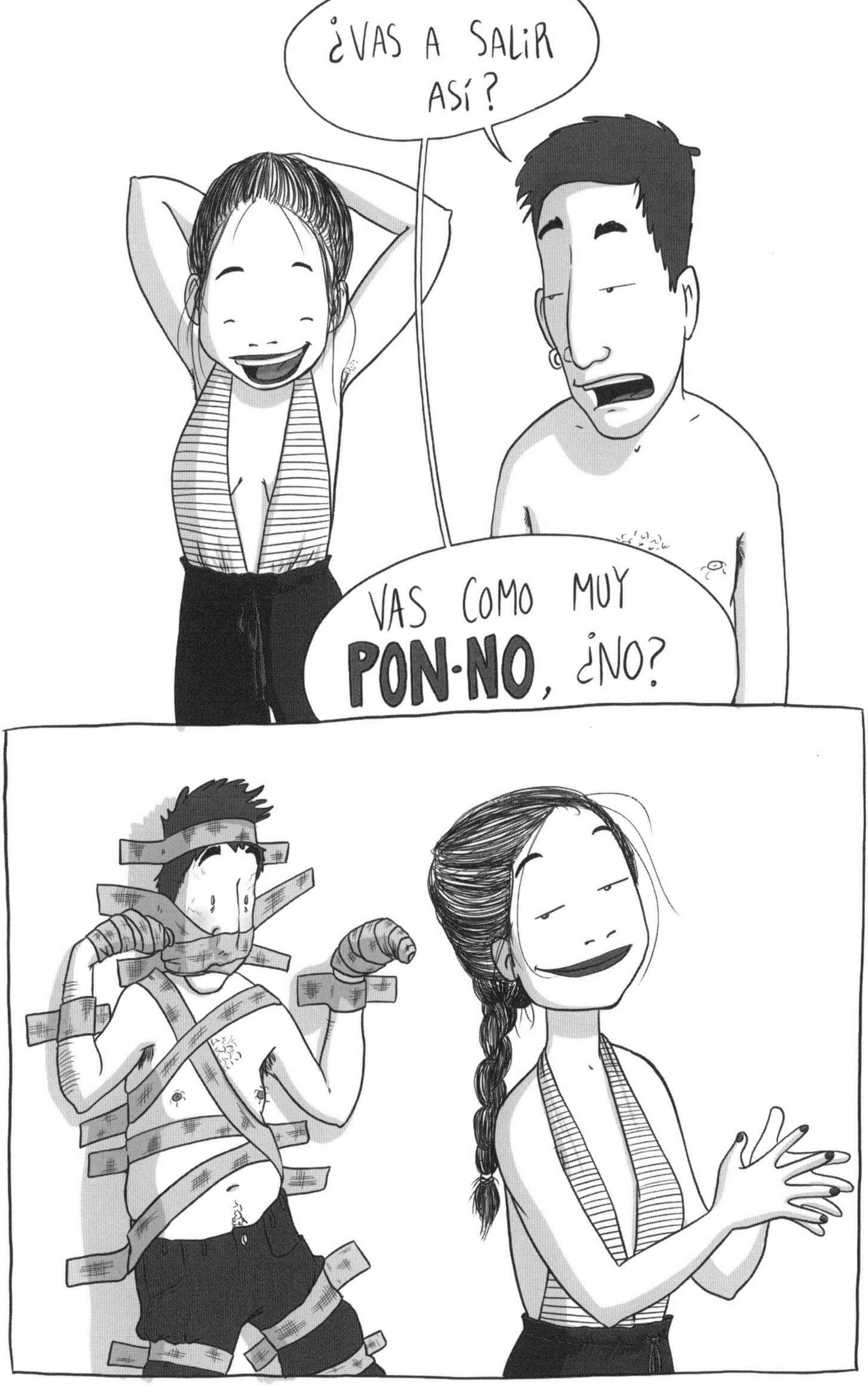
¿VAS A SALIR ASÍ?
VAS COMO MUY **PON-NO**, ¿NO?

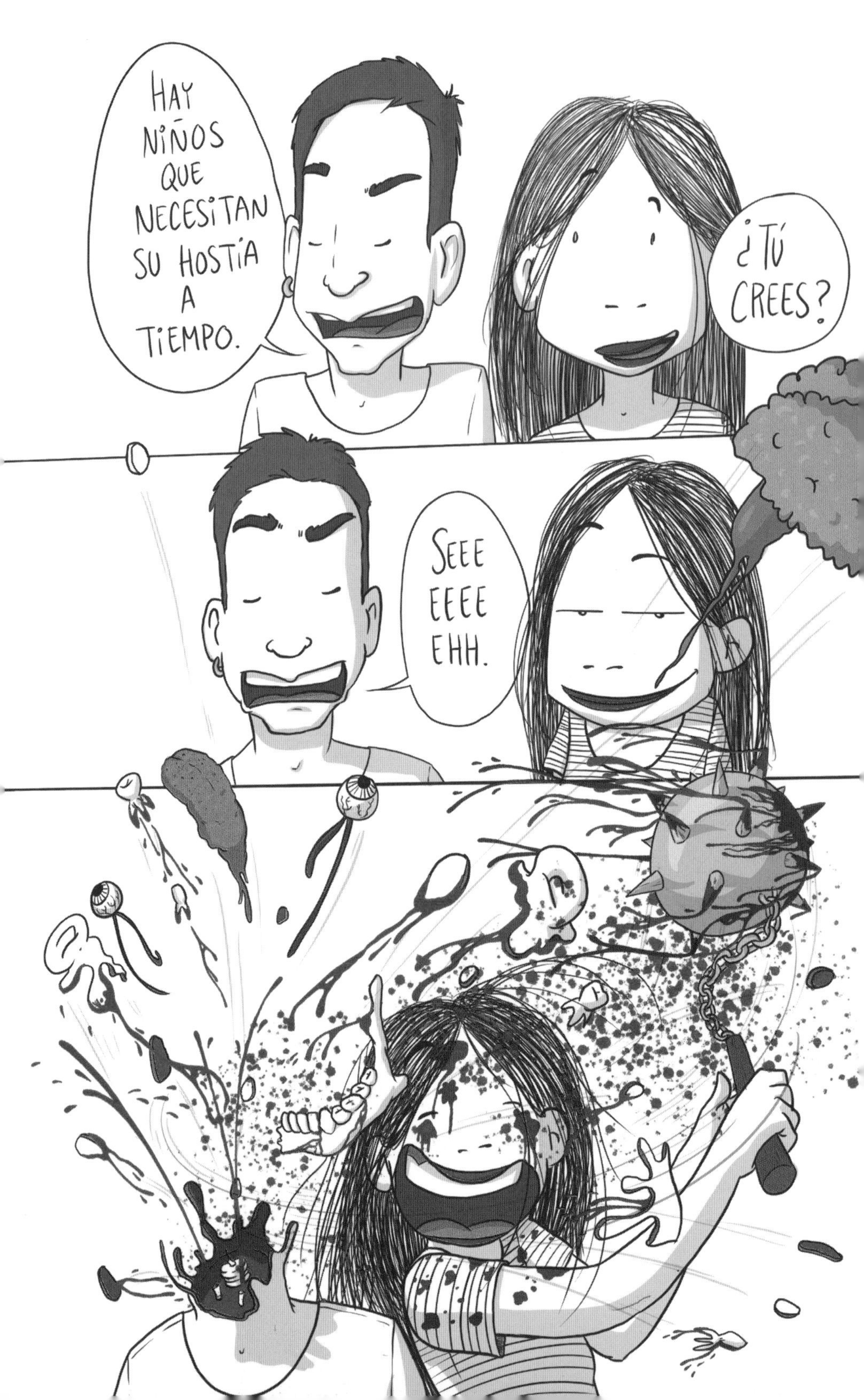
HAY NIÑOS QUE NECESITAN SU HOSTIA A TIEMPO.
¿TÚ CREES?
SEEE EEEE EHH.

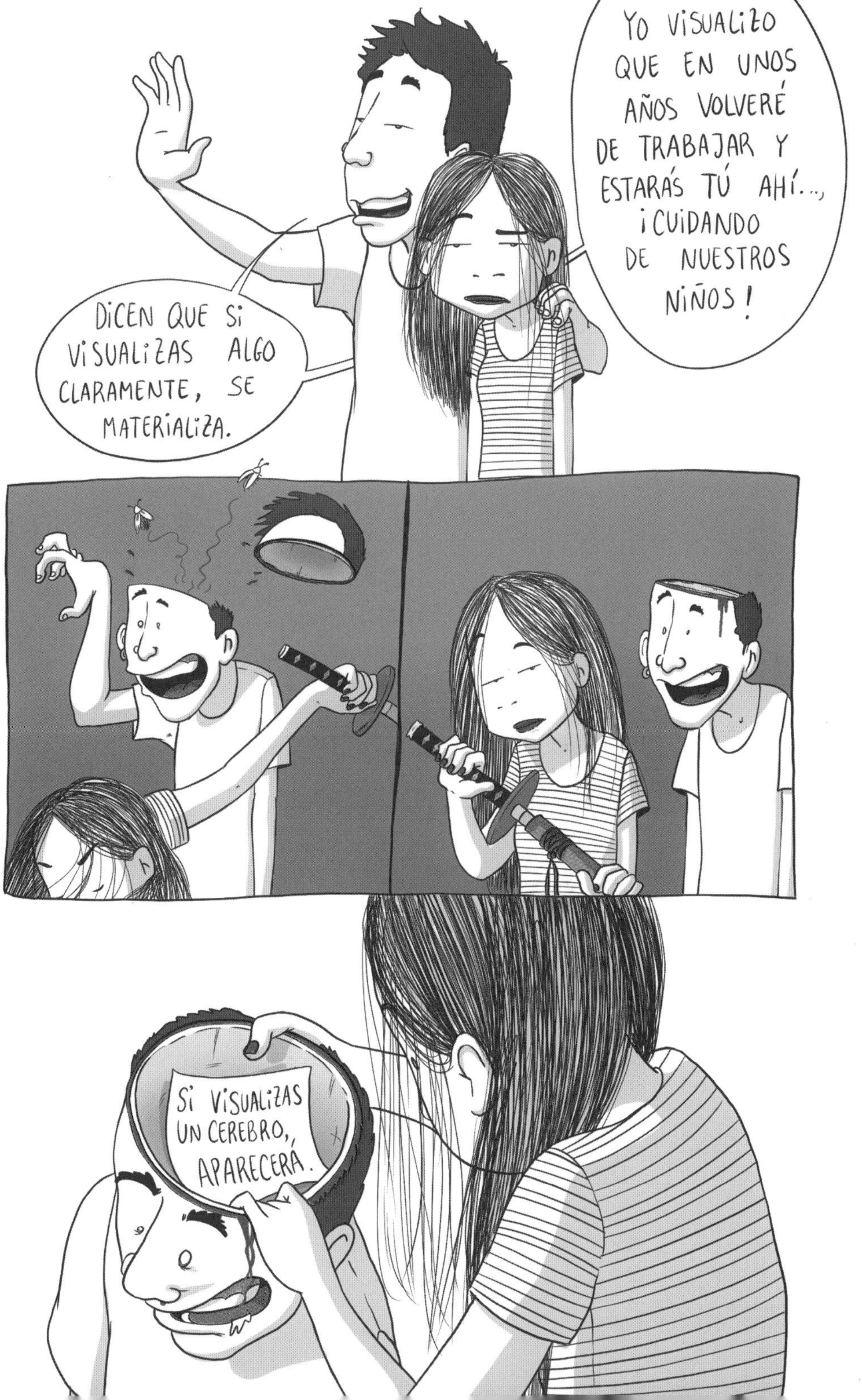
DICEN QUE SI VISUALIZAS ALGO CLARAMENTE, SE MATERIALIZA.
YO VISUALIZO QUE EN UNOS AÑOS VOLVERÉ DE TRABAJAR Y ESTARÁS TÚ AHÍ..., ¡CUIDANDO DE NUESTROS NIÑOS!
SI VISUALIZAS UN CEREBRO, APARECERÁ.

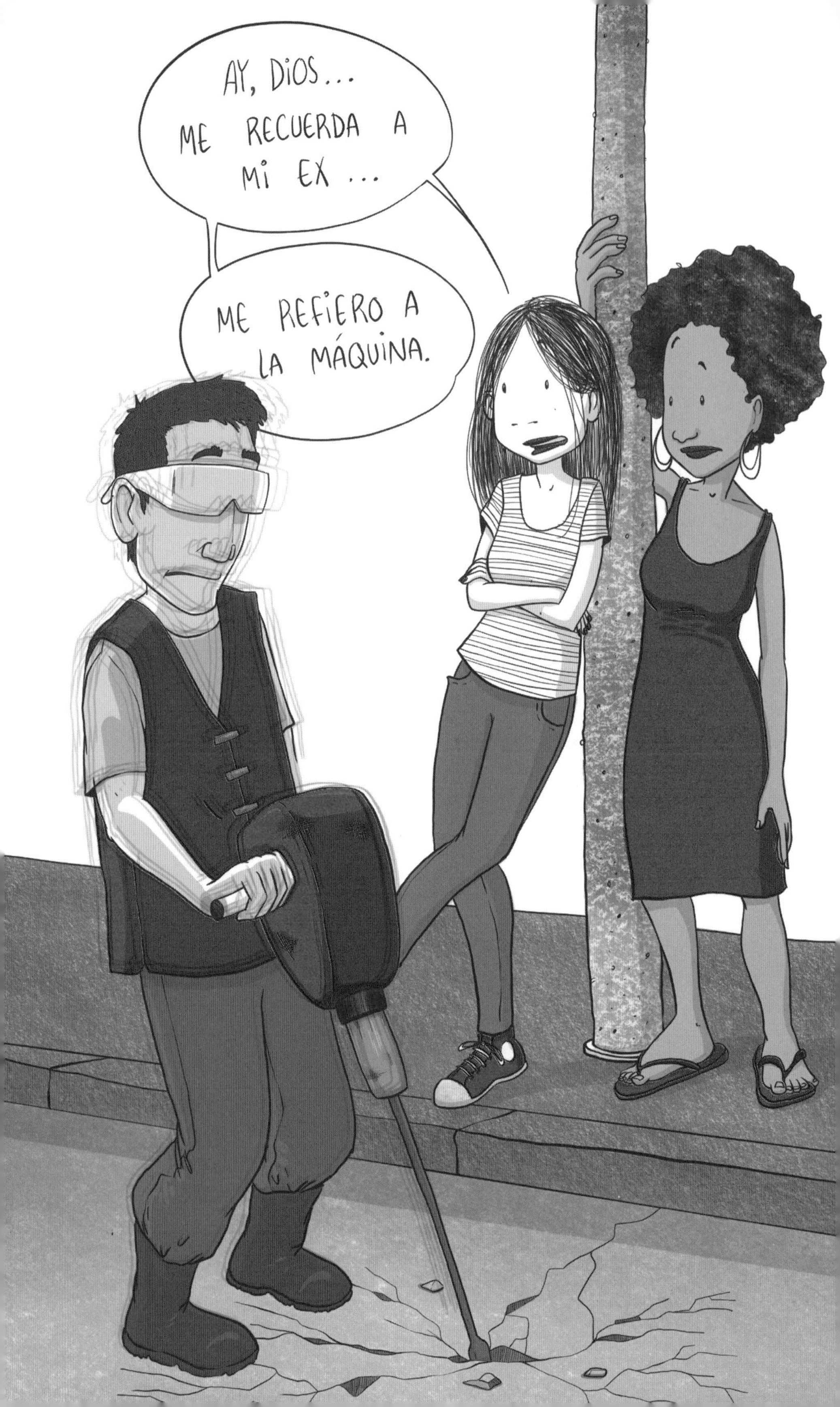
AY, DIOS... ME RECUERDA A MI EX...
ME REFIERO A LA MÁQUINA.

RESPONS-

RESPONDER CON

HABILIDAD

LAS HABILIDADES QUE TENGO.

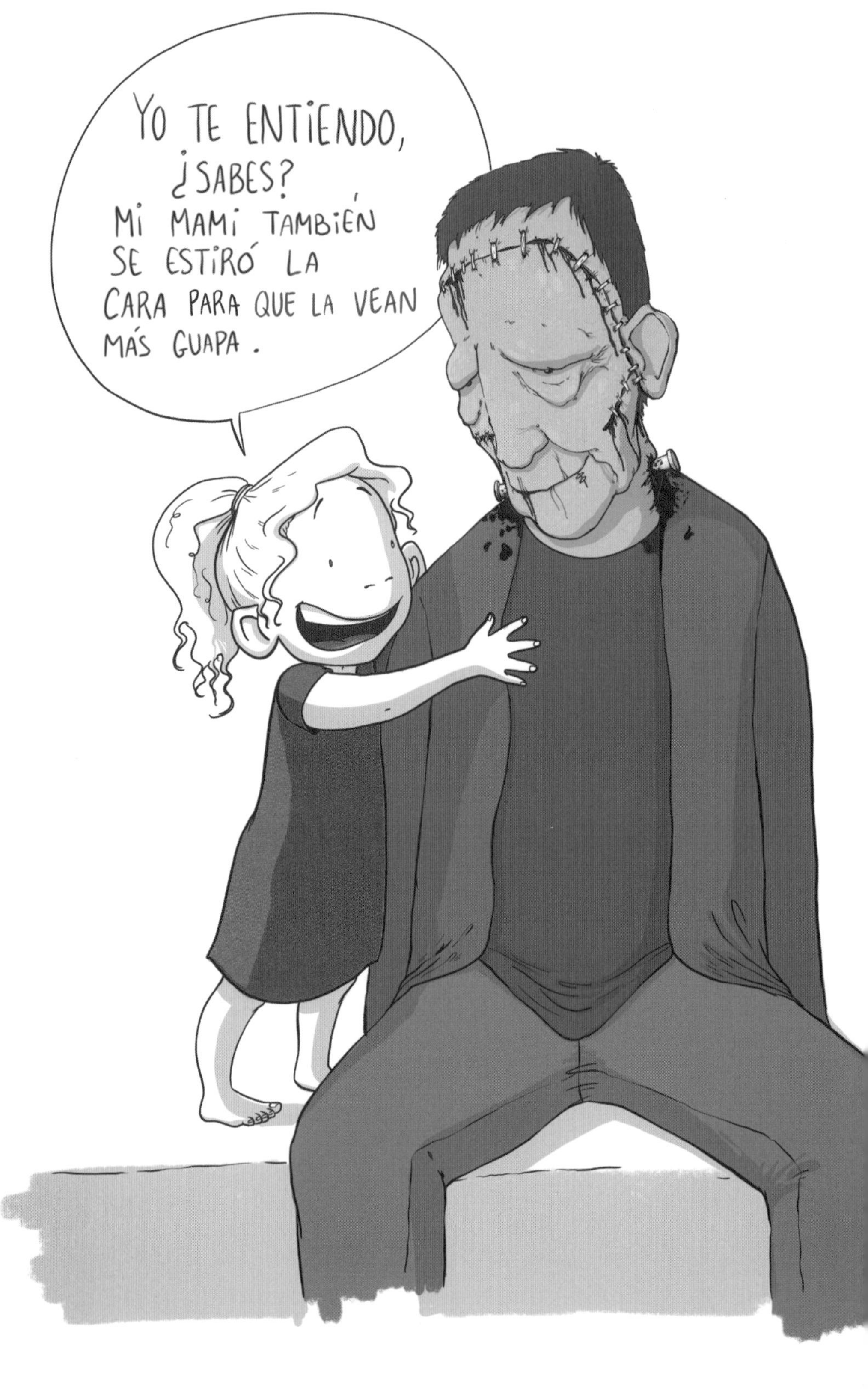
YO TE ENTIENDO, ¿SABES? MI MAMI TAMBIÉN SE ESTIRÓ LA CARA PARA QUE LA VEAN MÁS GUAPA.

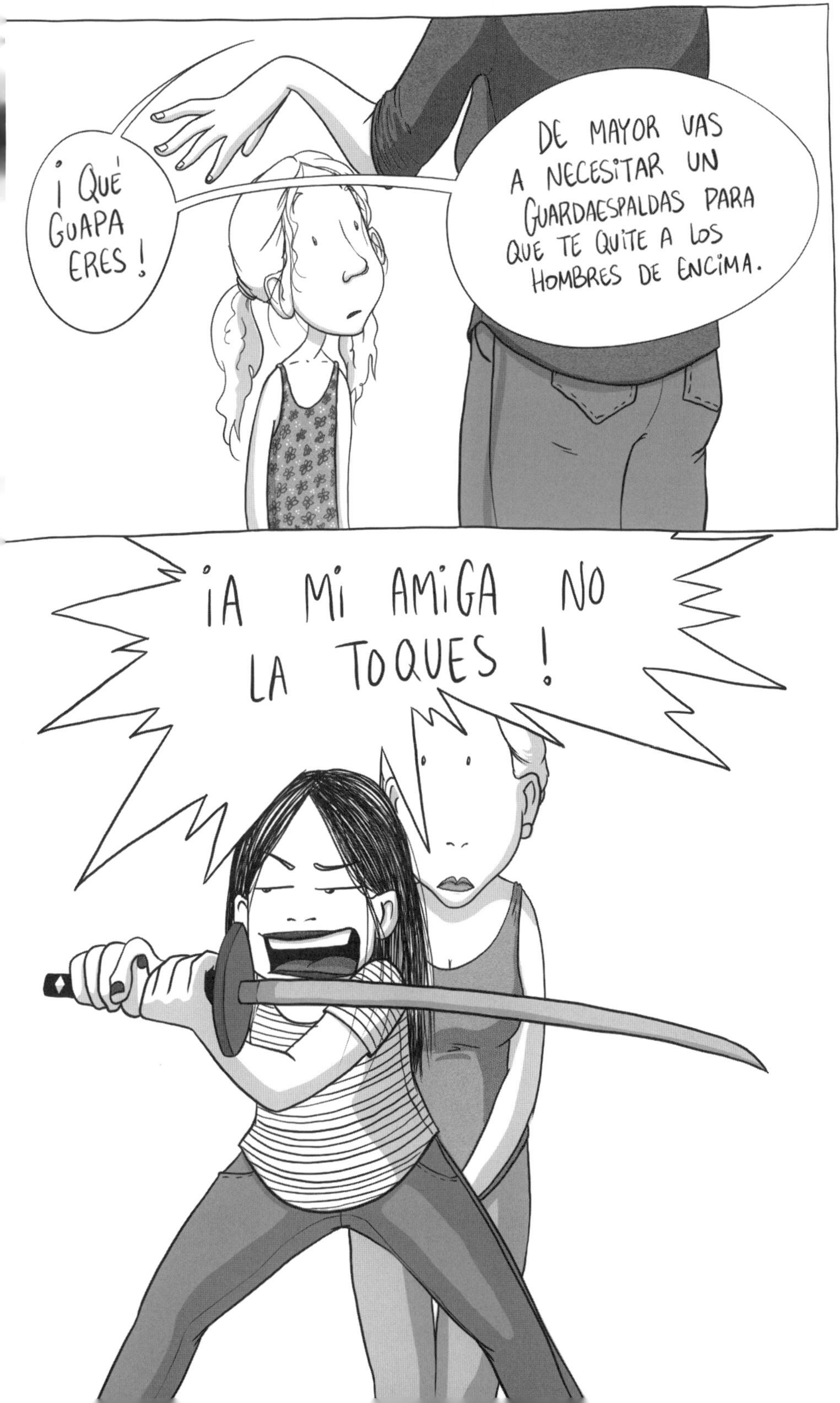
¡QUÉ GUAPA ERES!
DE MAYOR VAS A NECESITAR UN GUARDAESPALDAS PARA QUE TE QUITE A LOS HOMBRES DE ENCIMA.
¡A MI AMIGA NO LA TOQUES!

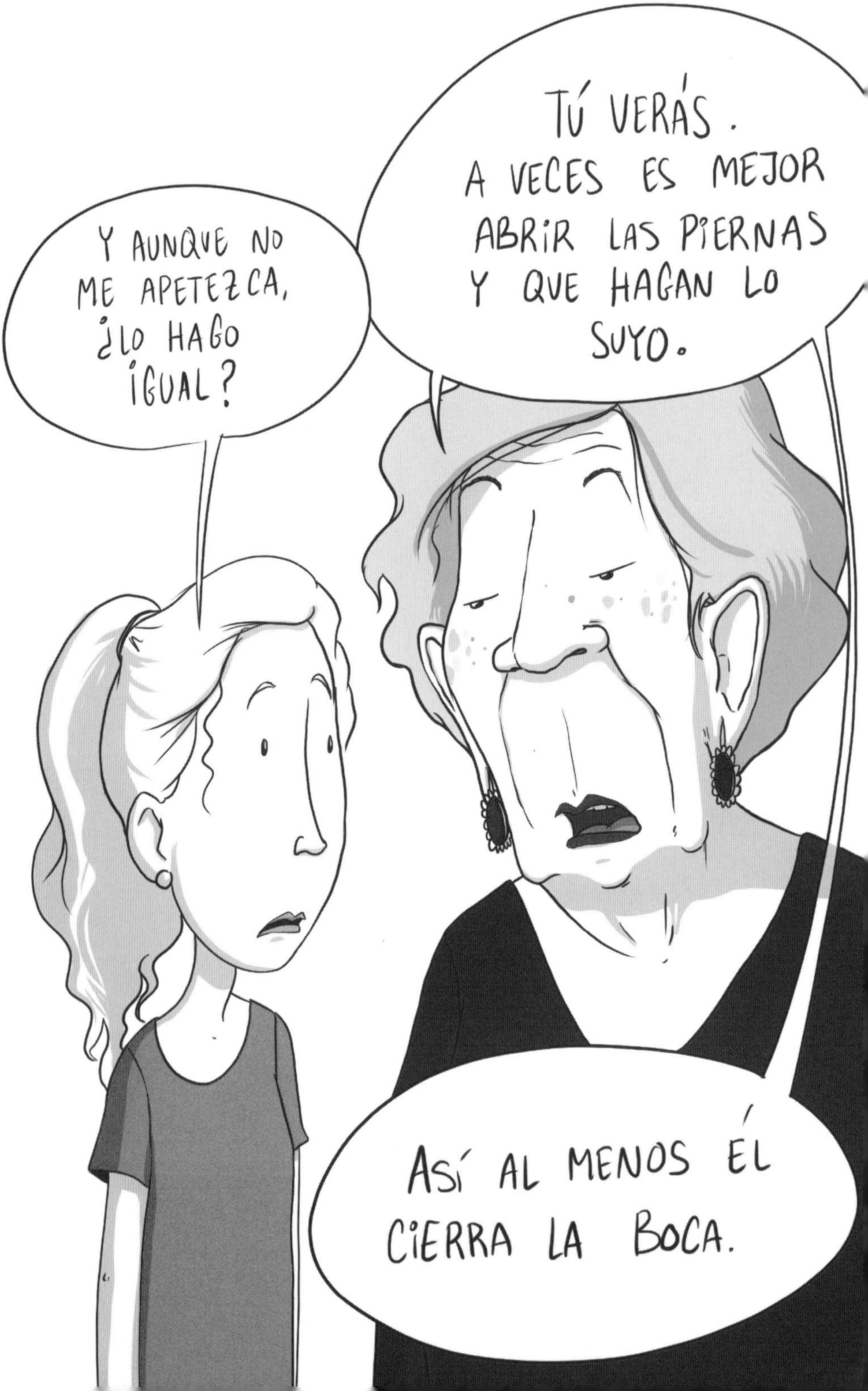
Y AUNQUE NO ME APETEZCA, ¿LO HAGO IGUAL?
TÚ VERÁS. A VECES ES MEJOR ABRIR LAS PIERNAS Y QUE HAGAN LO SUYO.
ASÍ AL MENOS ÉL CIERRA LA BOCA.

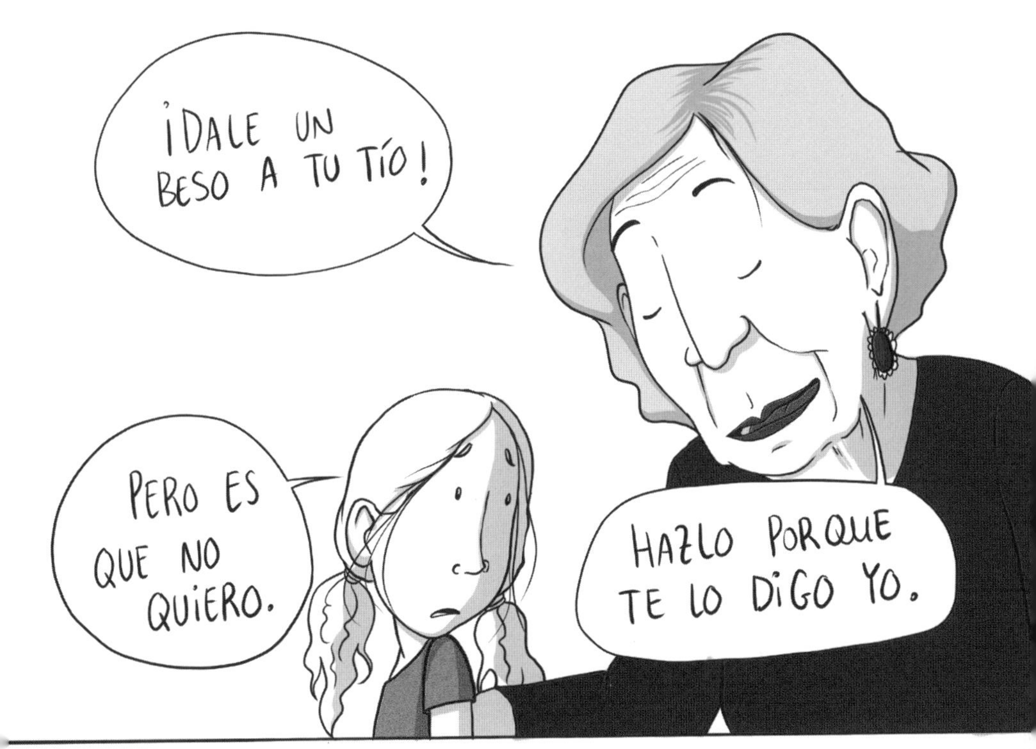
¡DALE UN BESO A TU TÍO!
PERO ES QUE NO QUIERO.
HAZLO PORQUE TE LO DIGO YO.

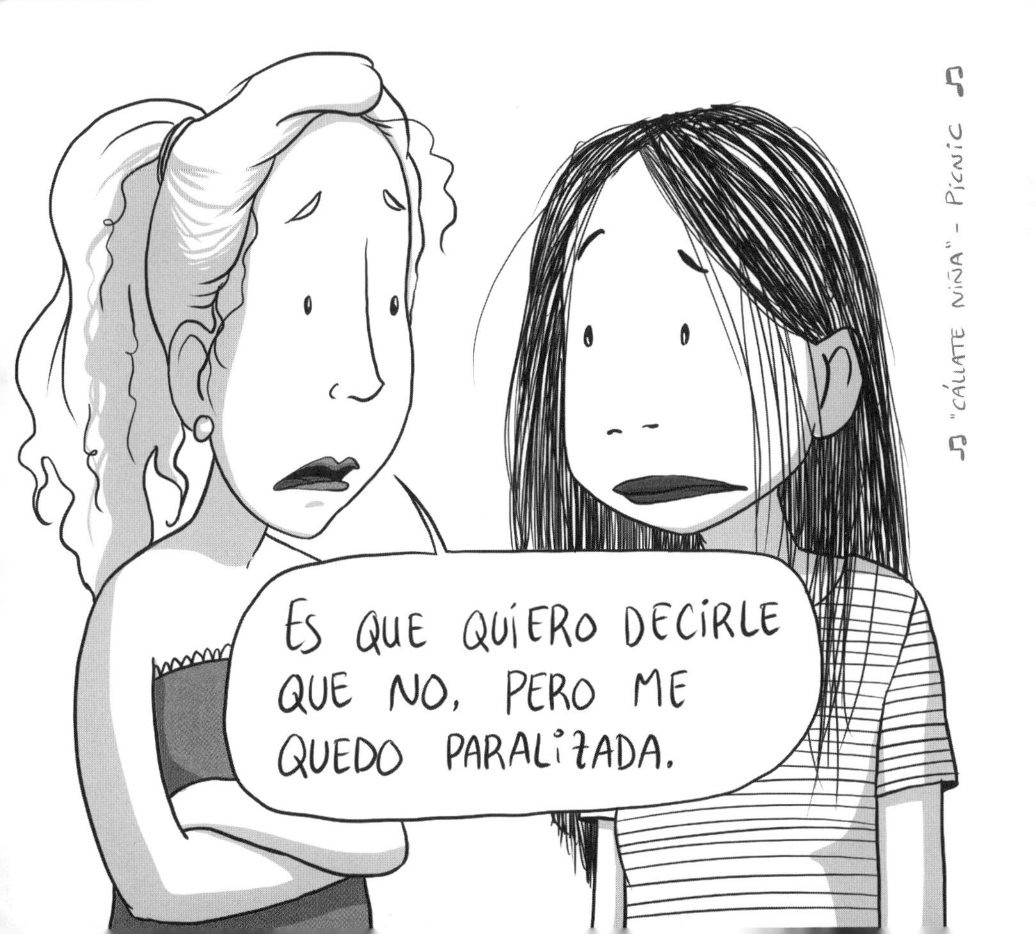
ES QUE QUIERO DECIRLE QUE NO, PERO ME QUEDO PARALIZADA.
♫ "CÁLLATE NIÑA" - PICNIC ♫

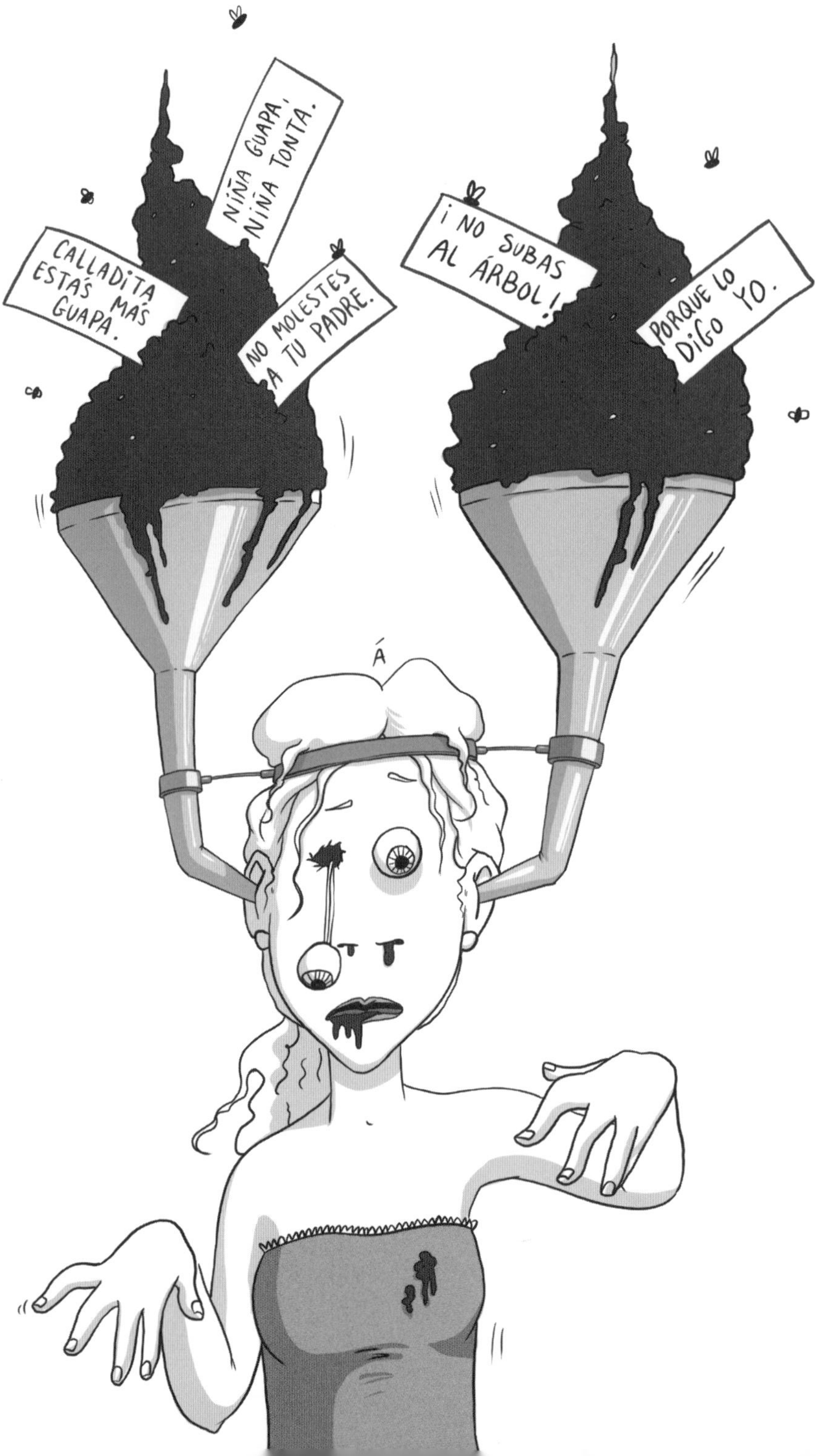
CALLADITA ESTÁS MÁS GUAPA.
NIÑA GUAPA, NIÑA TONTA.
NO MOLESTES A TU PADRE.
¡NO SUBAS AL ÁRBOL!
PORQUE LO DIGO YO.

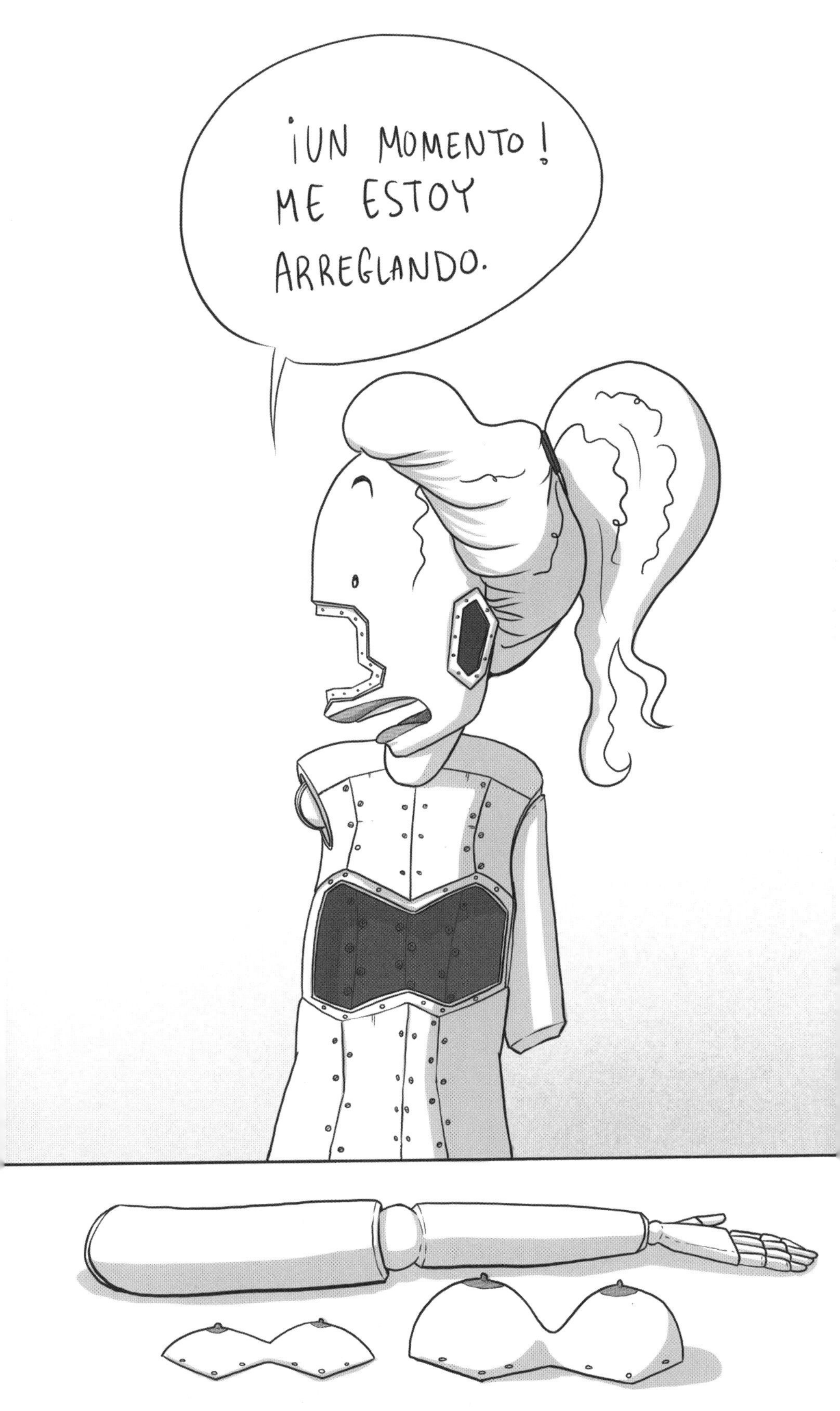
¡UN MOMENTO! ME ESTOY ARREGLANDO.

♫ "TE QUIERO" - STROMAE ♫

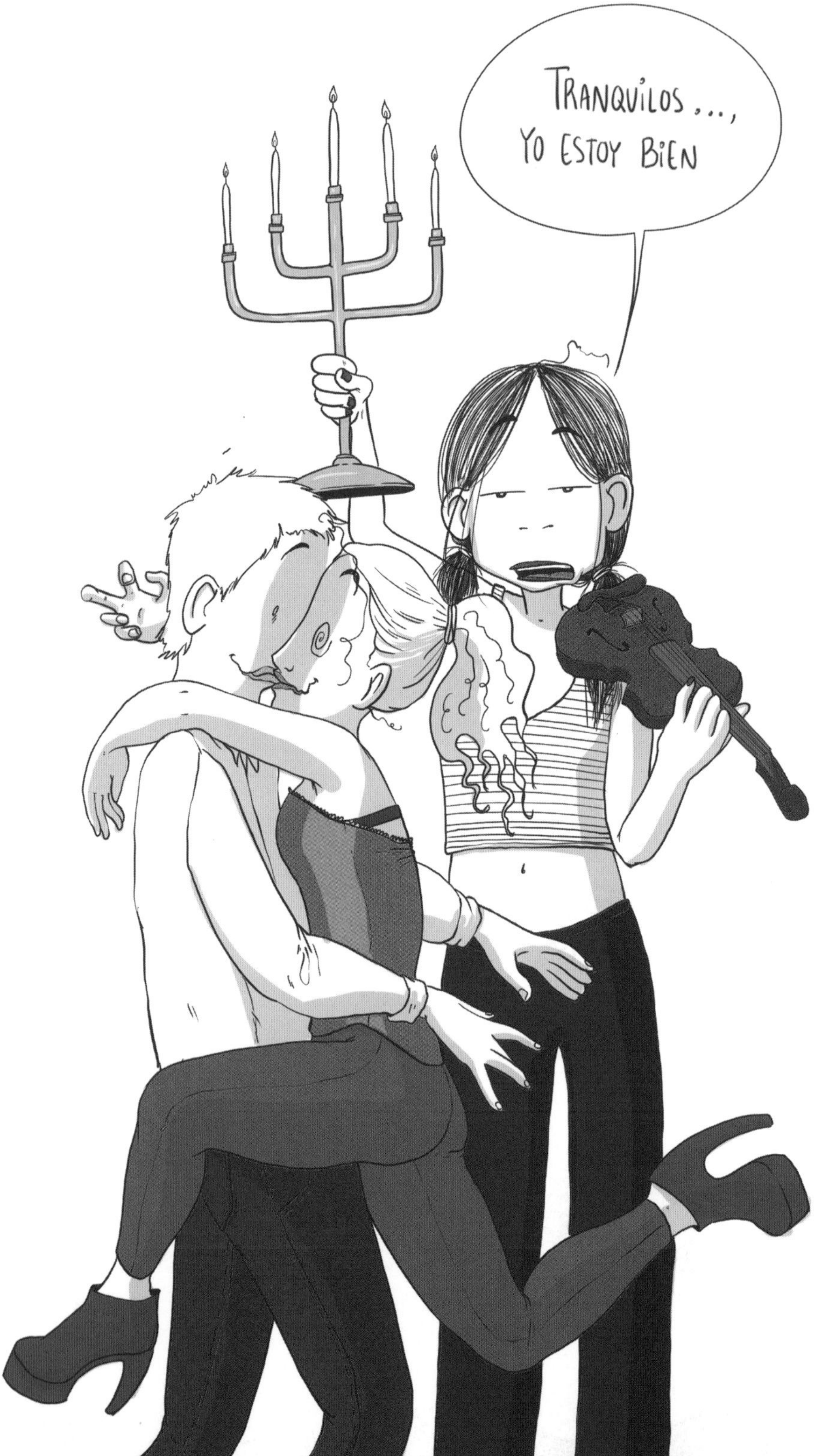

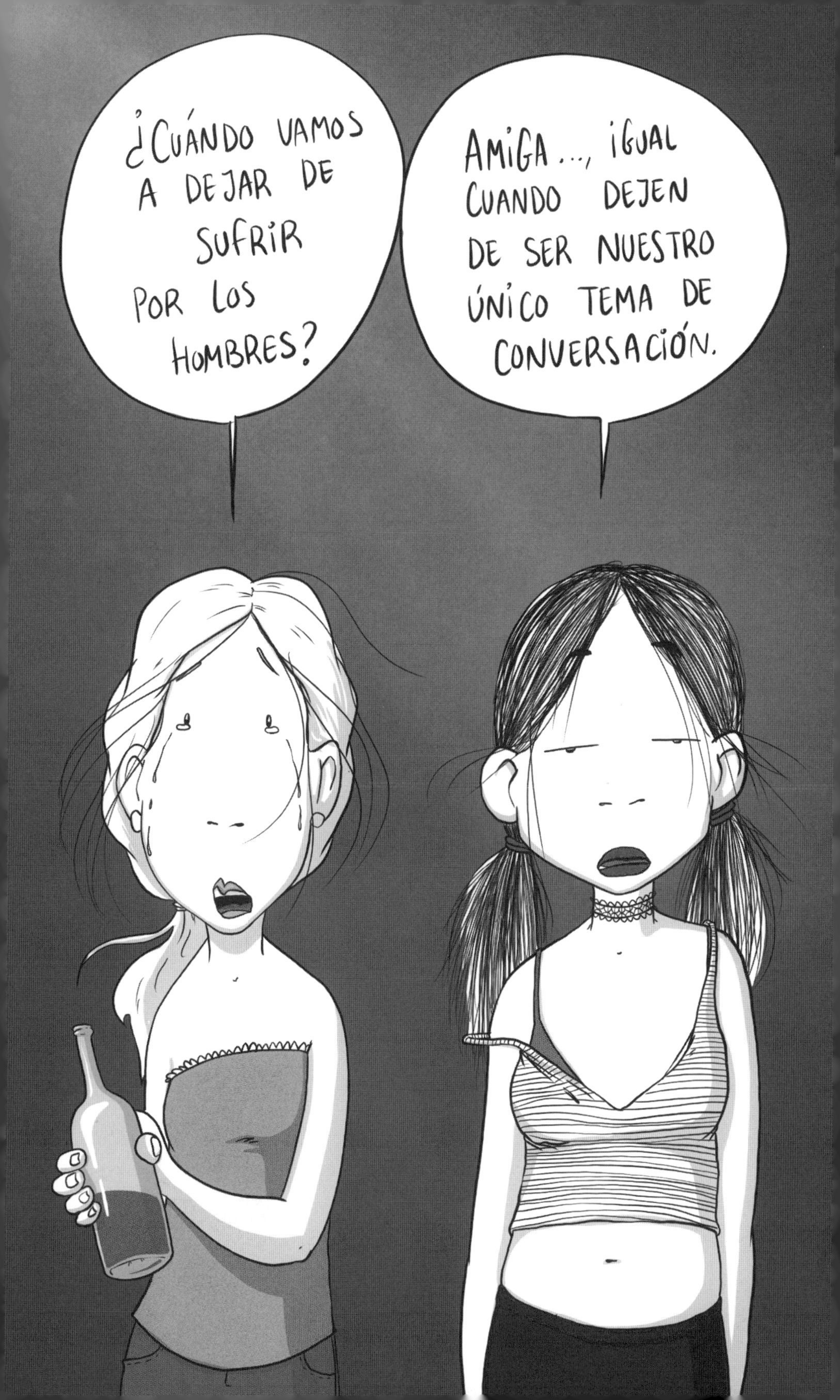
¿CUÁNDO VAMOS A DEJAR DE SUFRIR POR LOS HOMBRES?
AMIGA..., IGUAL CUANDO DEJEN DE SER NUESTRO ÚNICO TEMA DE CONVERSACIÓN.

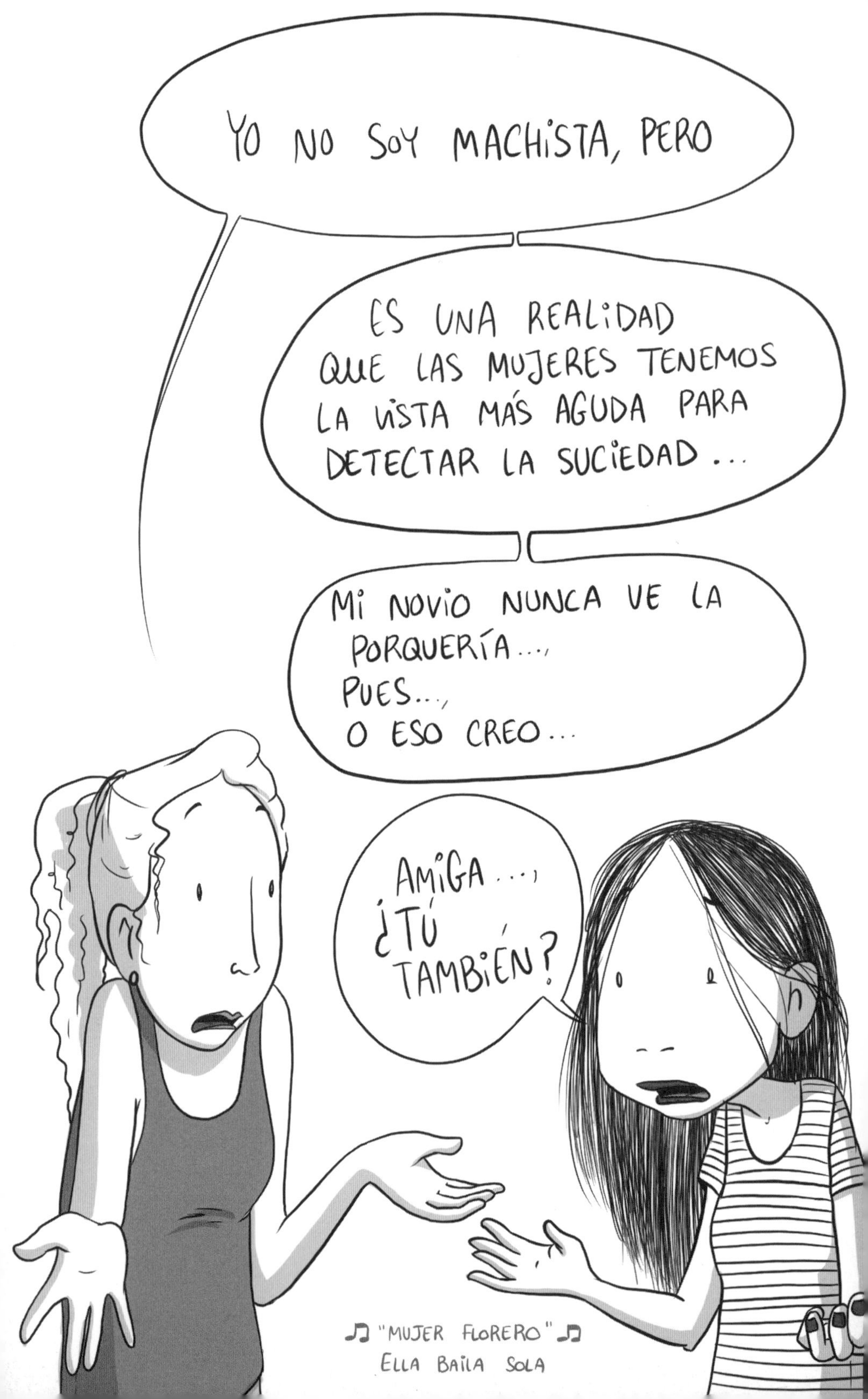
YO NO SOY MACHISTA, PERO
ES UNA REALIDAD QUE LAS MUJERES TENEMOS LA VISTA MÁS AGUDA PARA DETECTAR LA SUCIEDAD...
MI NOVIO NUNCA VE LA PORQUERÍA..., PUES..., O ESO CREO...
AMIGA..., ¿TÚ TAMBIÉN?
♫ "MUJER FLORERO" ♫
ELLA BAILA SOLA

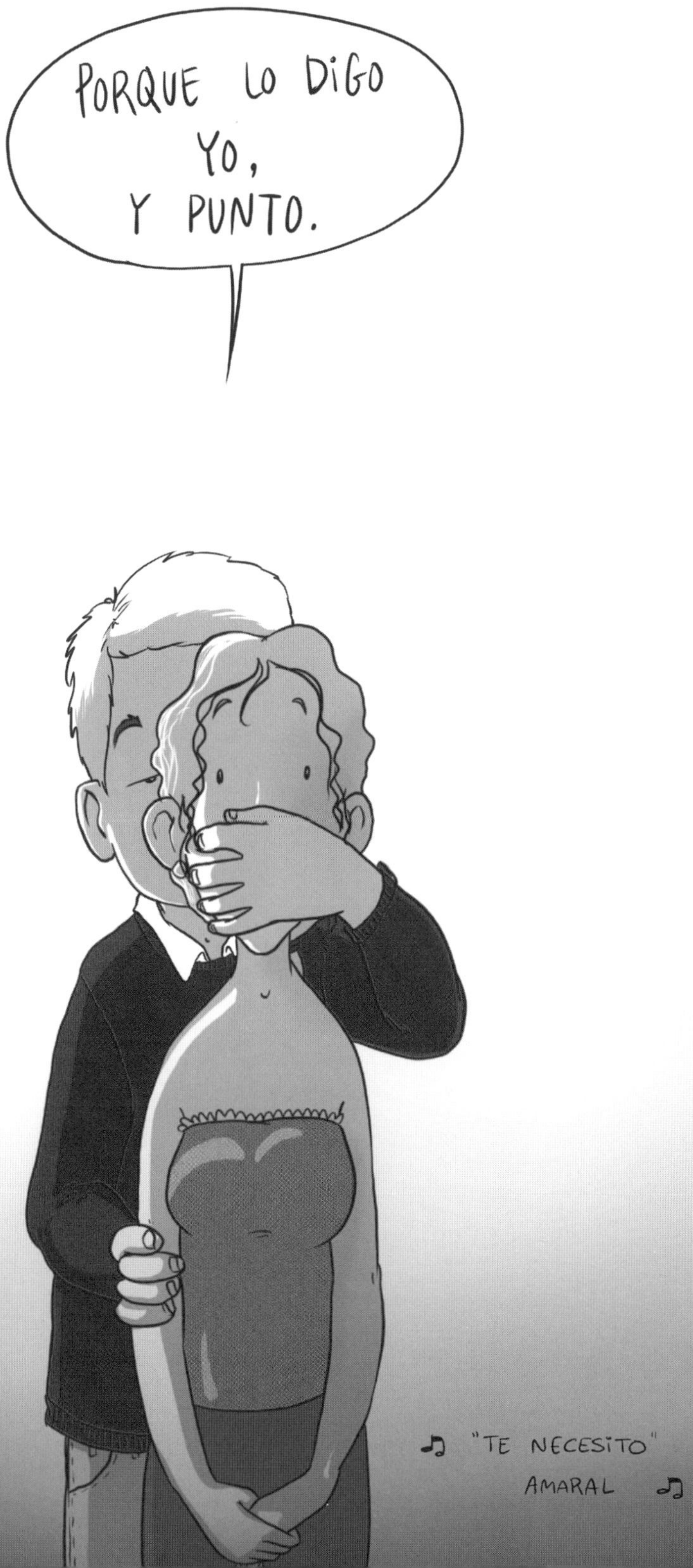
PORQUE LO DIGO YO, Y PUNTO.
"TE NECESITO" AMARAL

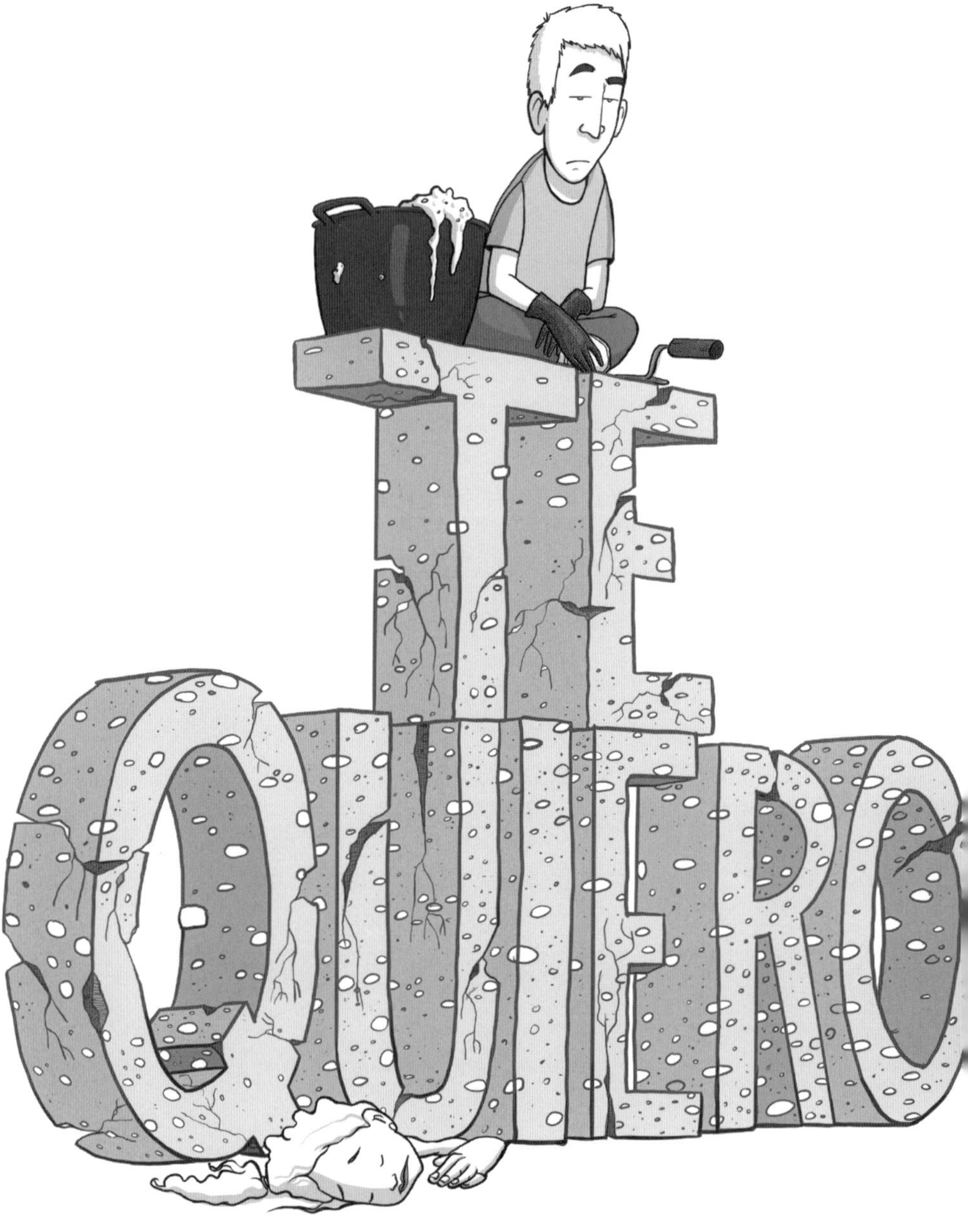
TE
QUIERO

♫ "WIDOW OF A LIVING MAN" - BEN HARPER ♫

NO TODOS SOMOS IGUALES.
¿PUEDES DEJAR DE INTERRUMPIRME, POR FAVOR...? ESTE ES MI PUTO LIBRO.

RAQUEL..., ¿ESTE HOMBRE QUIÉN ES? ¿QUÉ ES LO QUE LE PASA, EXACTAMENTE?

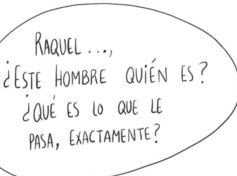

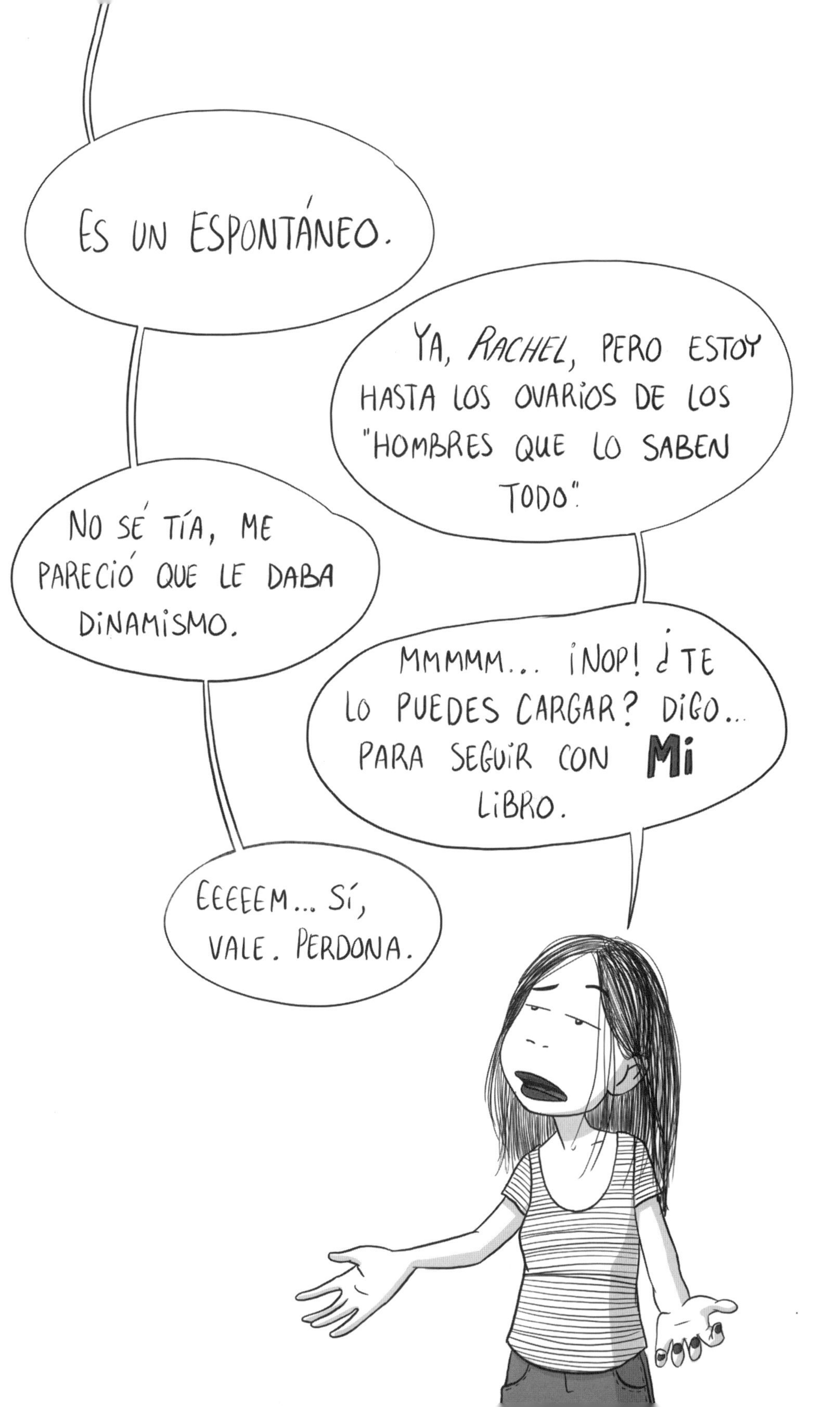
ES UN ESPONTÁNEO.
YA, RACHEL, PERO ESTOY HASTA LOS OVARIOS DE LOS "HOMBRES QUE LO SABEN TODO".
NO SÉ TÍA, ME PARECIÓ QUE LE DABA DINAMISMO.
MMMMM... ¡NOP! ¿TE LO PUEDES CARGAR? DIGO... PARA SEGUIR CON MI LIBRO.
EEEEEM... SÍ, VALE. PERDONA.

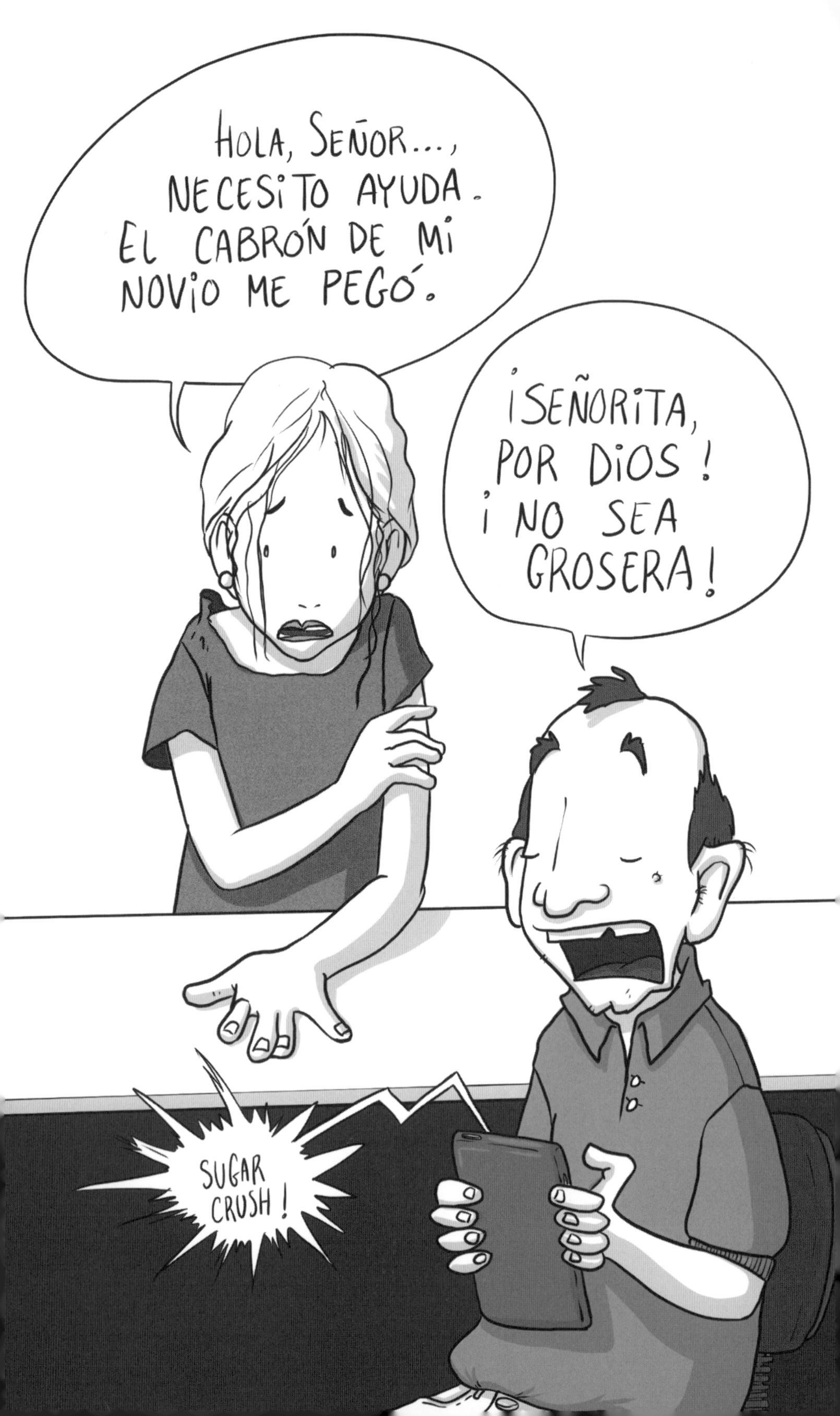
HOLA, SEÑOR..., NECESITO AYUDA. EL CABRÓN DE MI NOVIO ME PEGÓ.
¡SEÑORITA, POR DIOS! ¡NO SEA GROSERA!
SUGAR CRUSH!

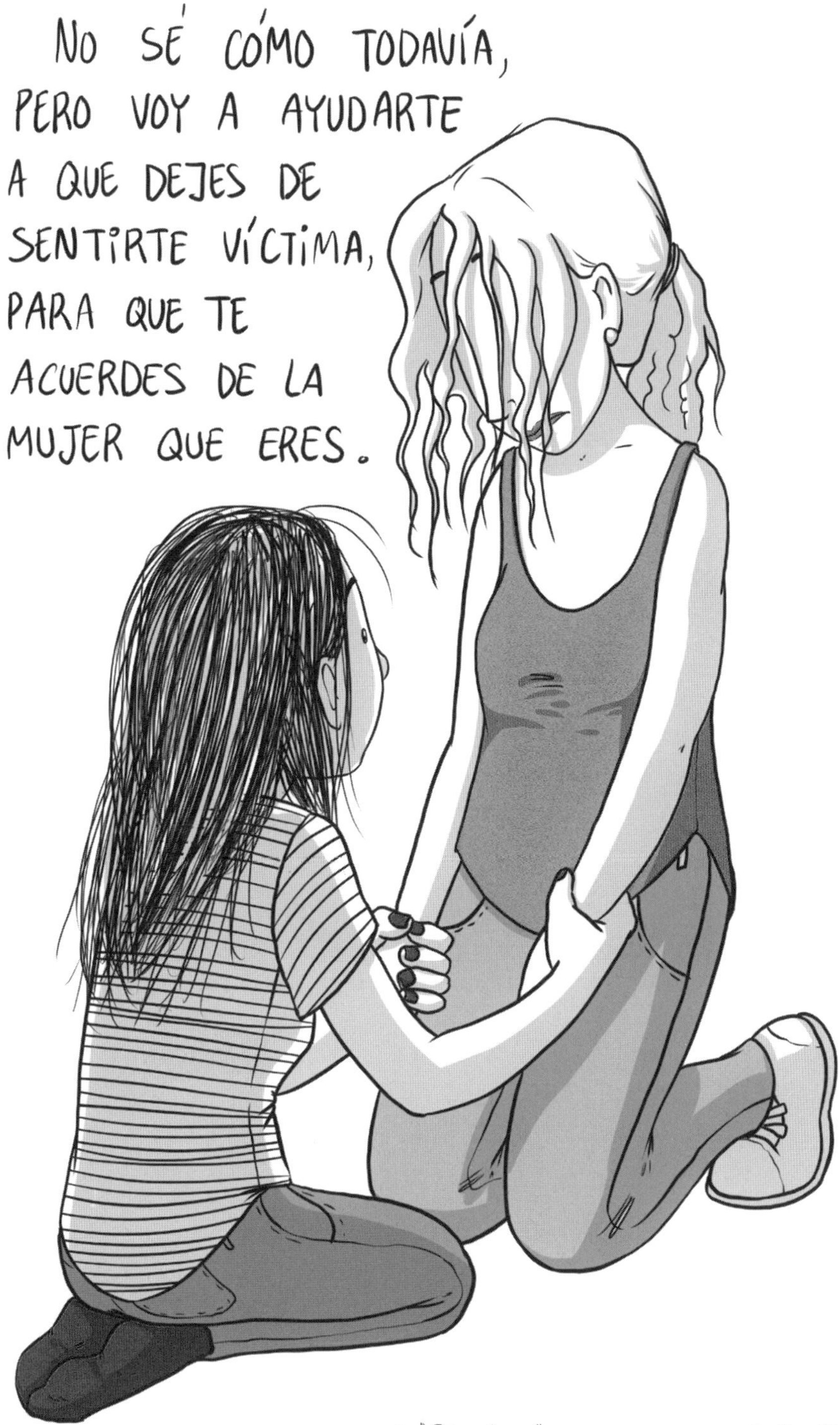
NO SÉ CÓMO TODAVÍA, PERO VOY A AYUDARTE A QUE DEJES DE SENTIRTE VÍCTIMA, PARA QUE TE ACUERDES DE LA MUJER QUE ERES.

♫ "PESADILLA" - OREJA DE VAN GOGH ♫

"RUMBITA DEL SANO AMOR" - ROSA ZARAGOZA

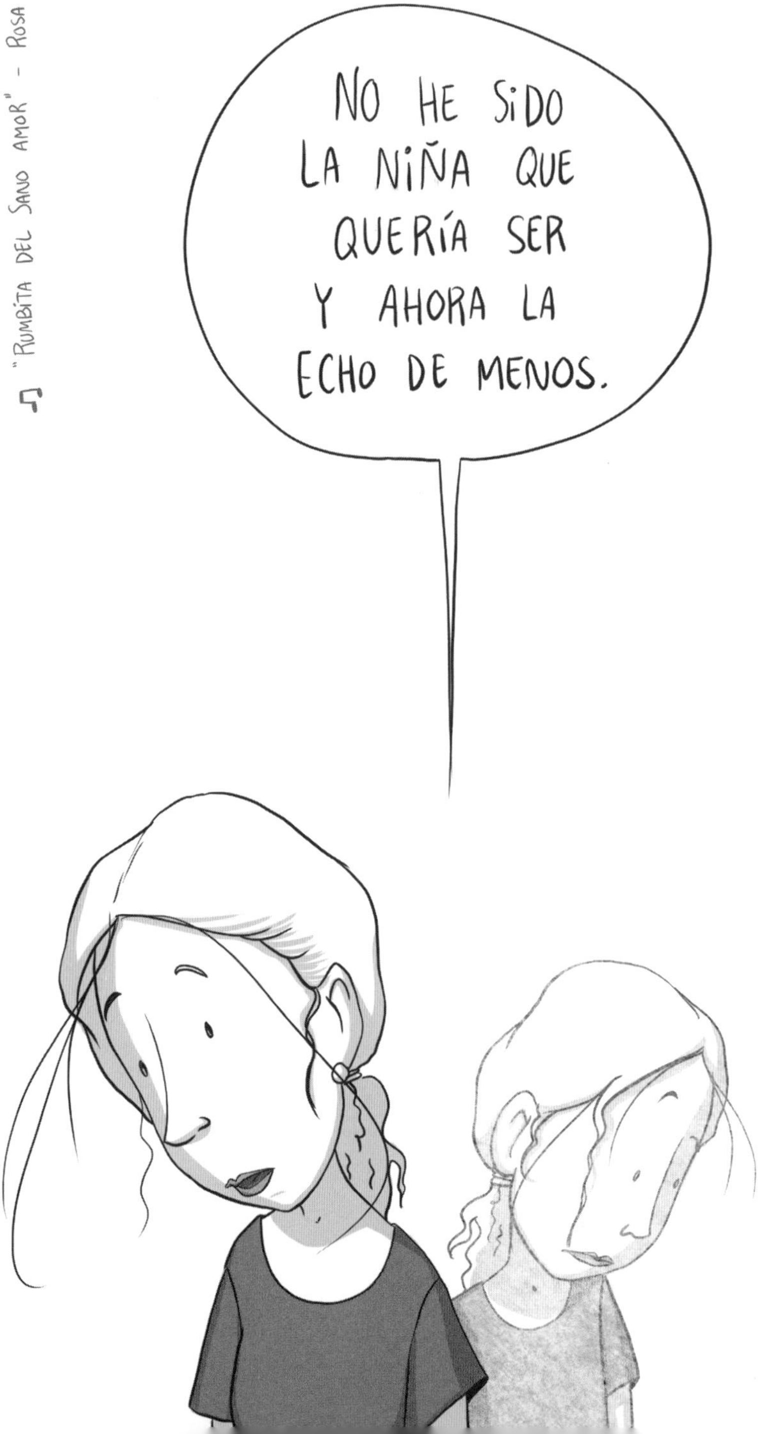
NO HE SIDO LA NIÑA QUE QUERÍA SER Y AHORA LA ECHO DE MENOS.

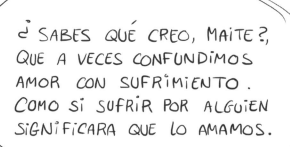

¿SABES QUÉ CREO, MAITE?, QUE A VECES CONFUNDIMOS AMOR CON SUFRIMIENTO. COMO SI SUFRIR POR ALGUIEN SIGNIFICARA QUE LO AMAMOS.

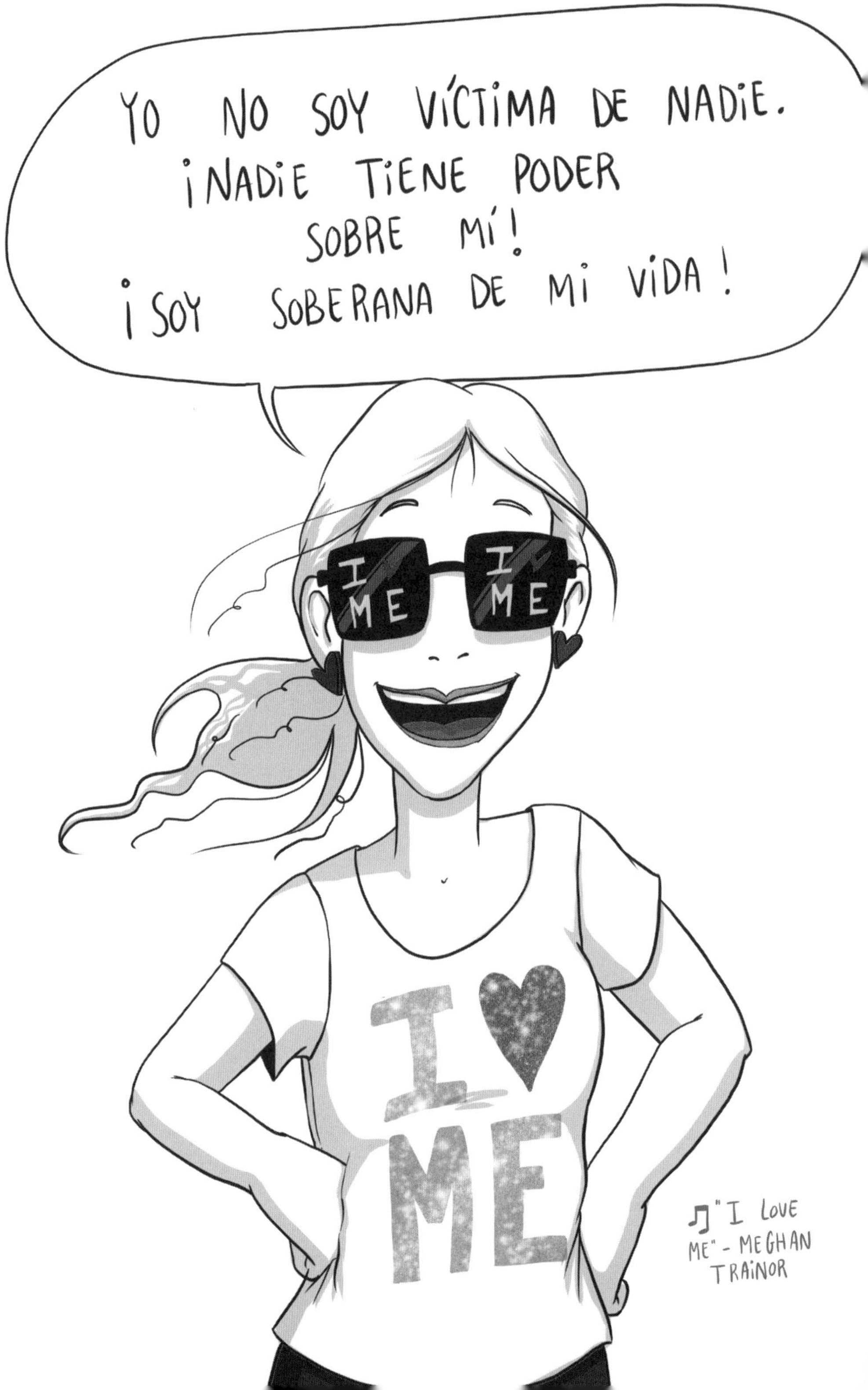
YO NO SOY VÍCTIMA DE NADIE. ¡NADIE TIENE PODER SOBRE MÍ! ¡SOY SOBERANA DE MI VIDA!
I ♥ ME
I ♥ ME
I ♥ ME
♫ "I LOVE ME" - MEGHAN TRAINOR

RABiA

LA VENGANZA APARECE CUANDO SE SIENTE LA TENAZ AUSENCIA DE JUSTICIA. Y AHÍ EMERGE TODO LO QUE NO ERES PERO TE AYUDA A SOBREVIVIR, Y TE ACOMPAÑA HASTA QUE ACABA LA GUERRA.

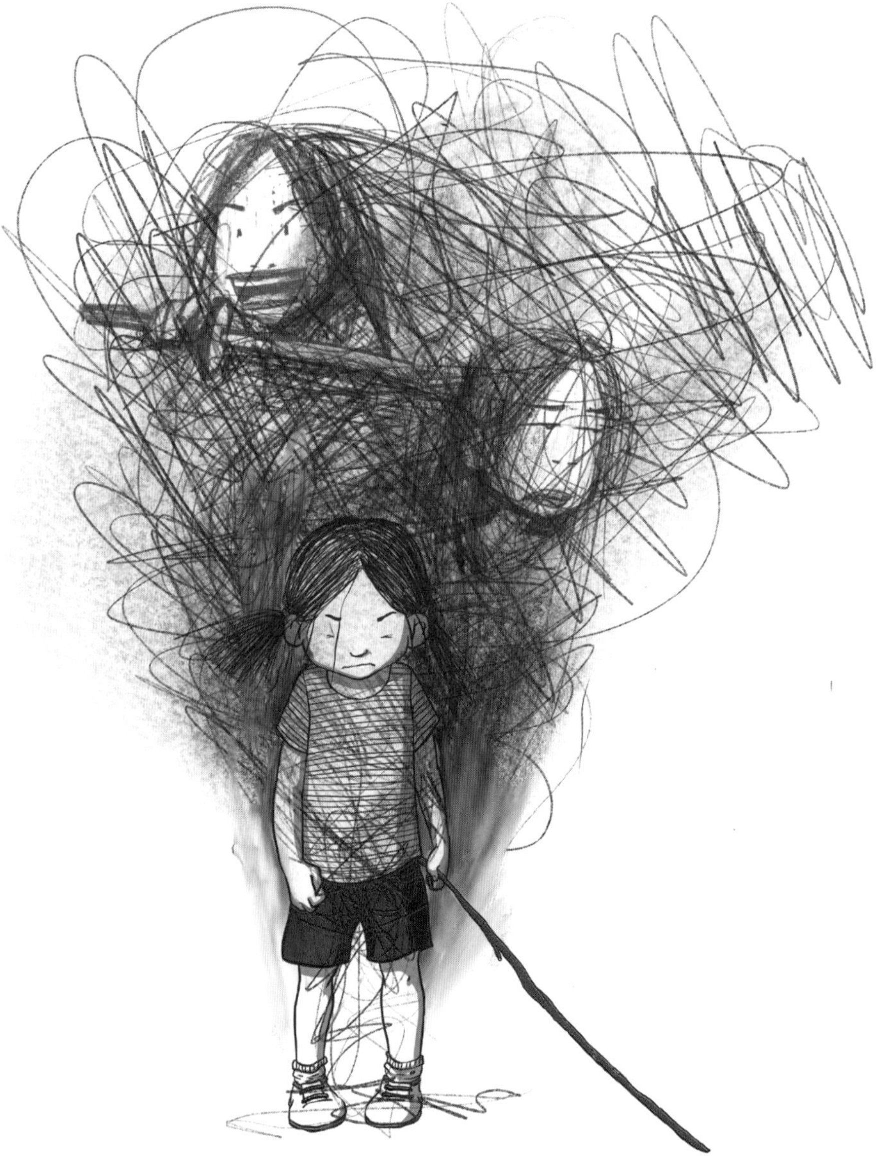

♫ "LOLA PUÑALES" - CONCHA PIQUER ♫

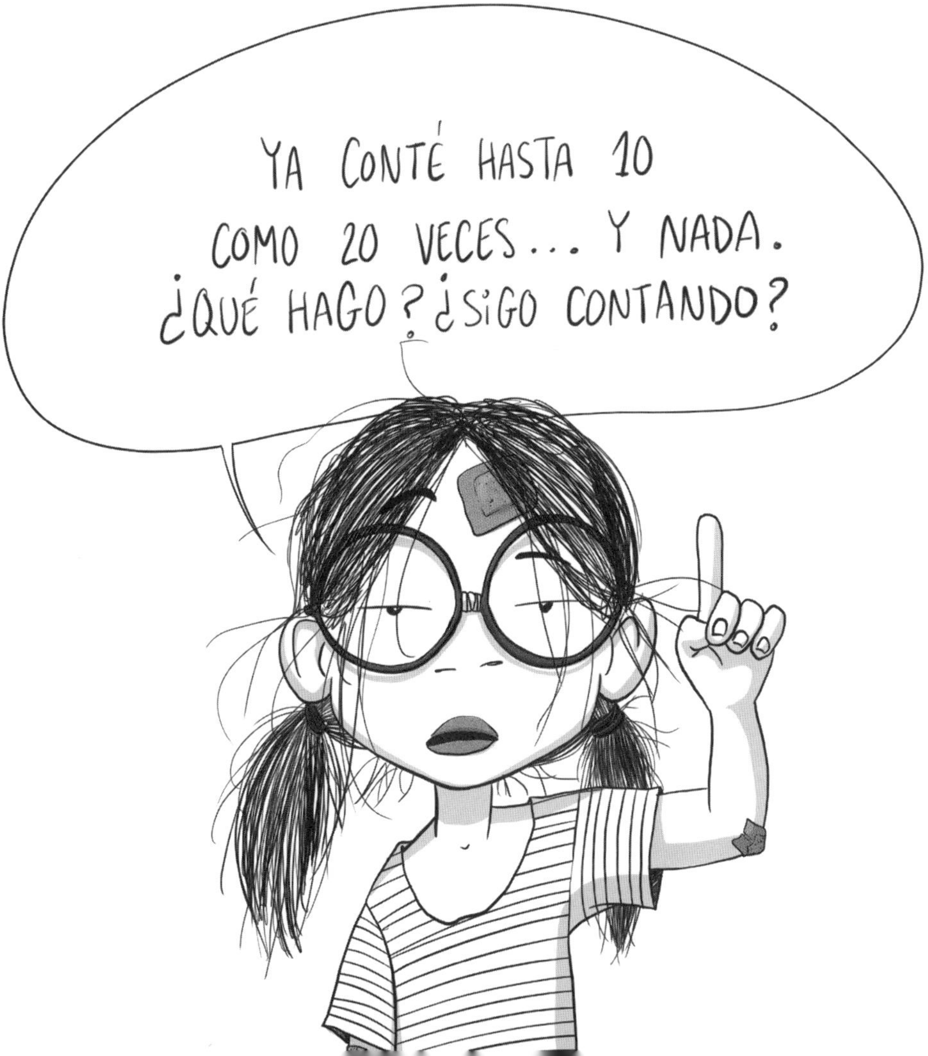
YA CONTÉ HASTA 10
COMO 20 VECES... Y NADA.
¿QUÉ HAGO? ¿SIGO CONTANDO?

TODO LO QUE UN DÍA REPRIMÍ HOY TOMA UNA FORMA PERVERSA PARA MANIFESTARSE.

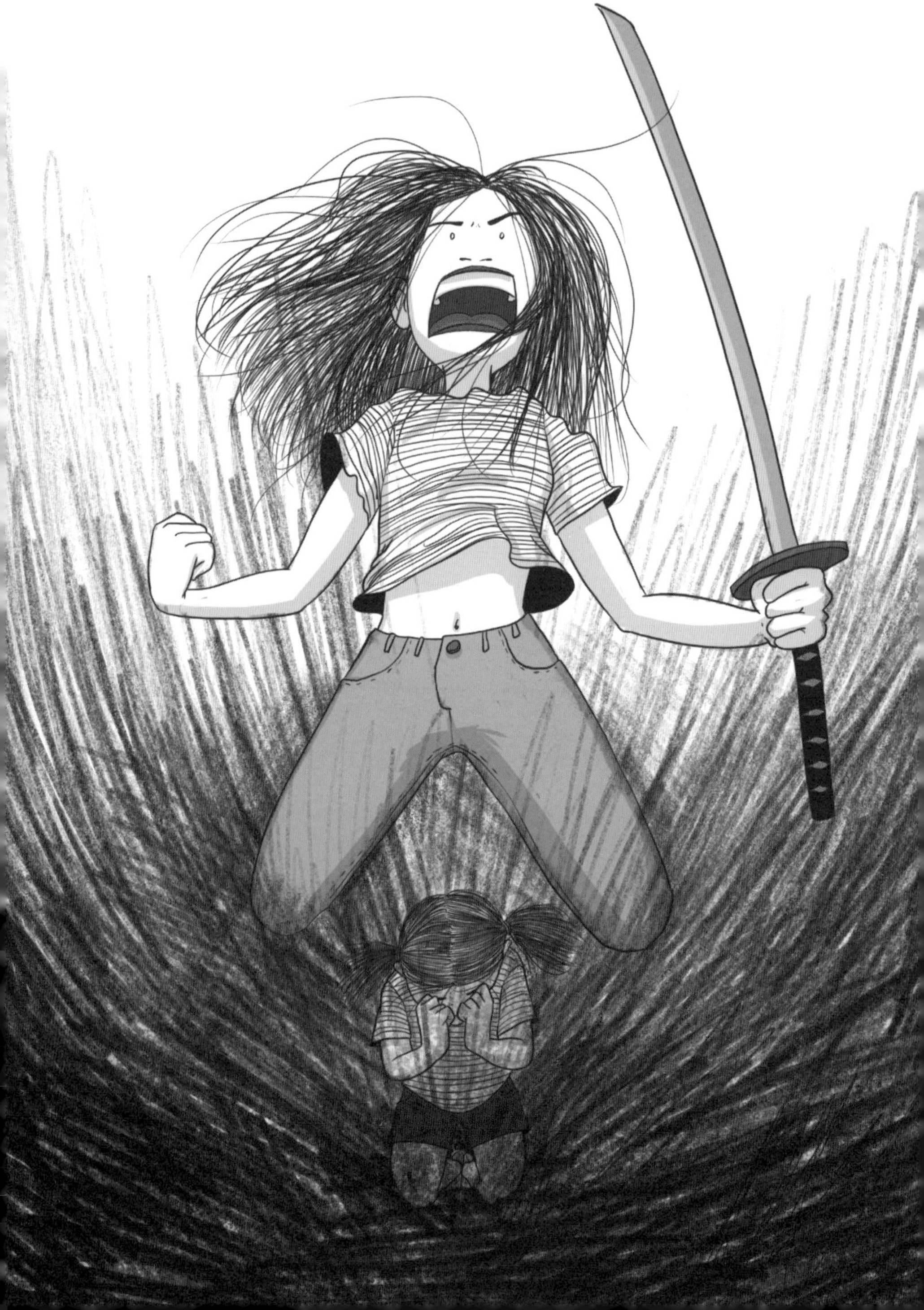

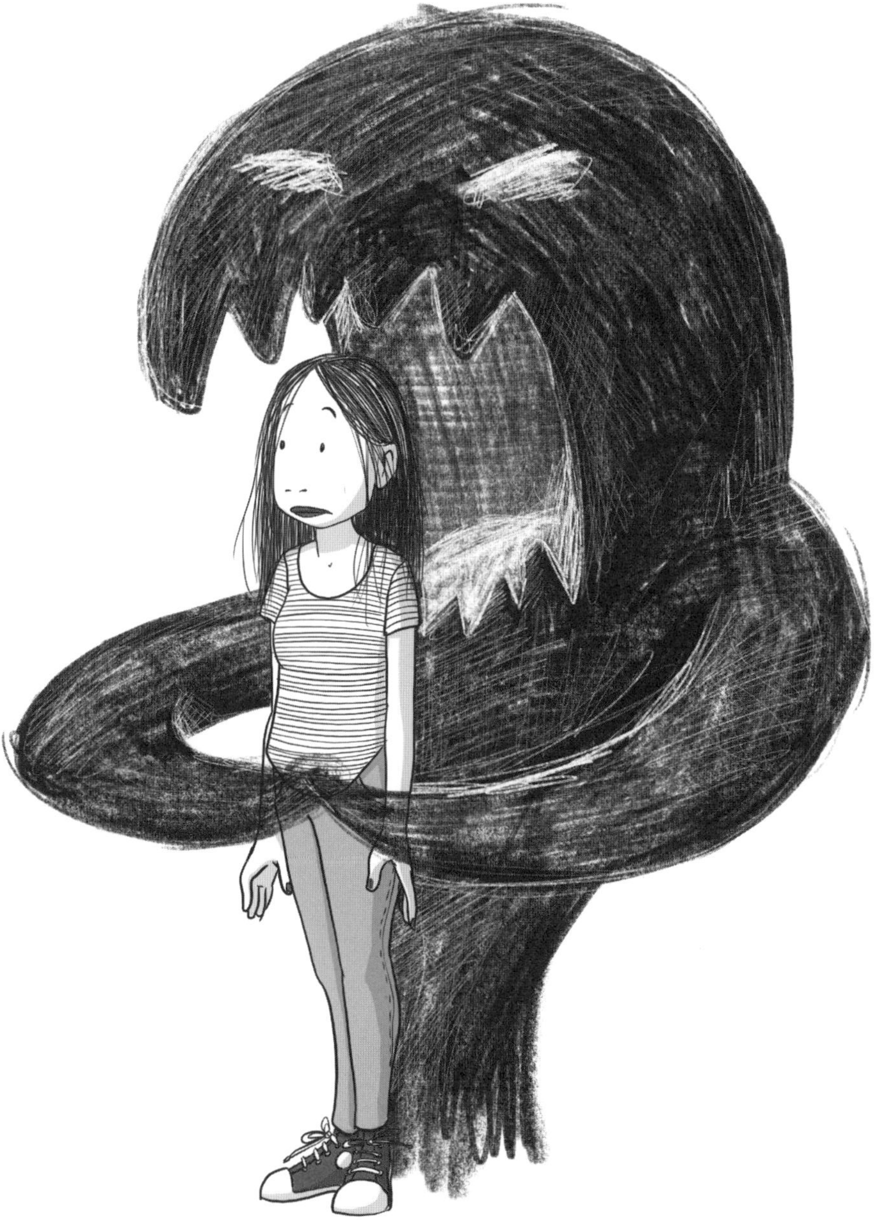

TODO LO QUE SIENTO Y NO COMPRENDO
SE ESCONDE EN MI ÚTERO Y ME
GRITA DESDE DENTRO.

♫ "SABRÉ OLVIDAR" - SILVANA ESTRADA

LUCHO,
LUCHO,
LUCHO
Y LUCHO
PORQUE SI ME DETENGO
TENGO
MIEDO.
AL MENOS LA RABIA
ME MANTIENE EN MOVIMIENTO.

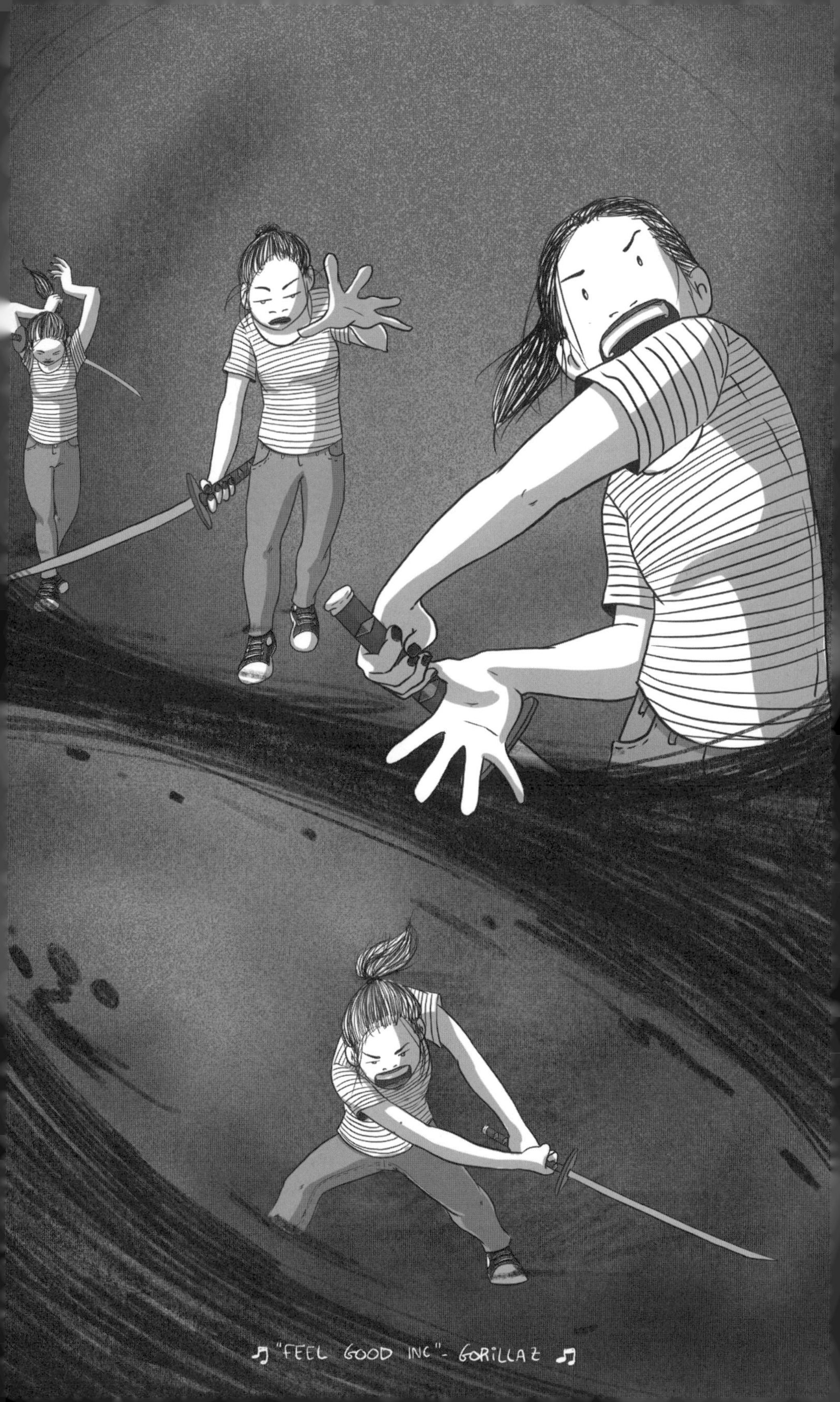
♫ "FEEL GOOD INC" - GORILLAZ ♫

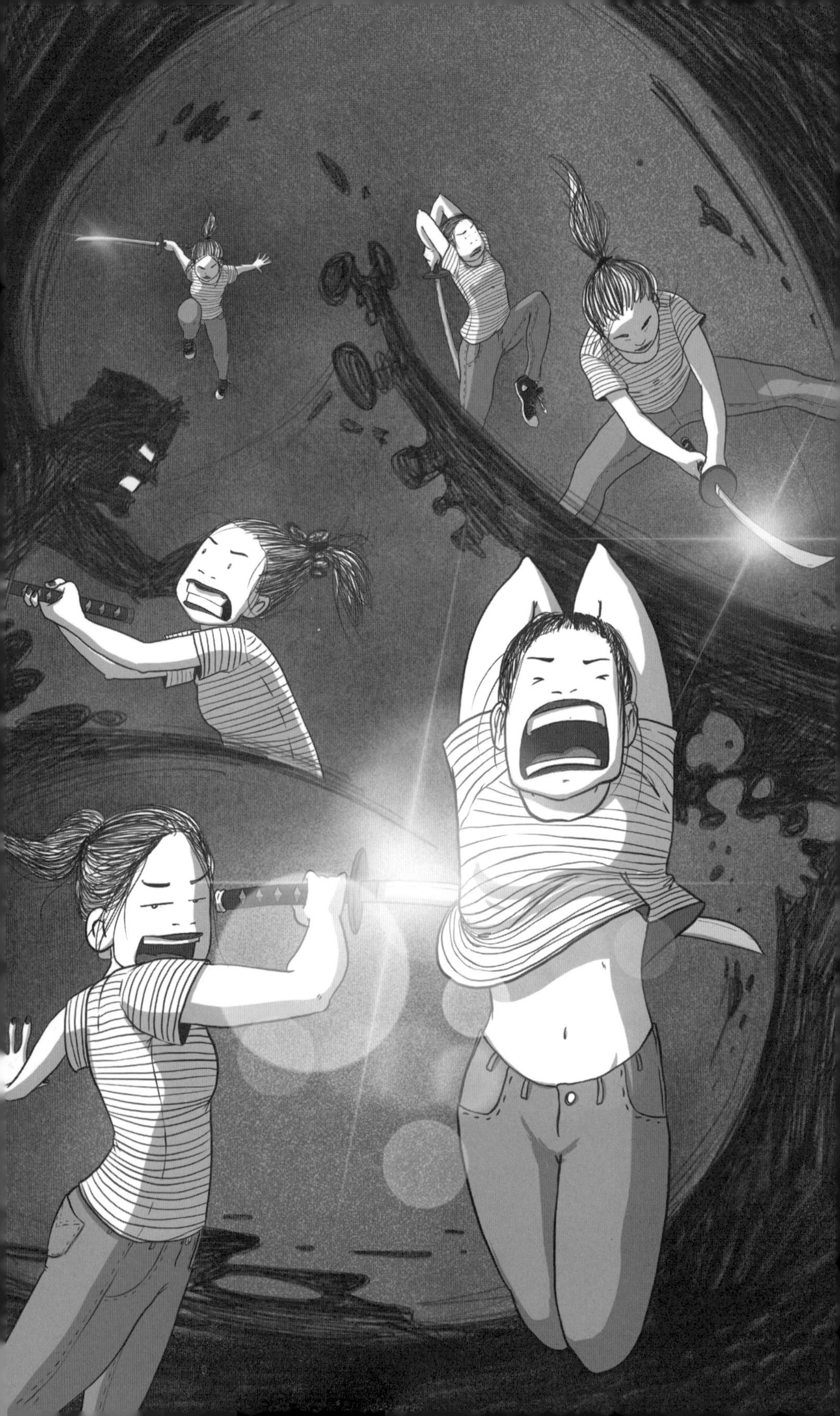

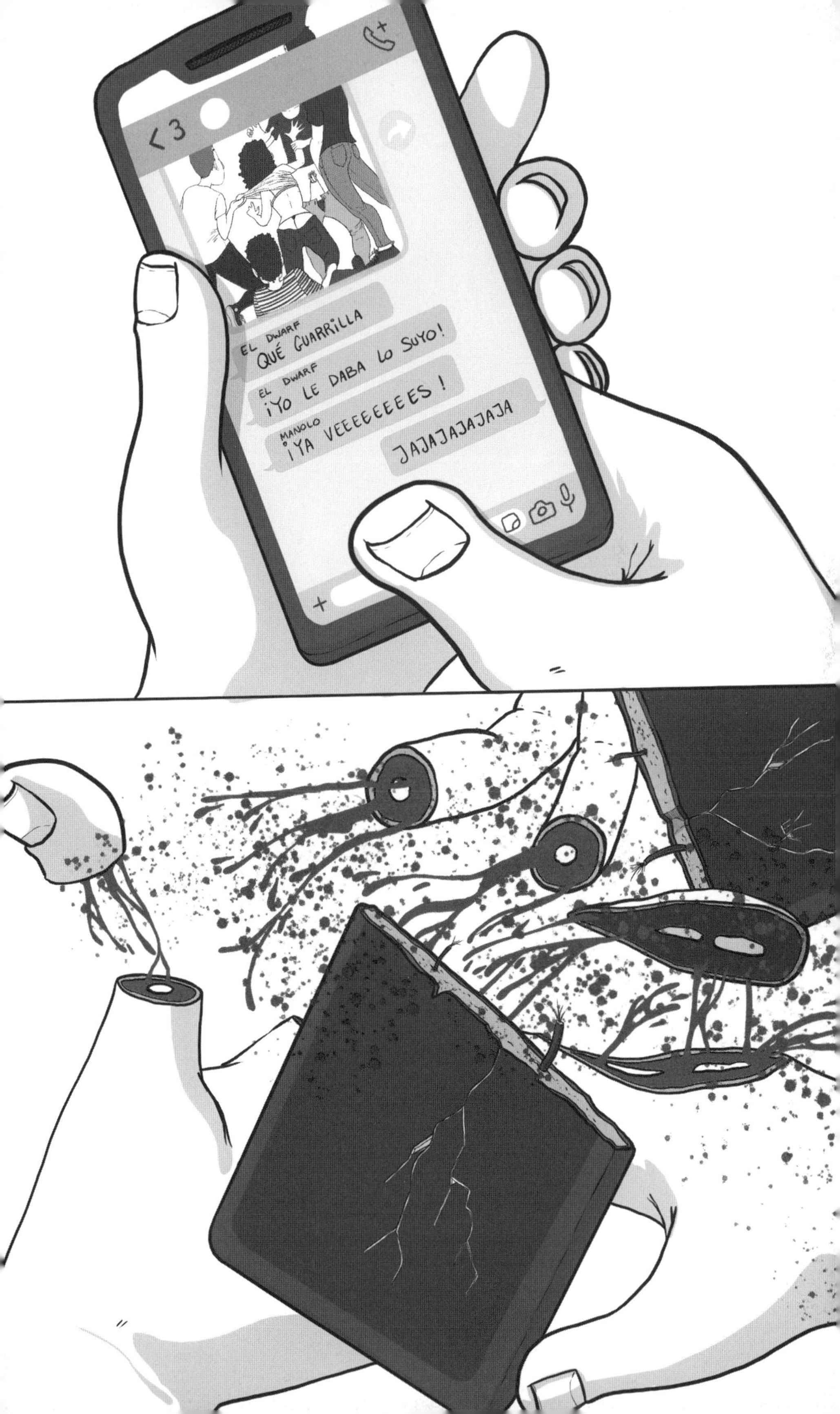
EL DWARF
QUÉ GUARRILLA
EL DWARF
¡YO LE DABA LO SUYO!
MANOLO
¡YA VEEEEEEEES!
JAJAJAJAJAJA

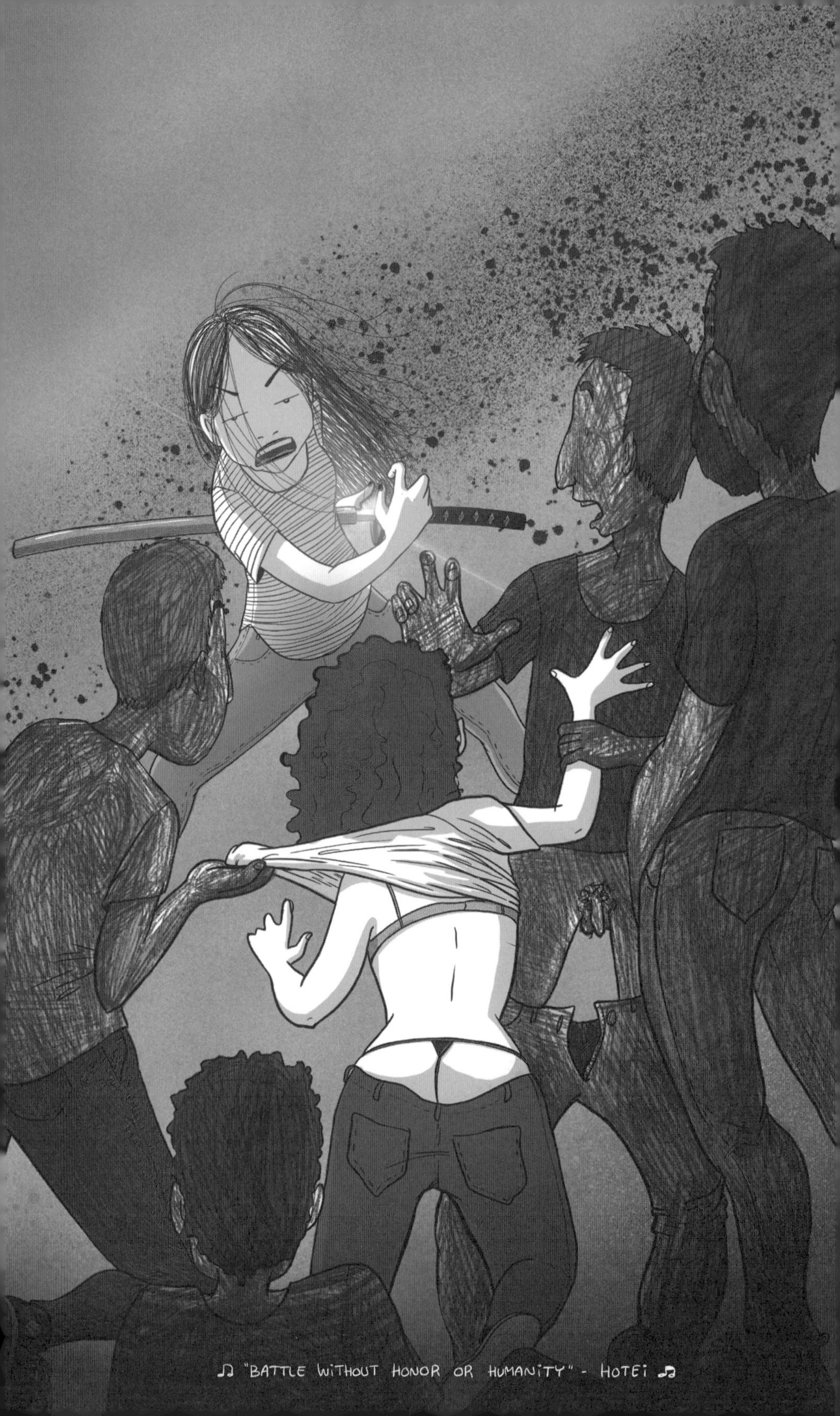
♫ "BATTLE WITHOUT HONOR OR HUMANITY" - HOTEI ♫

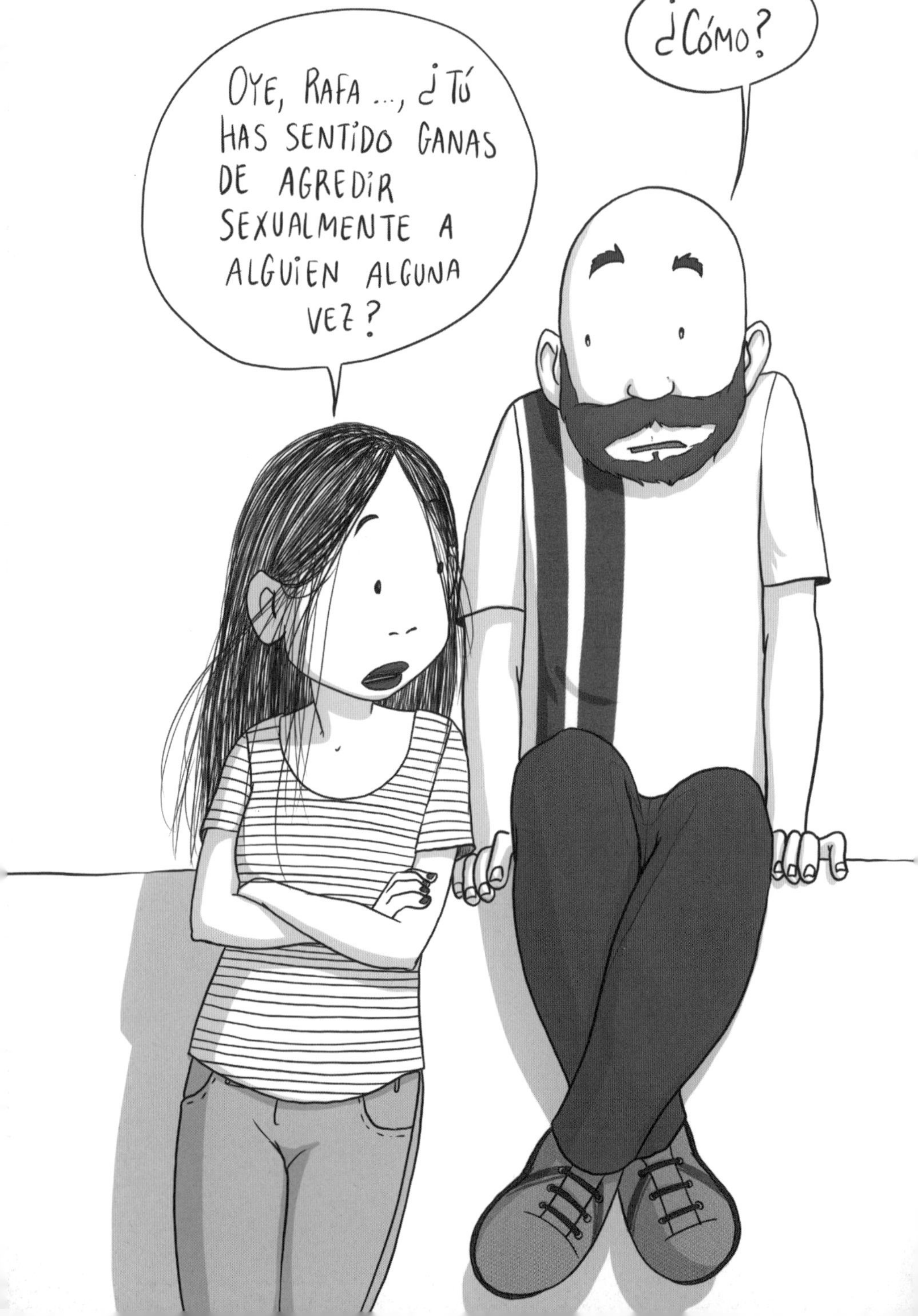
OYE, RAFA ..., ¿TÚ HAS SENTIDO GANAS DE AGREDIR SEXUALMENTE A ALGUIEN ALGUNA VEZ?
¿CÓMO?

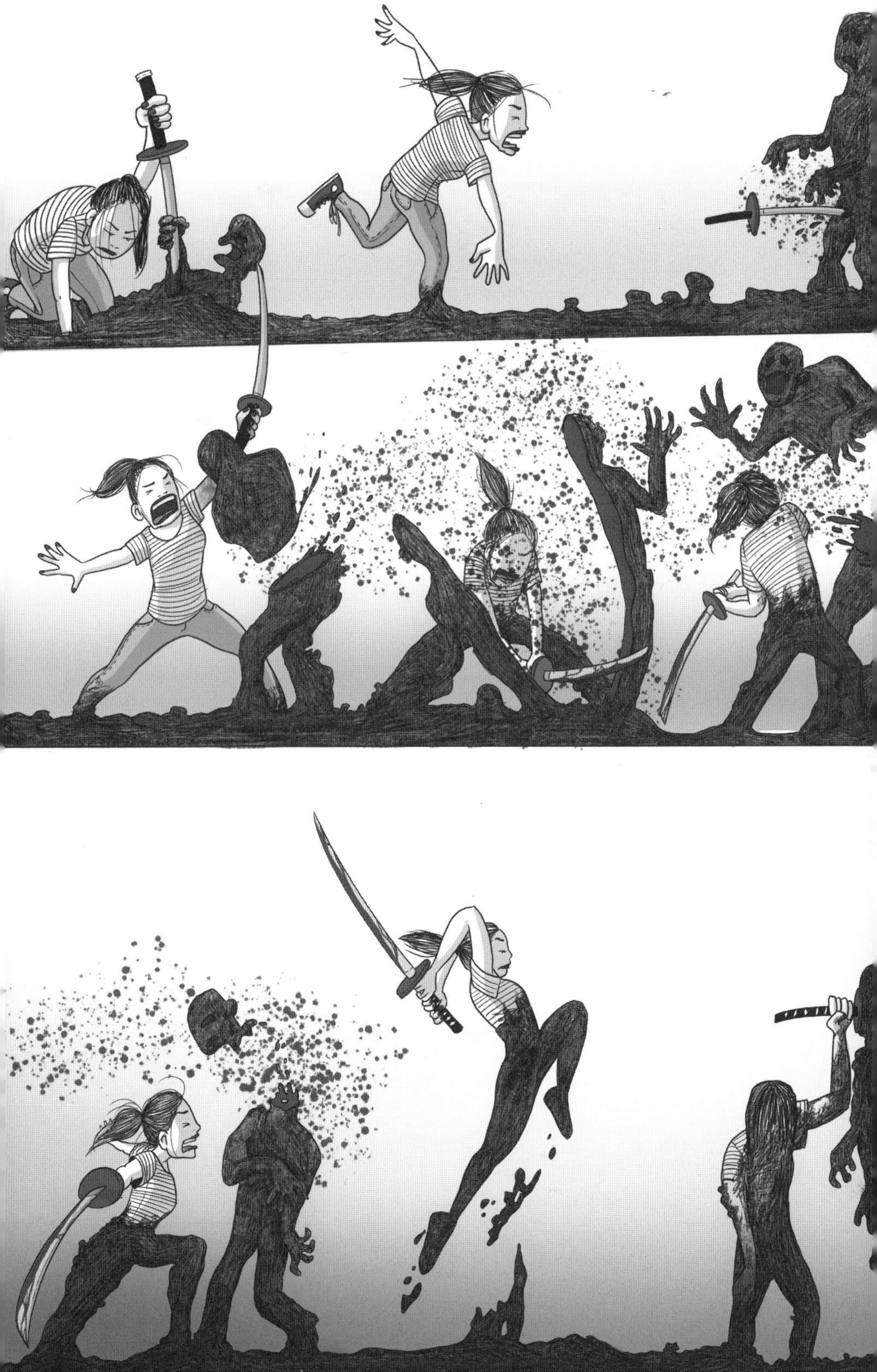
♫ "HIDE AND SEEK" IMOGEN HEAP ♫

HAY VECES QUE QUIERO SER INDESTRUCTIBLE, PERO MI CUERPO FEMENINO ME BAJA LA CABEZA Y ME OBLIGA A SER VULNERABLE.

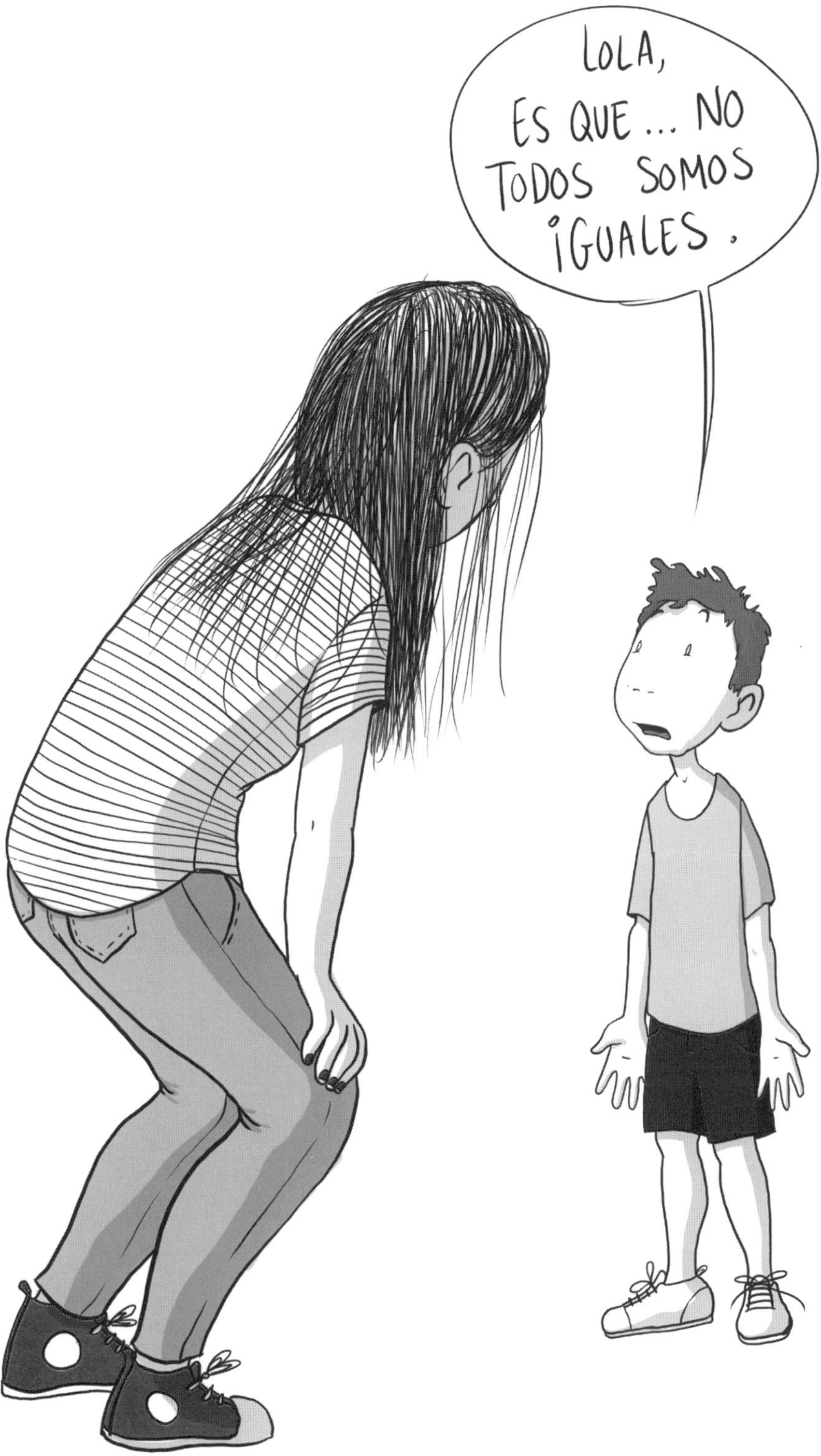
LOLA, ES QUE... NO TODOS SOMOS IGUALES.

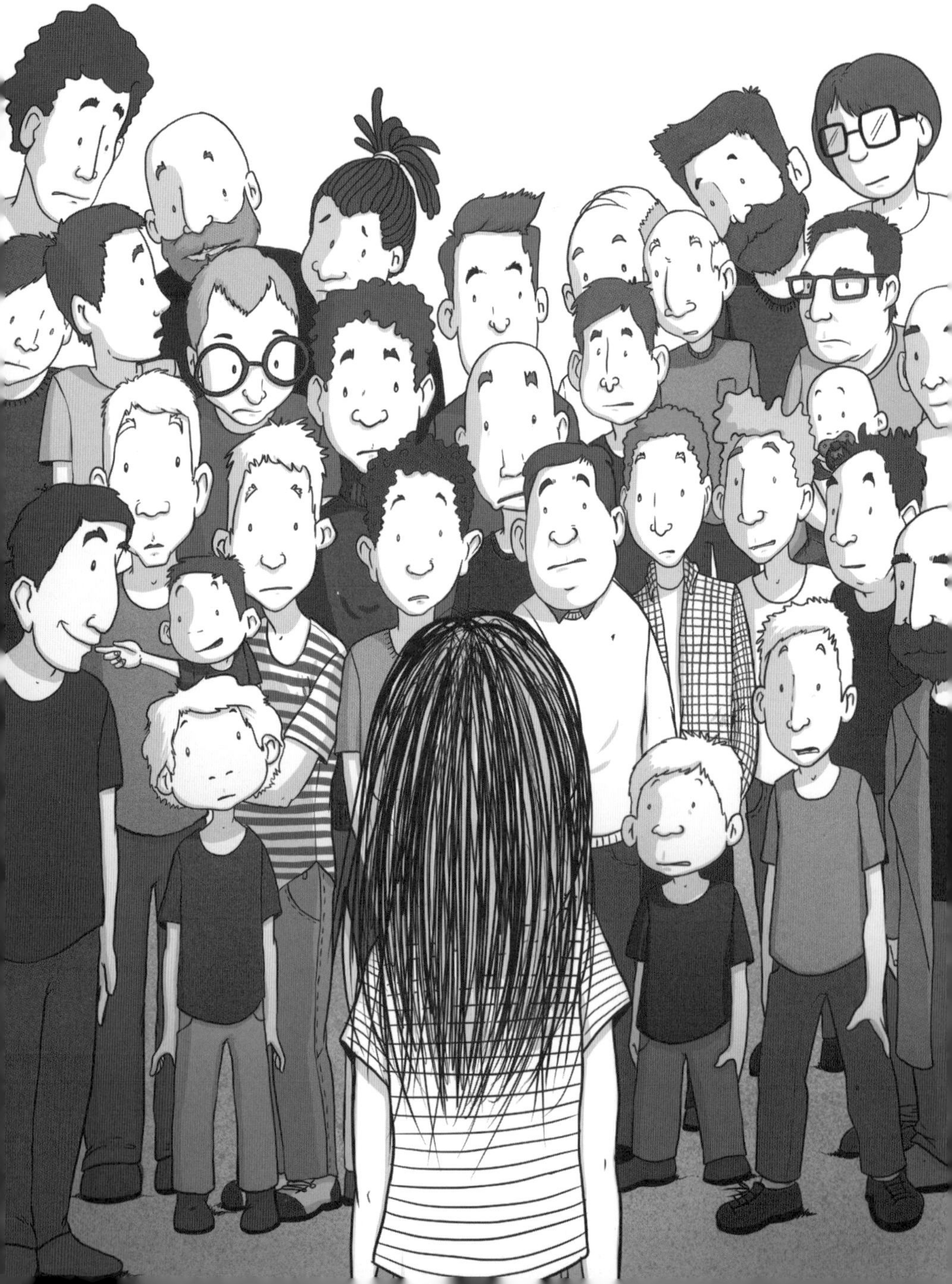

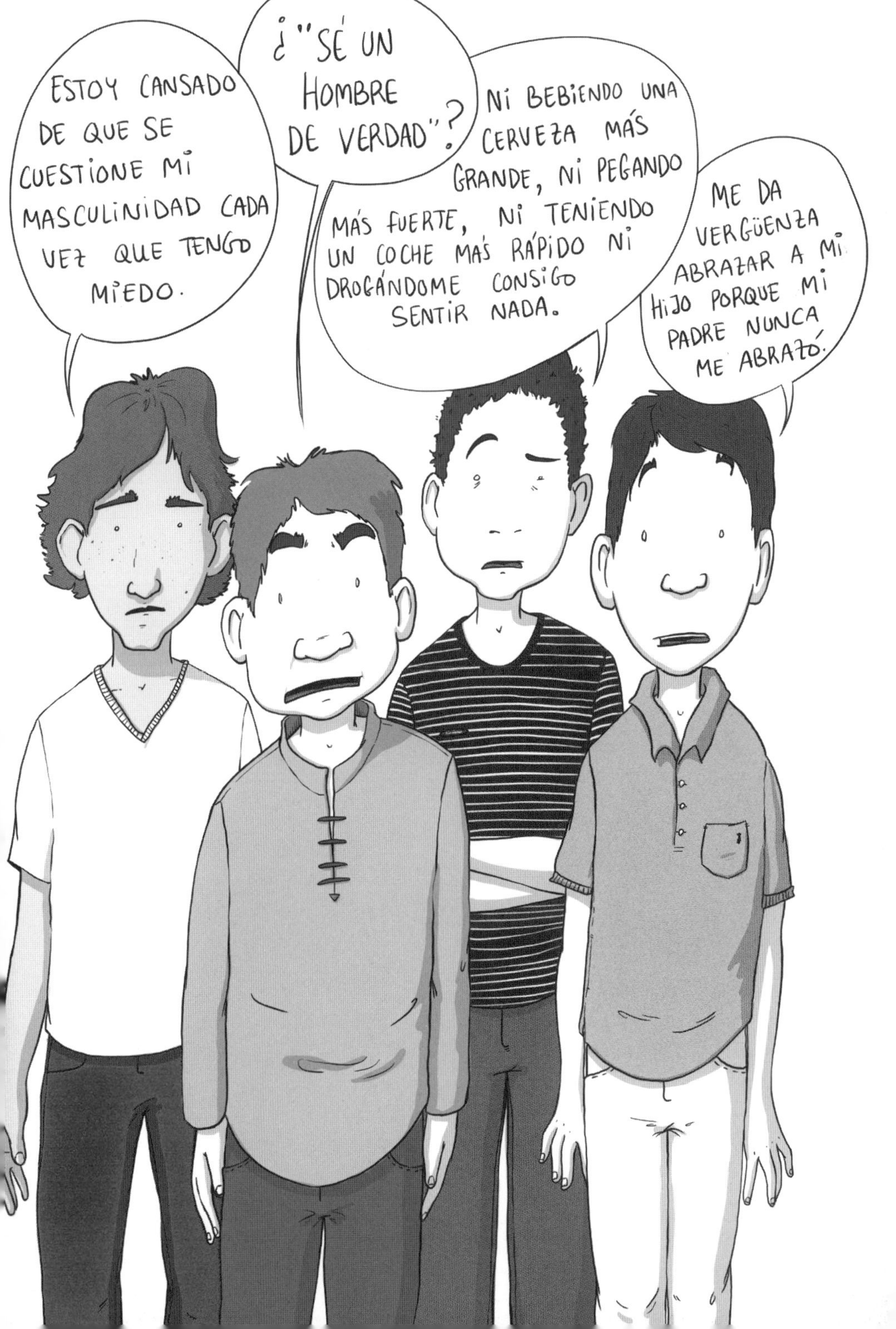
ESTOY CANSADO DE QUE SE CUESTIONE MI MASCULINIDAD CADA VEZ QUE TENGO MIEDO.
¿"SÉ UN HOMBRE DE VERDAD"?
NI BEBIENDO UNA CERVEZA MÁS GRANDE, NI PEGANDO MÁS FUERTE, NI TENIENDO UN COCHE MÁS RÁPIDO NI DROGÁNDOME CONSIGO SENTIR NADA.
ME DA VERGÜENZA ABRAZAR A MI HIJO PORQUE MI PADRE NUNCA ME ABRAZÓ.

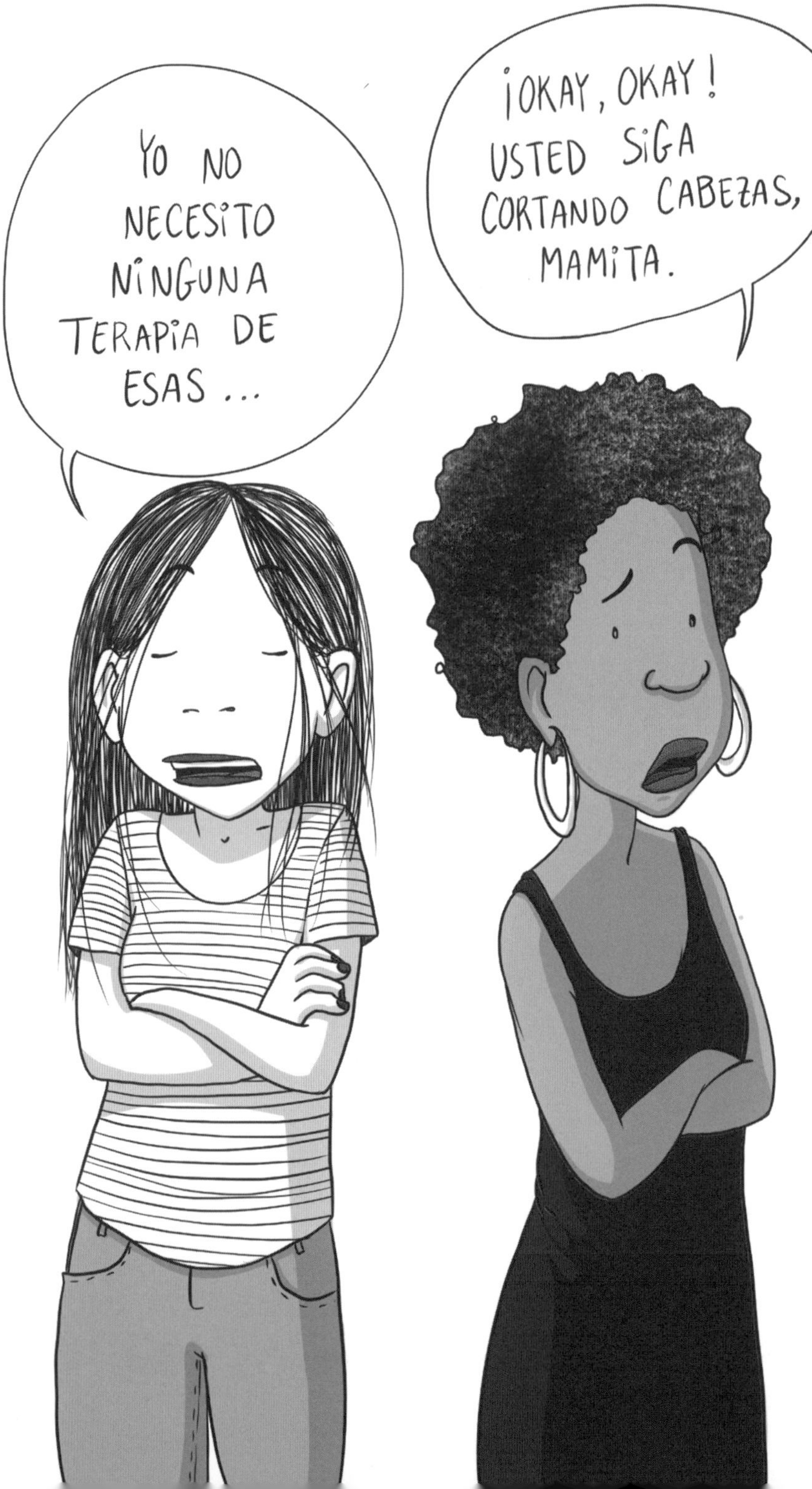
YO NO NECESITO NINGUNA TERAPIA DE ESAS...
¡OKAY, OKAY! USTED SIGA CORTANDO CABEZAS, MAMITA.

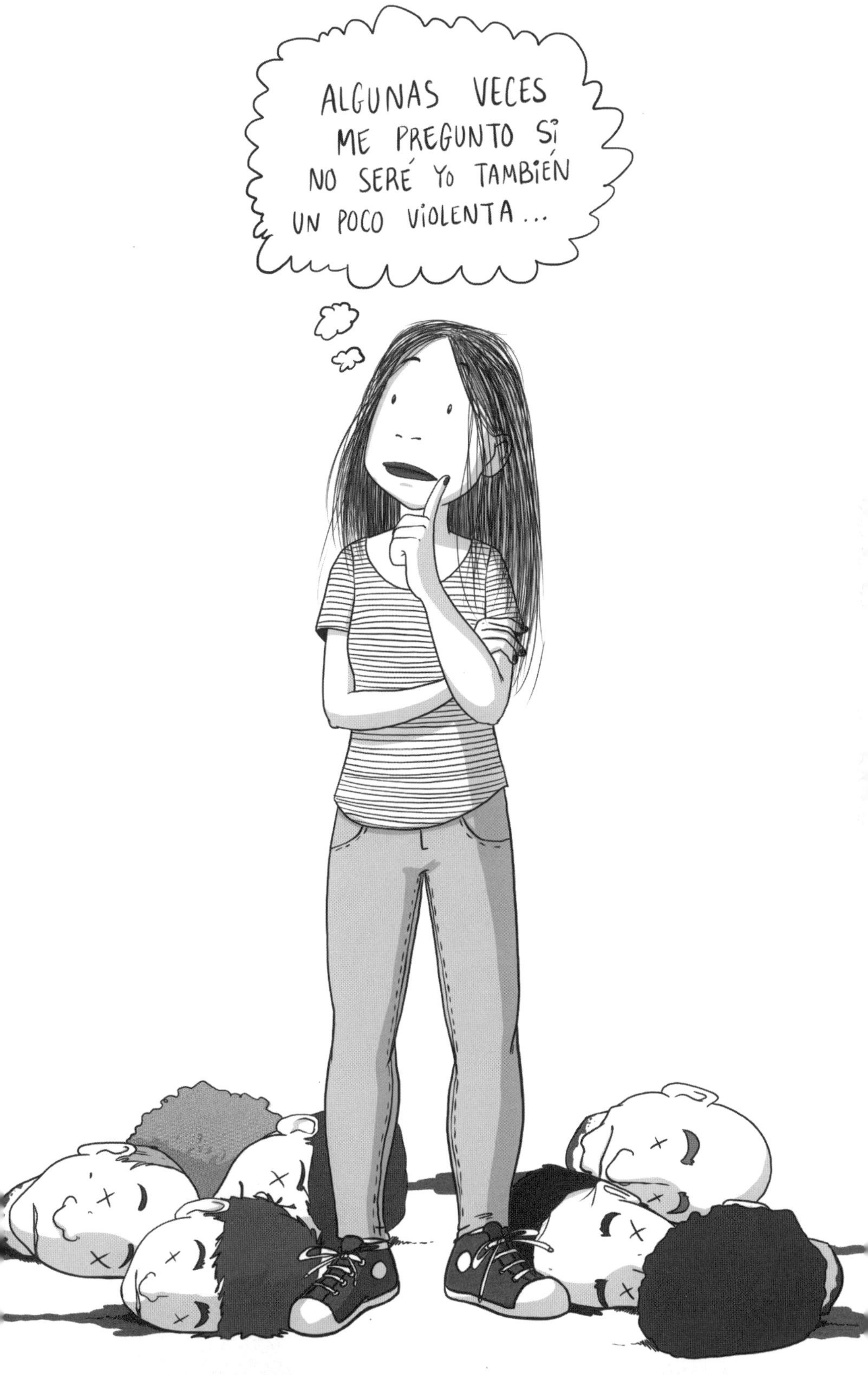
ALGUNAS VECES ME PREGUNTO SI NO SERÉ YO TAMBIÉN UN POCO VIOLENTA...

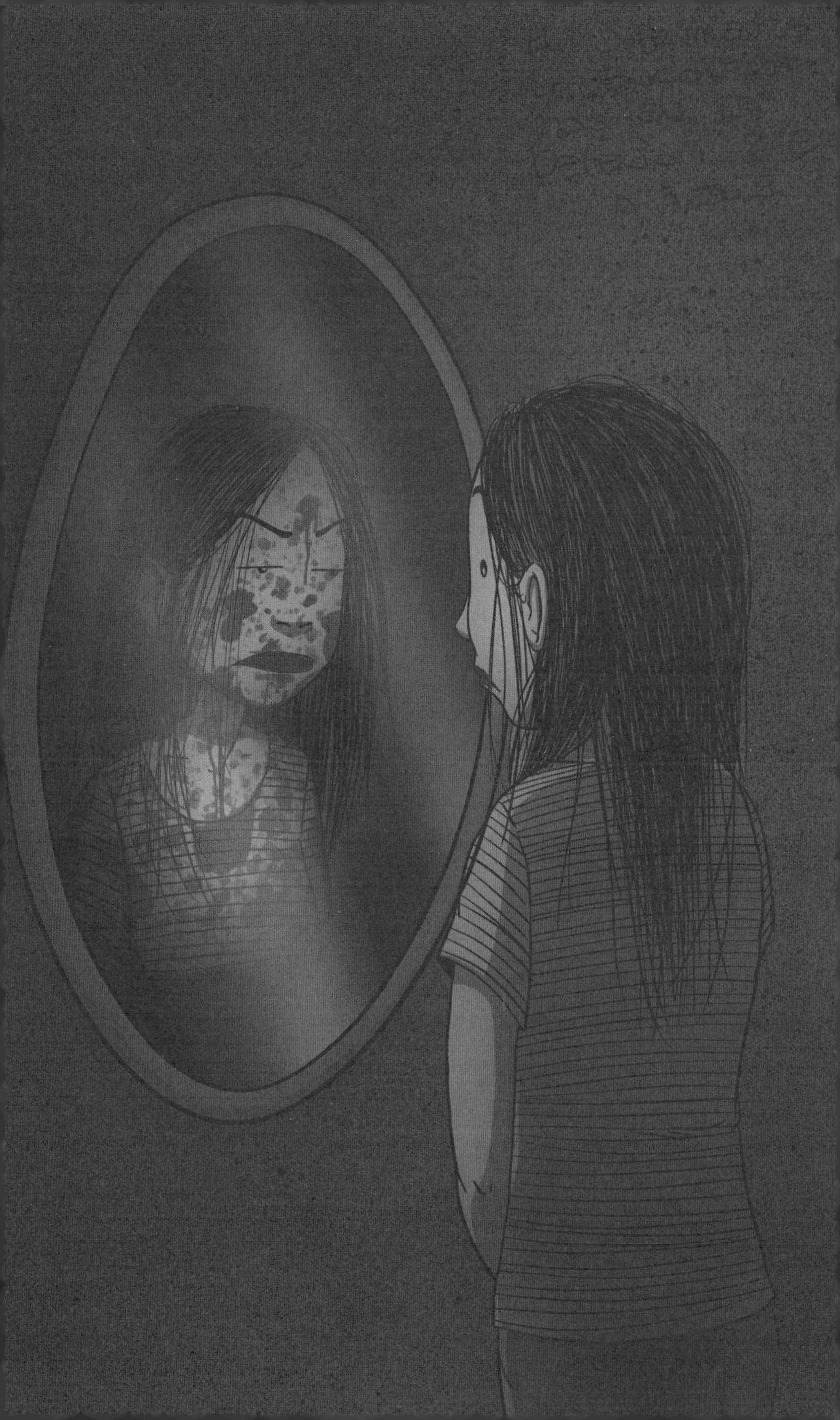

NO HAY PEOR VILLANA QUE LA QUE NO
SABE QUE TIENE SOMBRA. NO HAY NADIE
TAN PELIGROSO COMO QUIEN SE CREE
TODO LUZ.
CUANDO UNA TOMA CONCIENCIA DE SU LADO
MÁS OSCURO Y LO ABRAZA, EL ENEMIGO
QUE TODAS GUARDAMOS DENTRO SE CALMA.

NO PODEMOS CONSTRUIR UNA CULTURA DE PAZ SI NO RECOGEMOS LOS MUERTOS DE NUESTRA PROPIA VIOLENCIA. Y TODOS SOMOS LA VIOLENCIA. PORQUE SER QUIEN MIRA A UN LADO, APUNTA CON EL DEDO Y SE EXIME DE RESPONSABILIDADES ES REFORZAR EL SISTEMA VIOLENTO.
TODOS TENEMOS MUERTOS BAJO NUESTROS PIES, PORQUE CON LAS PALABRAS TAMBIÉN SE MATA LENTAMENTE.

♫ "LAUGHING WITH" - REGINA SPEKTOR ♫

LO QUE ME SALVA DE VIVIR
UNA VIDA LLENA DE ODIO ES LA

COMPASIÓN.

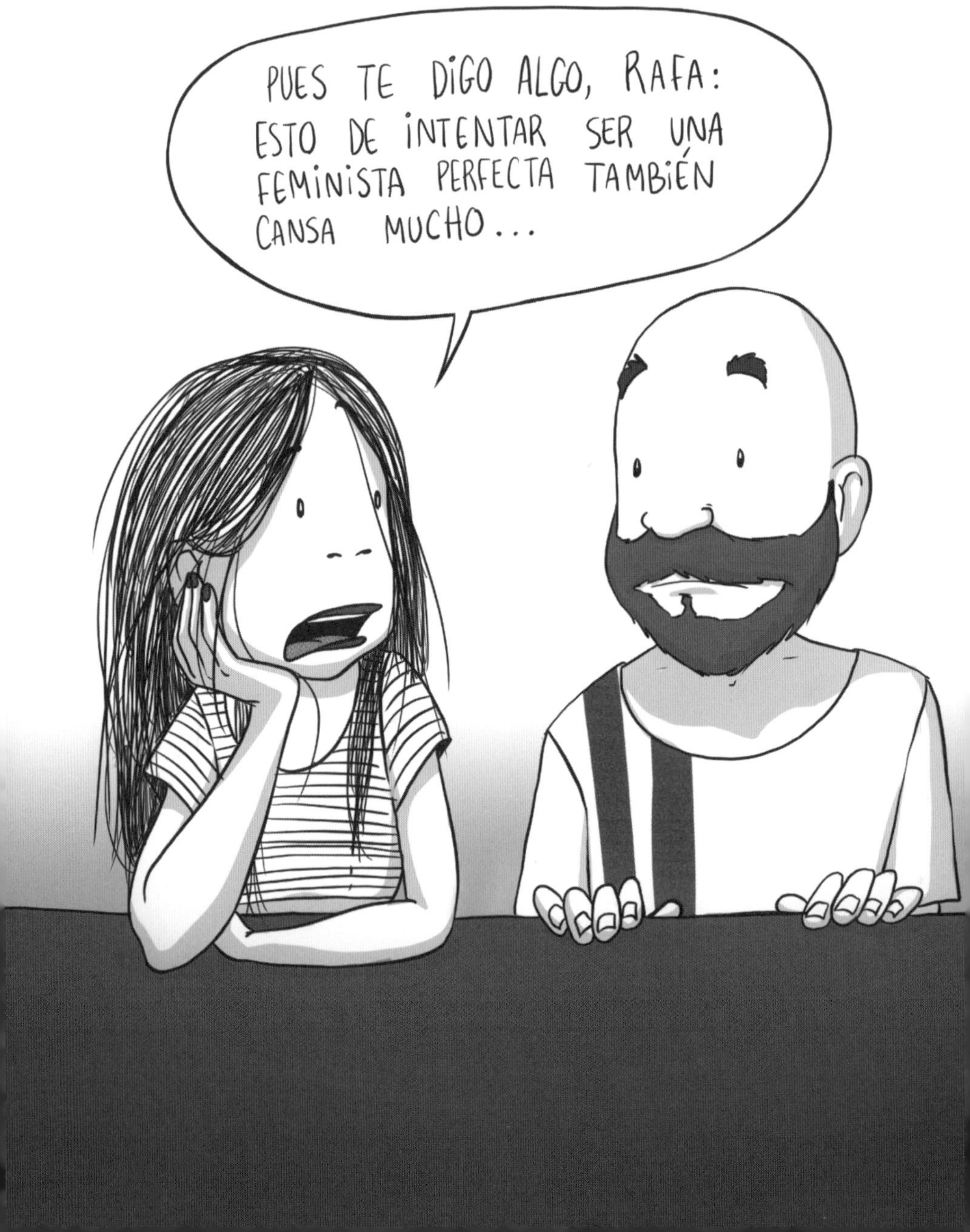
PUES TE DIGO ALGO, RAFA: ESTO DE INTENTAR SER UNA FEMINISTA PERFECTA TAMBIÉN CANSA MUCHO...

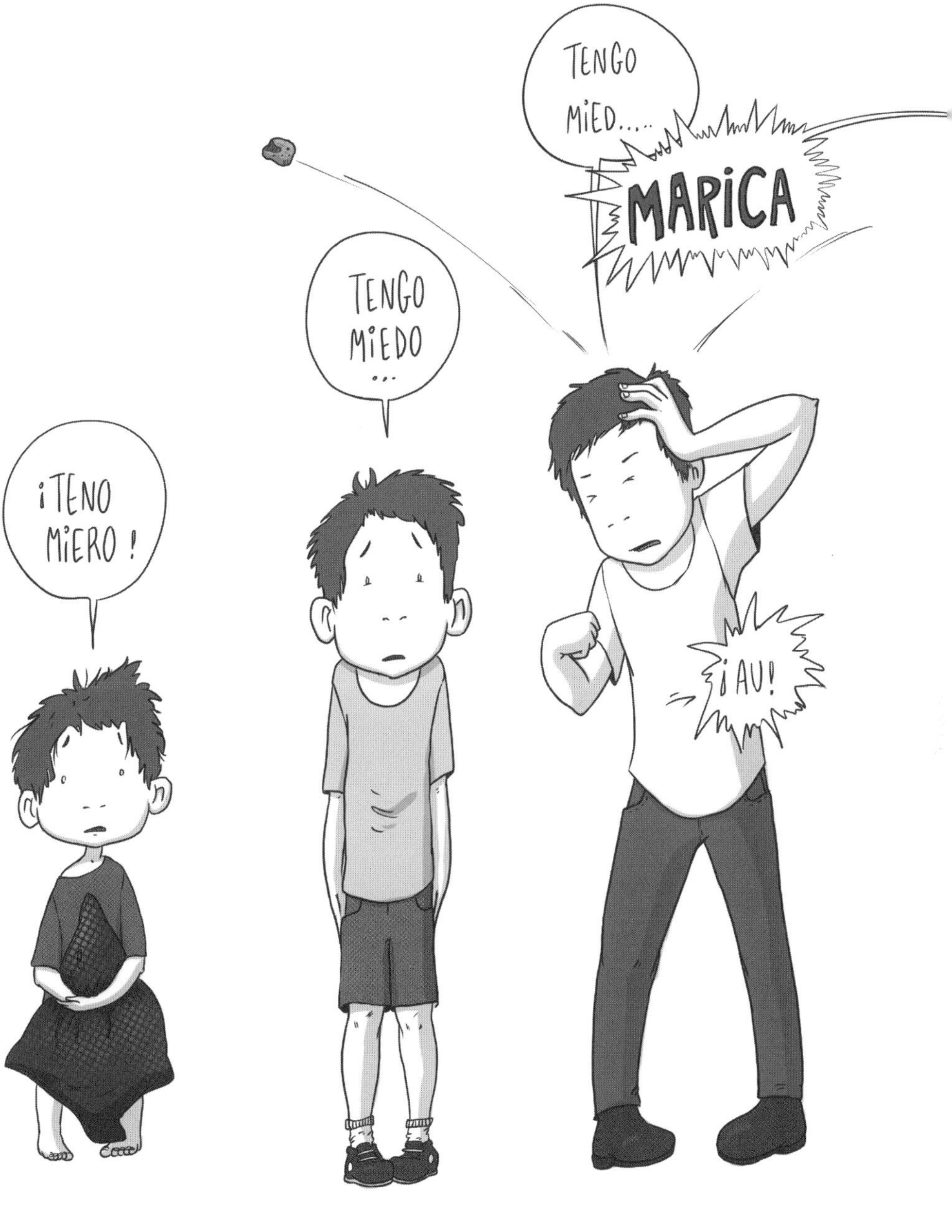
¡TENO MIERO!
TENGO MIEDO ...
TENGO MIED.....
MARICA
¡AU!

♫ "LOS HOMBRES NO LLORAN" - MORAL DISTRAIDA ♫

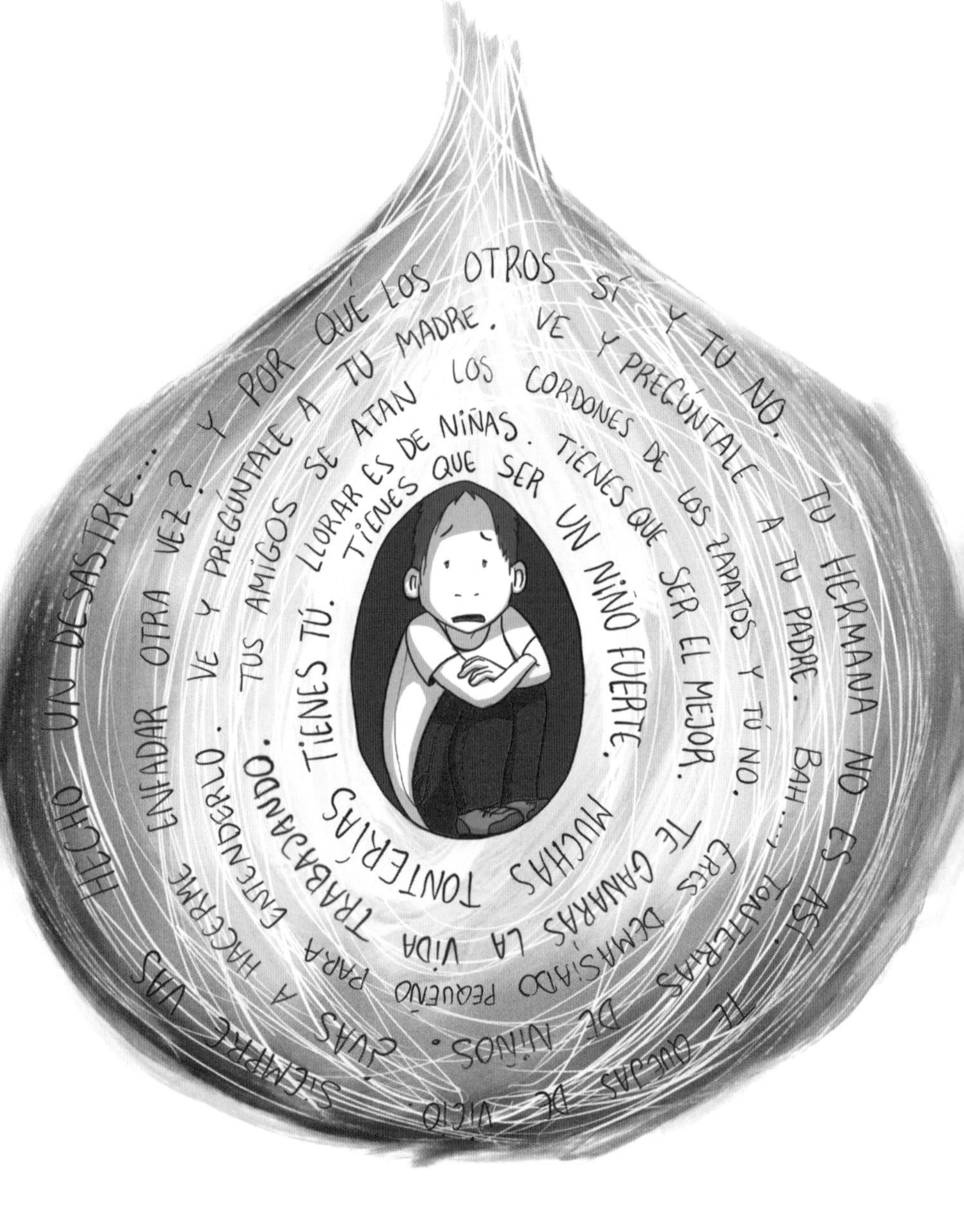
SIEMPRE VAS HECHO UN DESASTRE... Y POR QUÉ LOS OTROS SÍ Y TÚ NO. TU HERMANA NO ES ASÍ. TE QUEJAS DE VICIO.
¿VAS A HACERME ENFADAR OTRA VEZ? VE Y PREGÚNTALE A TU MADRE. VE Y PREGÚNTALE A TU PADRE. BAH... TONTERÍAS DE NIÑOS.
ERES DEMASIADO PEQUEÑO PARA ENTENDERLO. TUS AMIGOS SE ATAN LOS CORDONES DE LOS ZAPATOS Y TÚ NO.
TE GANARÁS LA VIDA TRABAJANDO. LLORAR ES DE NIÑAS. TIENES QUE SER EL MEJOR.
MUCHAS TONTERÍAS TIENES TÚ. TIENES QUE SER UN NIÑO FUERTE.

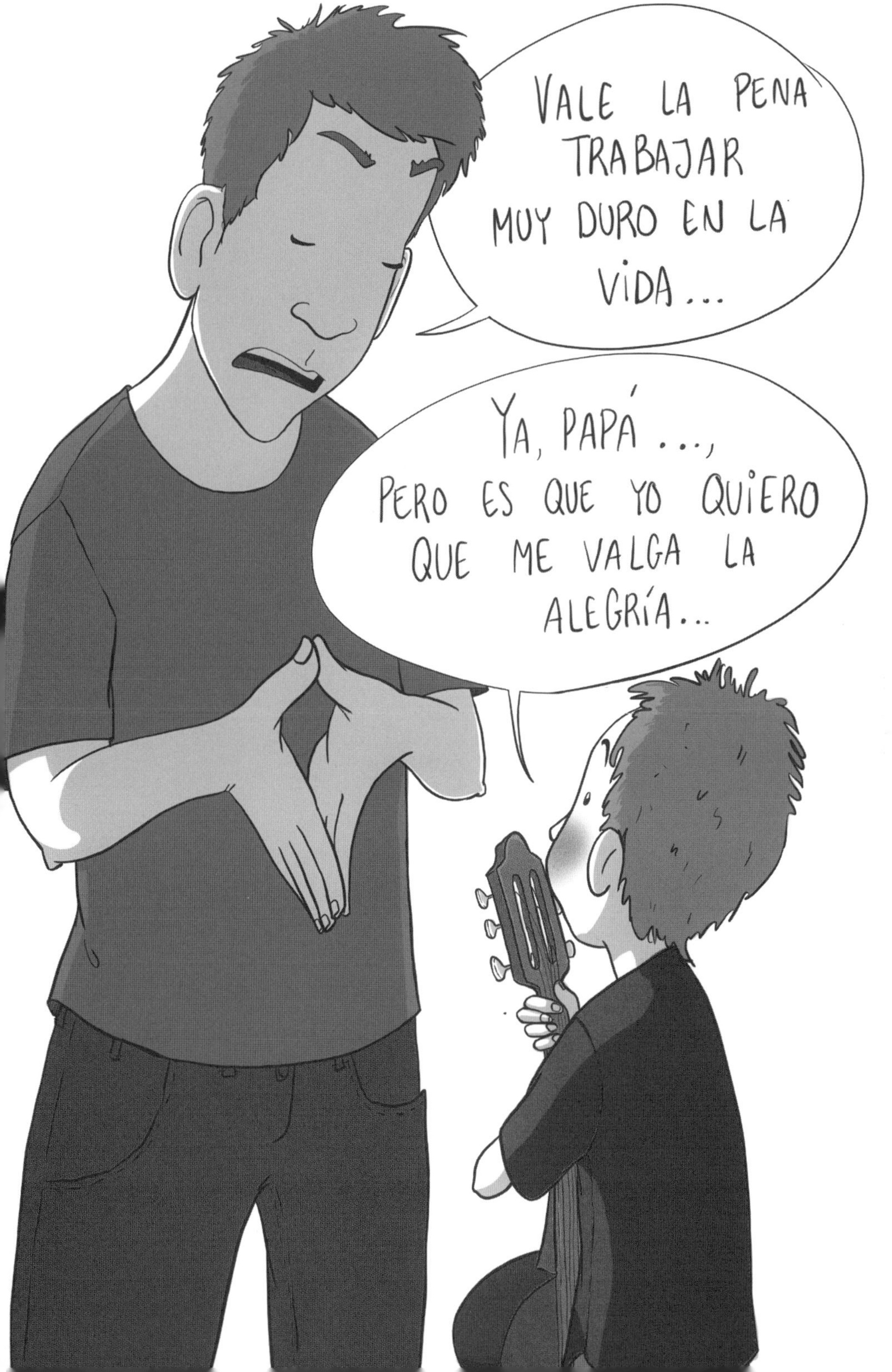
VALE LA PENA TRABAJAR MUY DURO EN LA VIDA...
YA, PAPÁ..., PERO ES QUE YO QUIERO QUE ME VALGA LA ALEGRÍA...

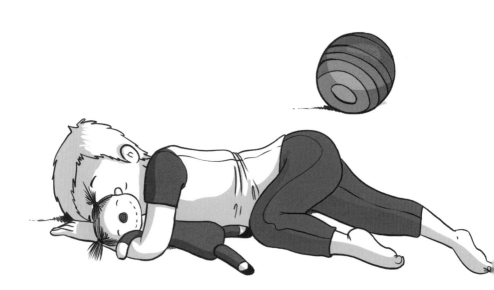

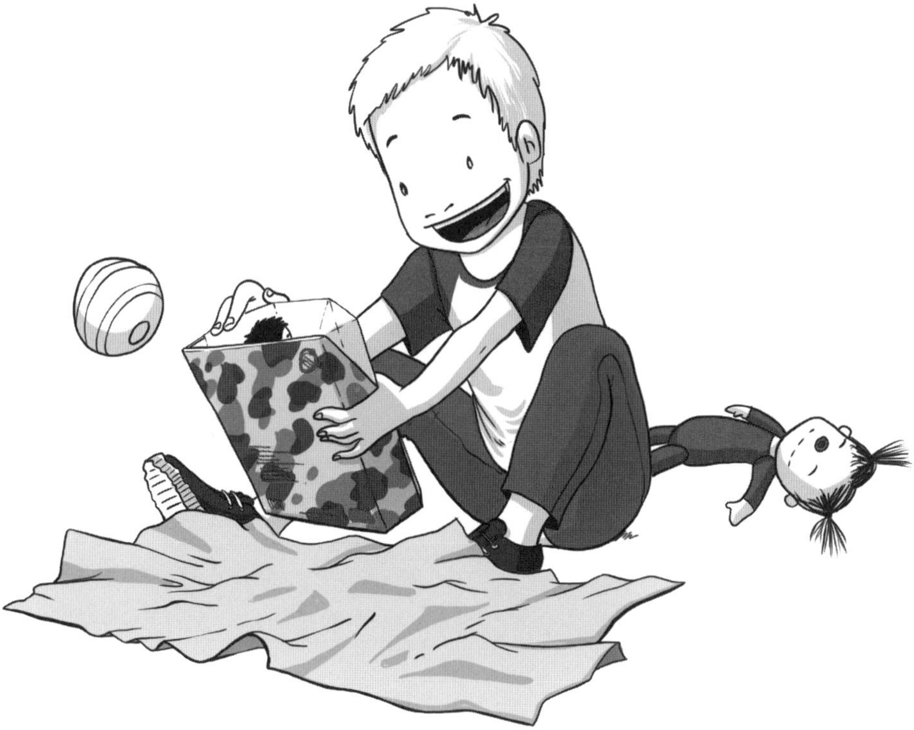

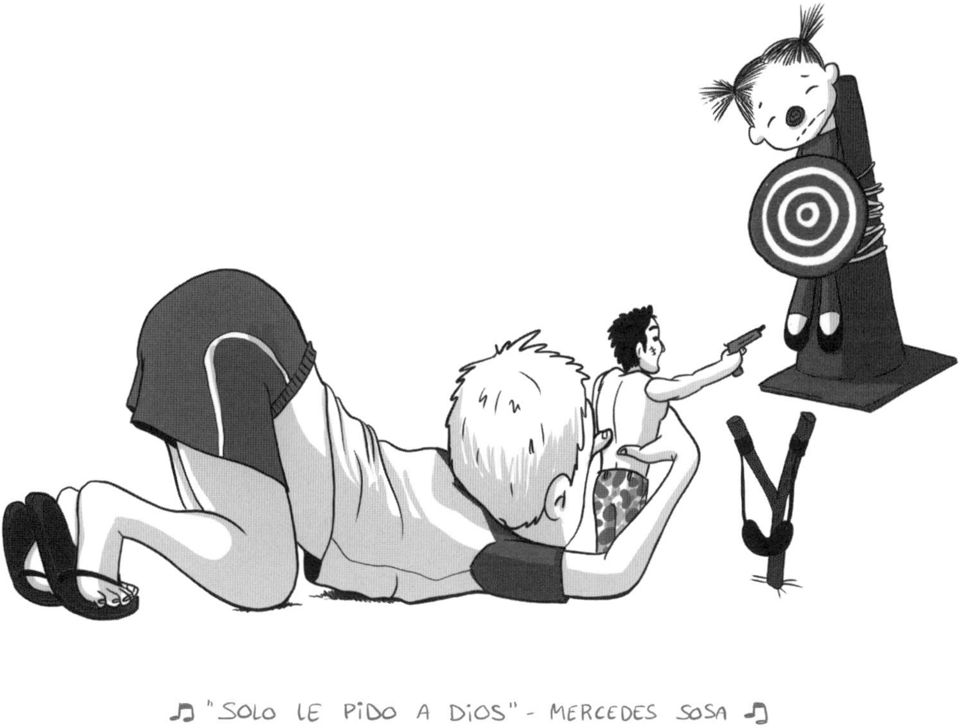

♫ "SOLO LE PIDO A DIOS" - MERCEDES SOSA ♫

EN ESTA CASA
CUANDO HAY UN
CONFLICTO
LA SOLUCIÓN ES
BLOQUEARSE
EMOCIONALMENTE O
DEPRIMIRSE.

EN ESTA CASA CUANDO
HAY UN CONFLICTO
LA SOLUCIÓN ES
GRITARSE.

EN ESTA CASA
CUANDO HAY
UN CONFLICTO
LA SOLUCIÓN
SON LOS GOLPES.

EN ESTA CASA
CUANDO HAY UN
CONFLICTO LA
SOLUCIÓN ES
LA AMENAZA.

EN ESTA CASA
CUANDO HAY UN
CONFLICTO LA
SOLUCIÓN ES
SENTARSE A
ESCUCHAR Y HABLAR
PARA ENCONTRAR
LA MEJOR OPCIÓN
PARA TODOS.

A VECES QUIERO DAR UN PASO ADELANTE Y SIENTO QUE MI LINAJE ME TIRA PARA ATRÁS.

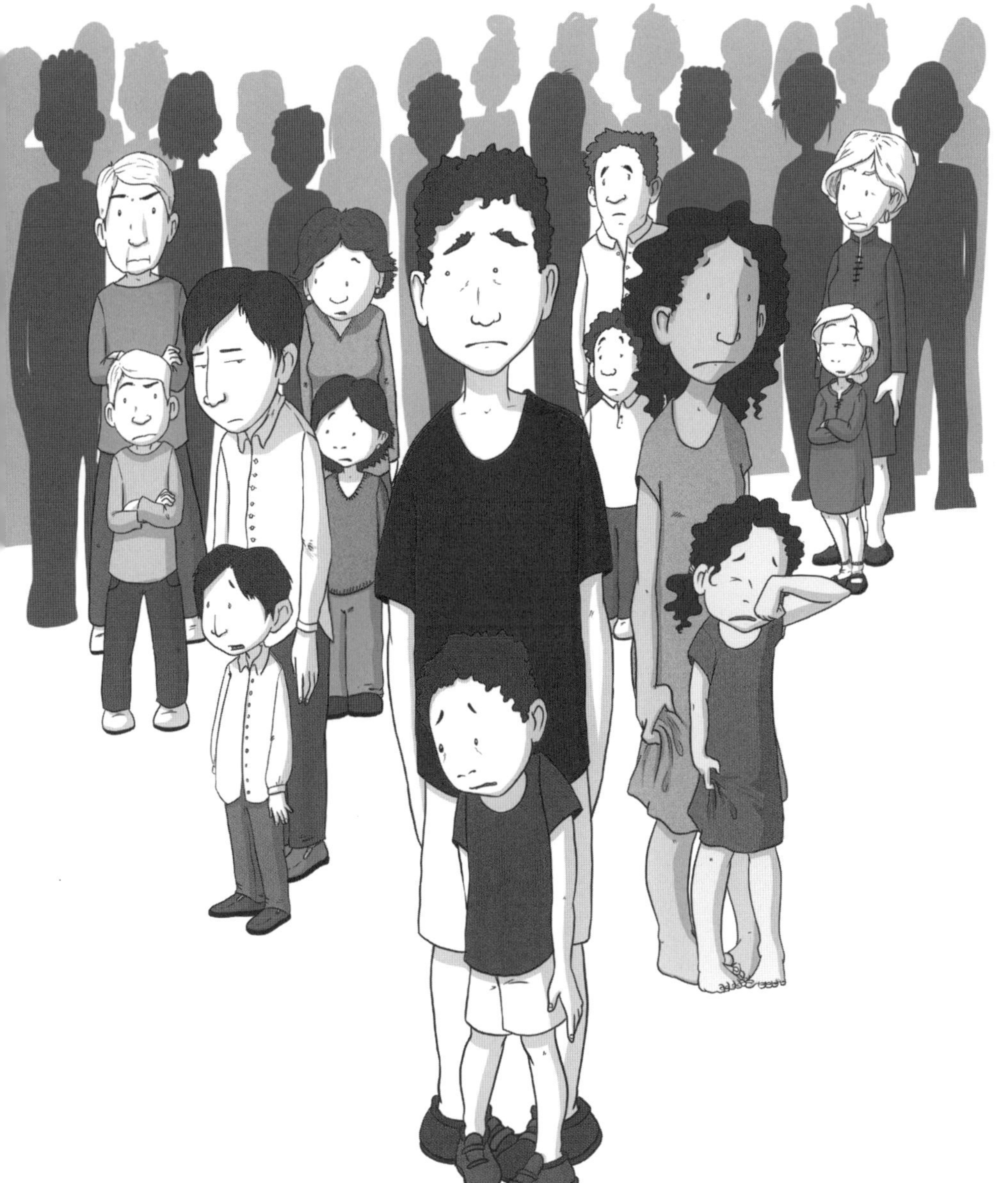

♫ "PERDIDO EN MI HABITACIÓN" - MECANO ♫

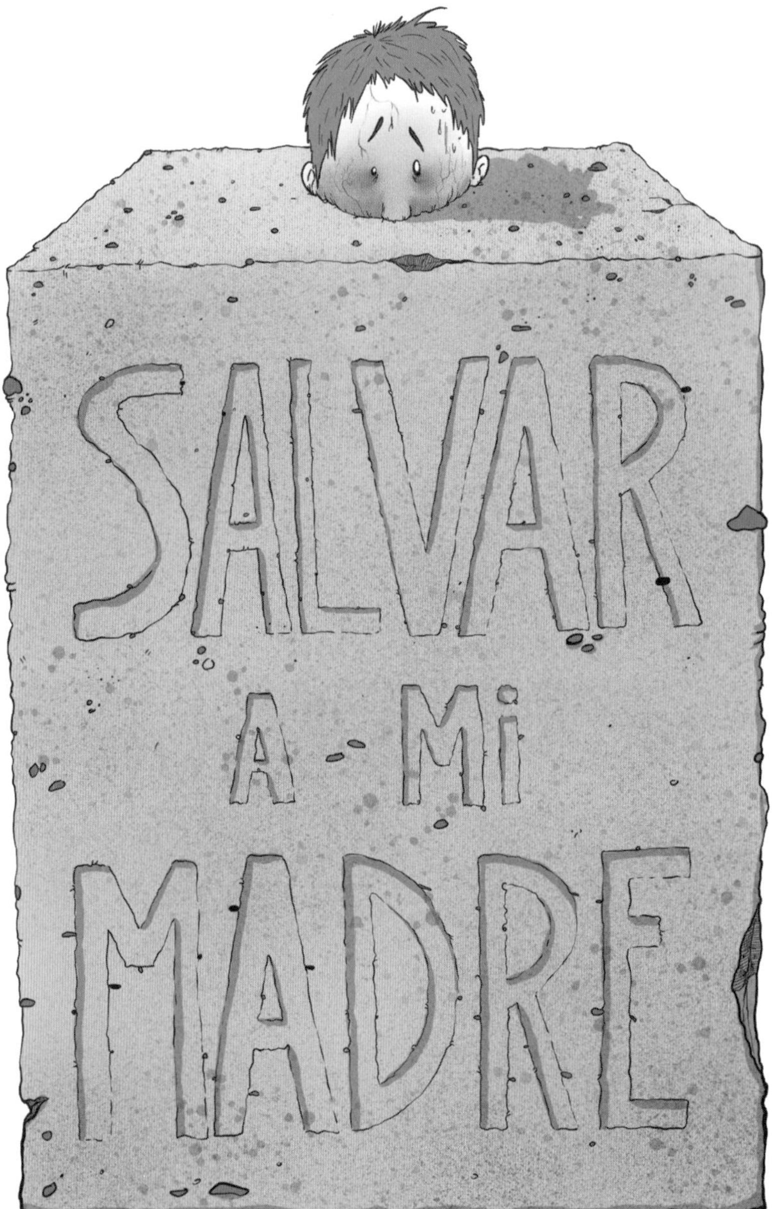
SALVAR
A MI
MADRE

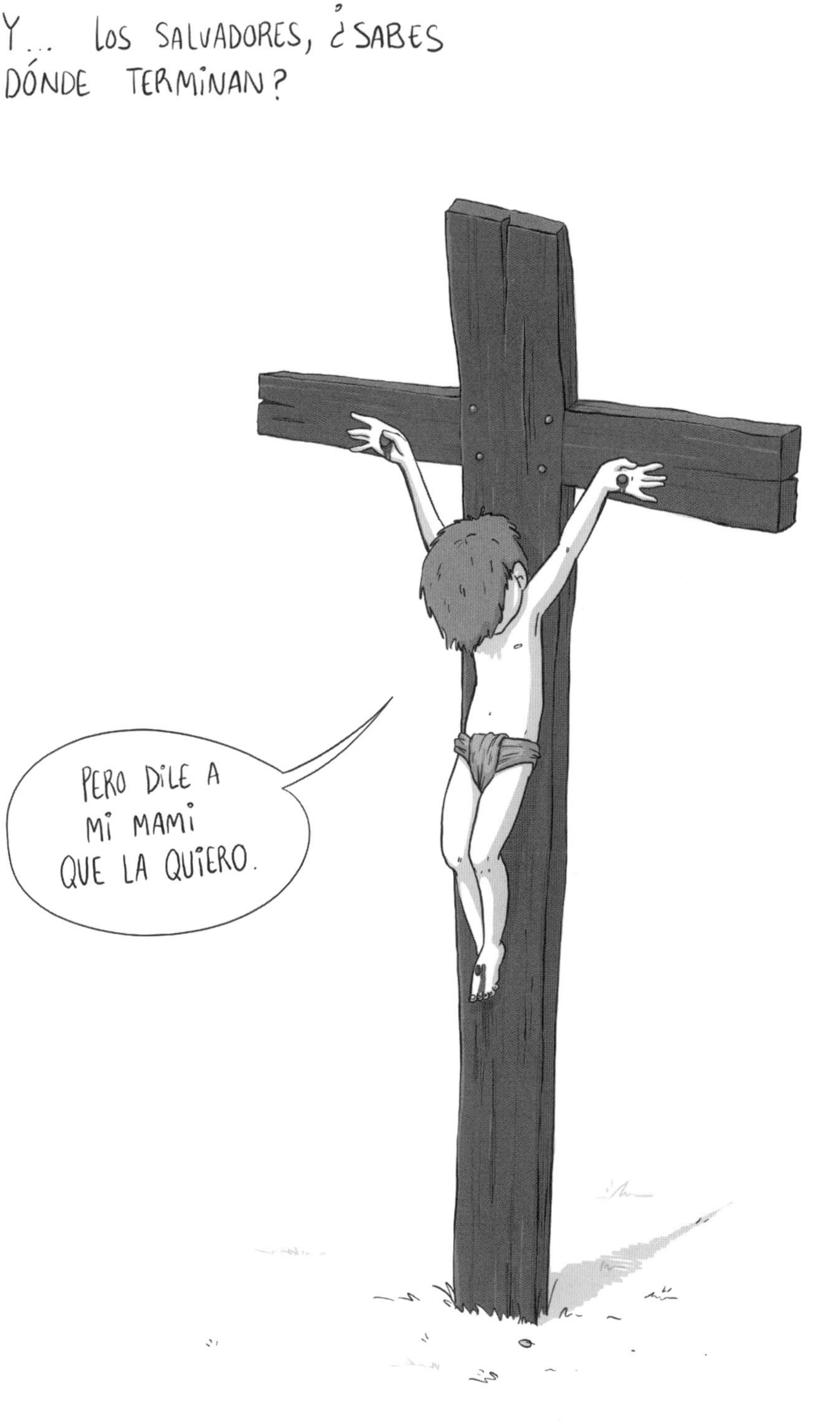
Y... LOS SALVADORES, ¿SABES DÓNDE TERMINAN?
PERO DILE A MI MAMI QUE LA QUIERO.
♫ "TODAVÍA" - MARTA GÓMEZ ♫

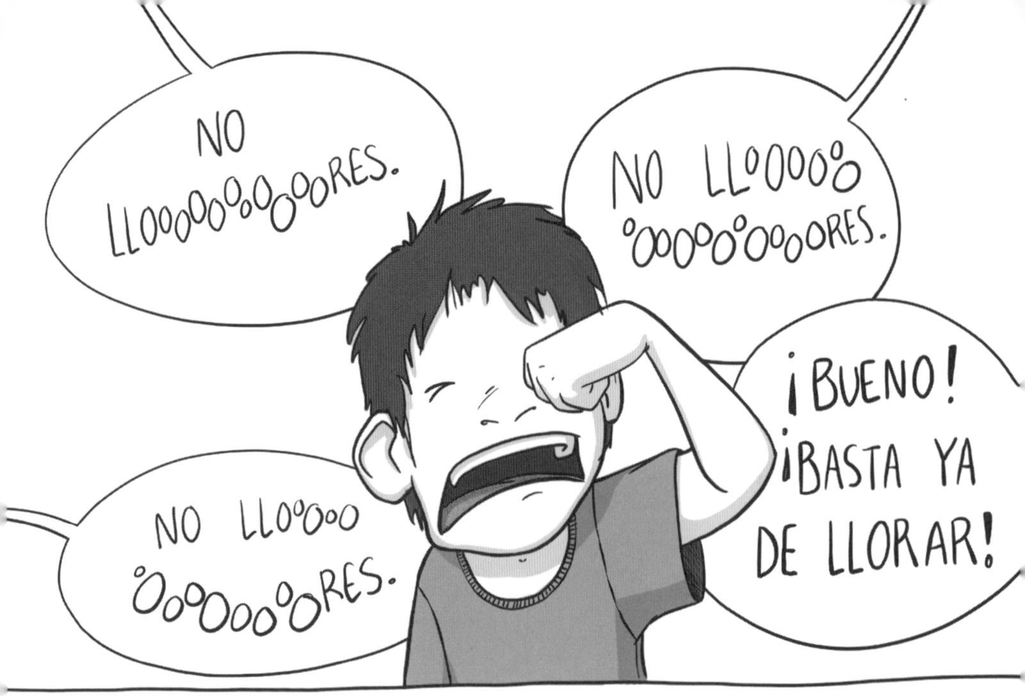
NO LLOOOOOOOOOOOORES.
NO LLOOOOOOOOOOOOOOORES.
NO LLOOOOOOOOOOOOOORES.
¡BUENO! ¡BASTA YA DE LLORAR!

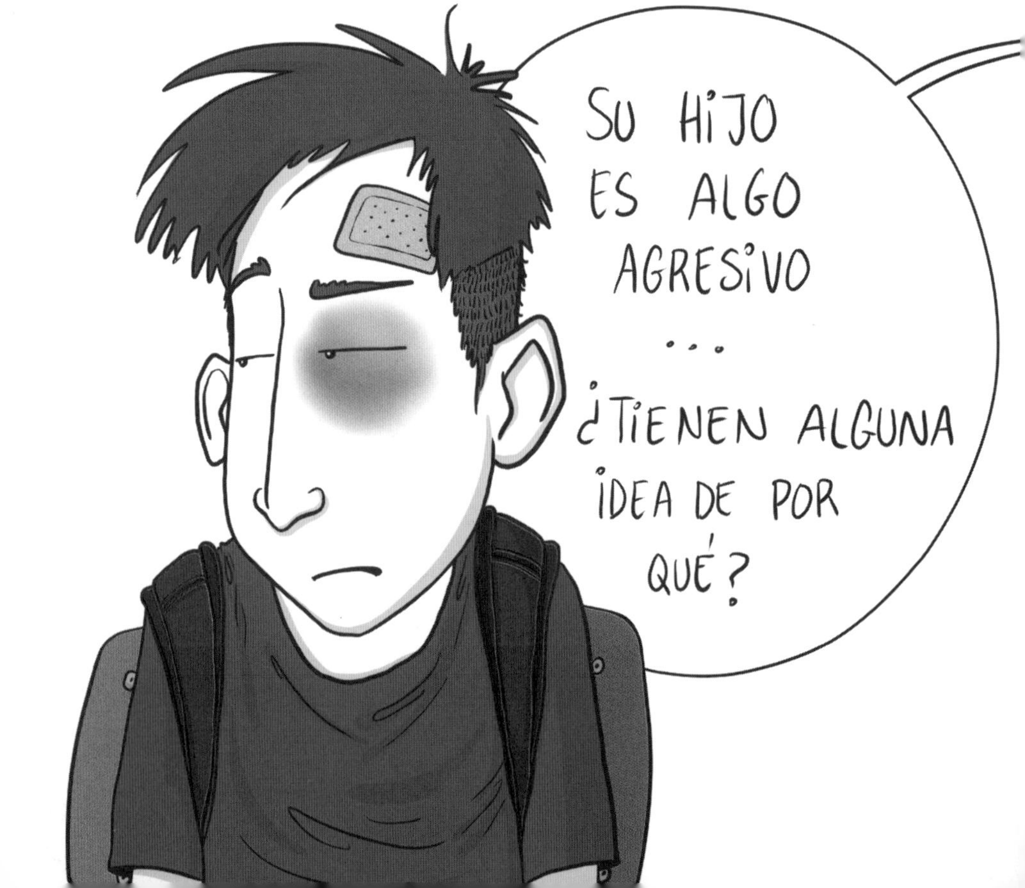
SU HIJO ES ALGO AGRESIVO ... ¿TIENEN ALGUNA IDEA DE POR QUÉ?

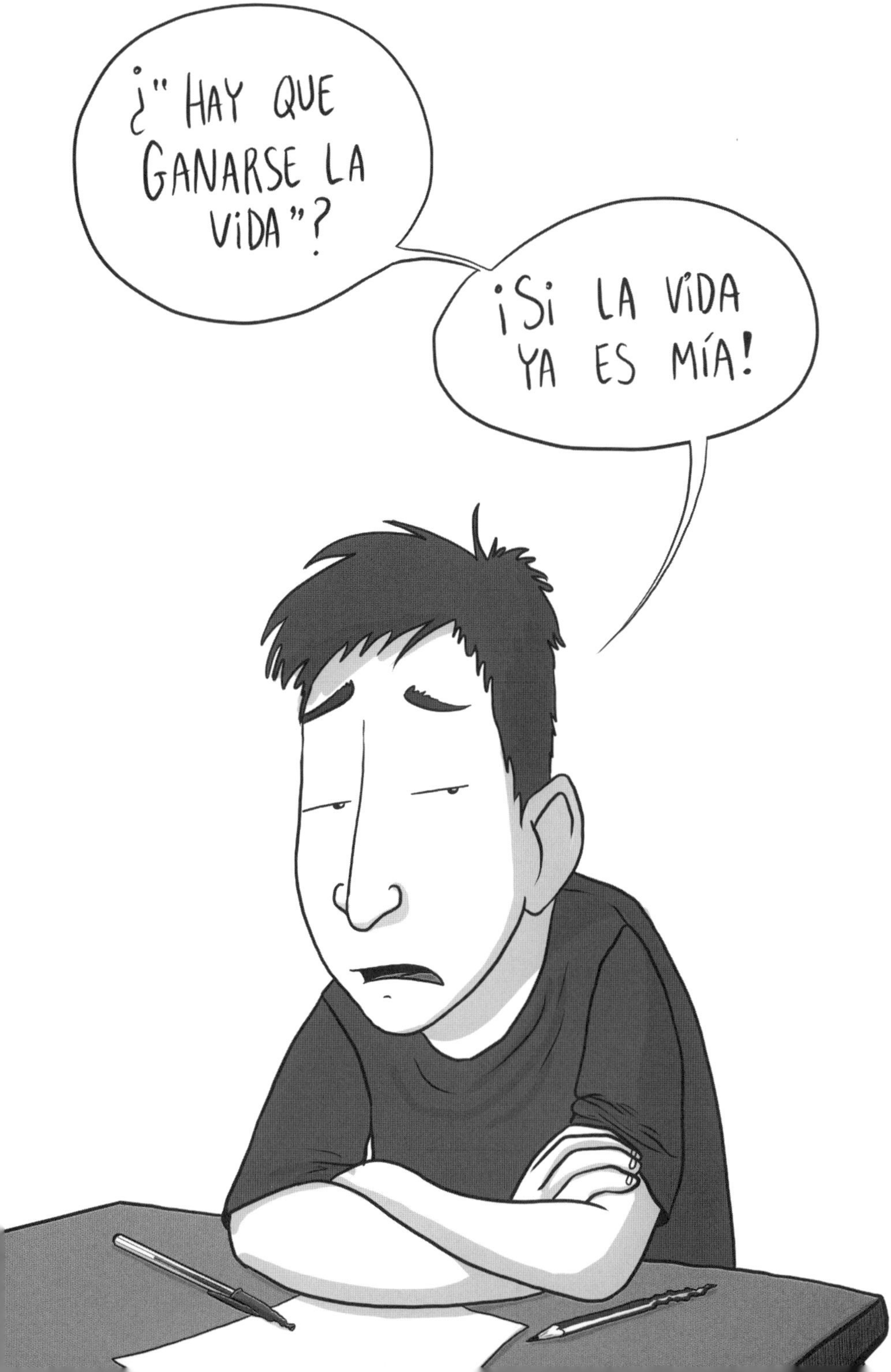
¿"HAY QUE GANARSE LA VIDA"?
¡SI LA VIDA YA ES MÍA!

♫ "HERO" – REGINA SPEKTOR ♫

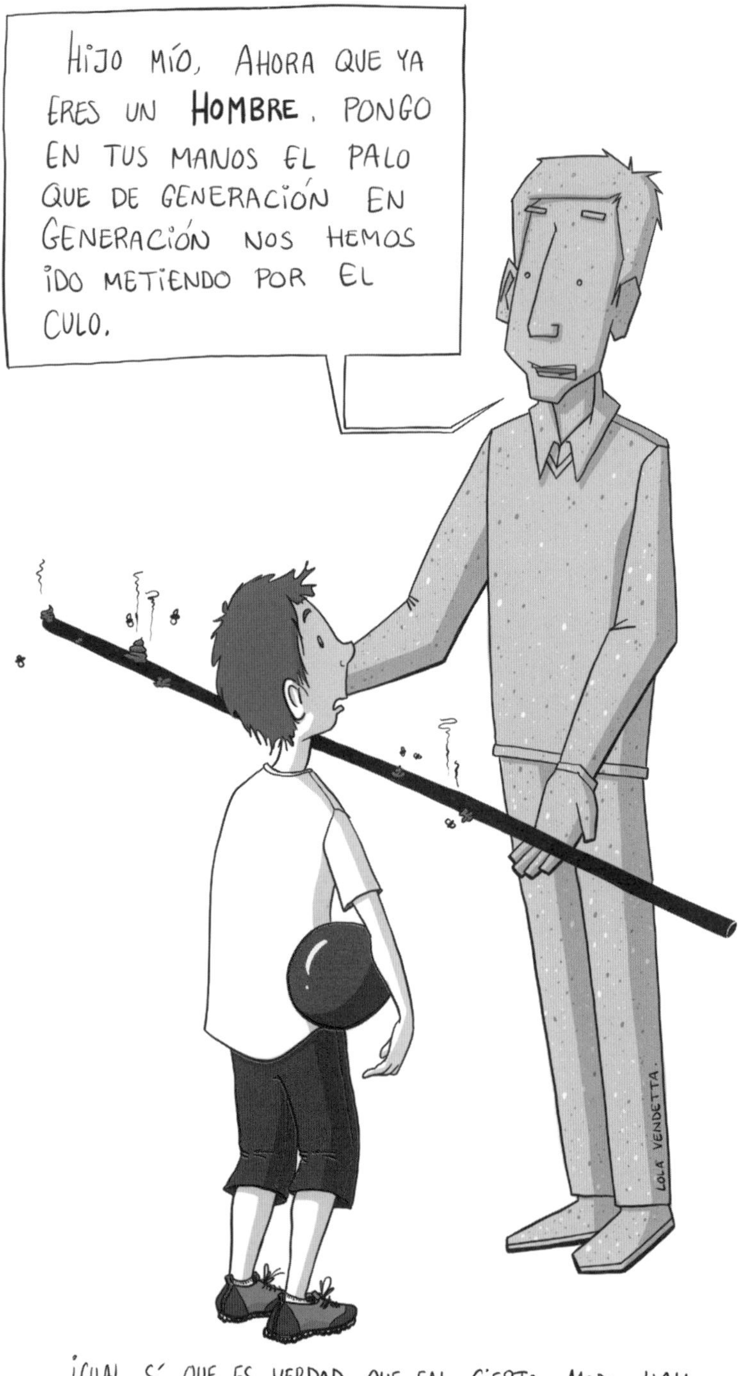
HIJO MÍO, AHORA QUE YA ERES UN **HOMBRE**, PONGO EN TUS MANOS EL PALO QUE DE GENERACIÓN EN GENERACIÓN NOS HEMOS IDO METIENDO POR EL CULO.
LOLA VENDETTA.

IGUAL SÍ QUE ES VERDAD QUE EN CIERTO MODO HAY QUE MATAR AL PADRE...

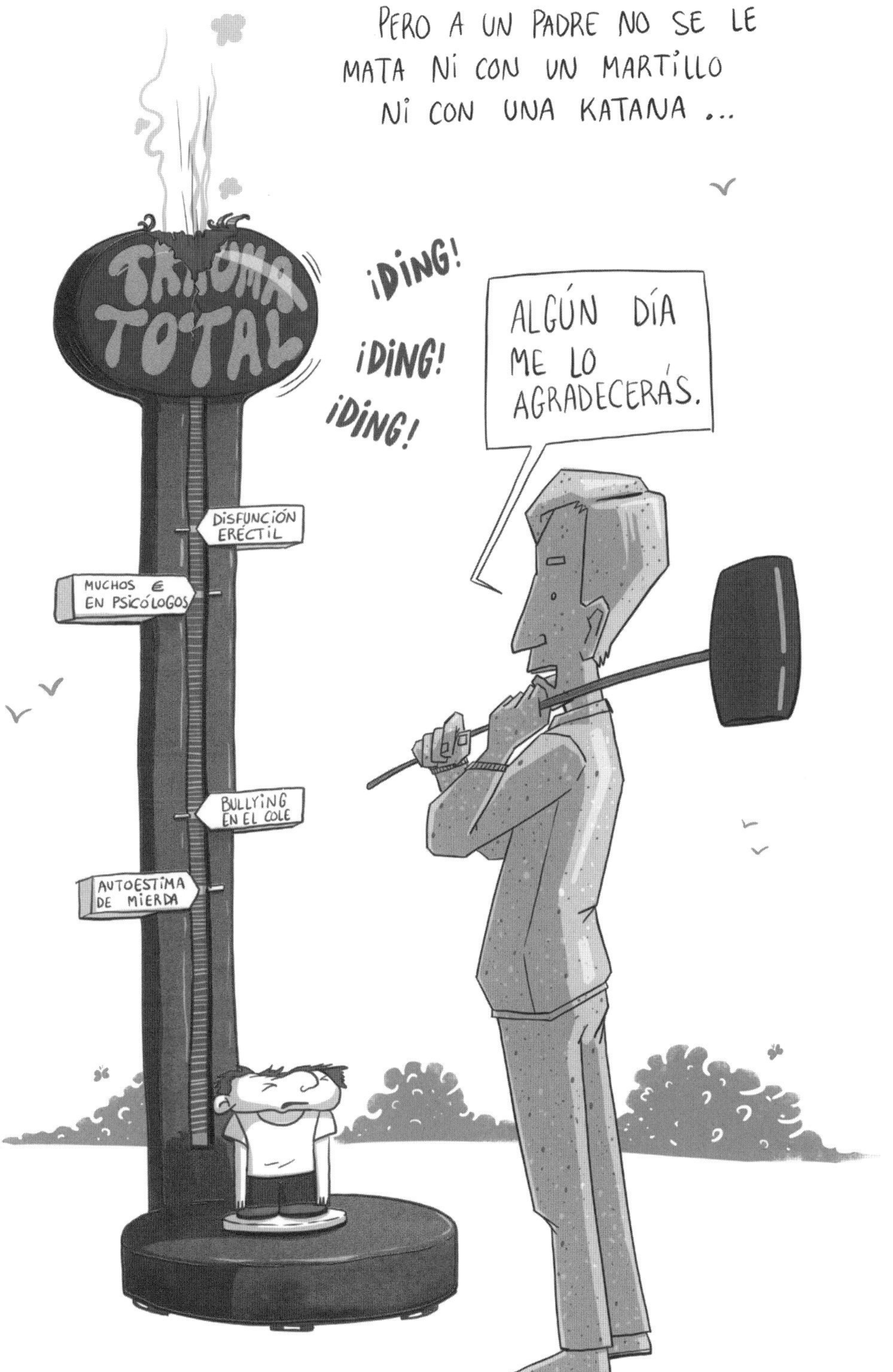
PERO A UN PADRE NO SE LE MATA NI CON UN MARTILLO NI CON UNA KATANA...
TOTAL
¡DING!
¡DING!
¡DING!
ALGÚN DÍA ME LO AGRADECERÁS.
DISFUNCIÓN ERÉCTIL
MUCHOS € EN PSICÓLOGOS
BULLYING EN EL COLE
AUTOESTIMA DE MIERDA

A UN PADRE SE LE MATA
CUANDO SE LE IMPIDE ALIMENTAR
A TUS FANTASMAS.

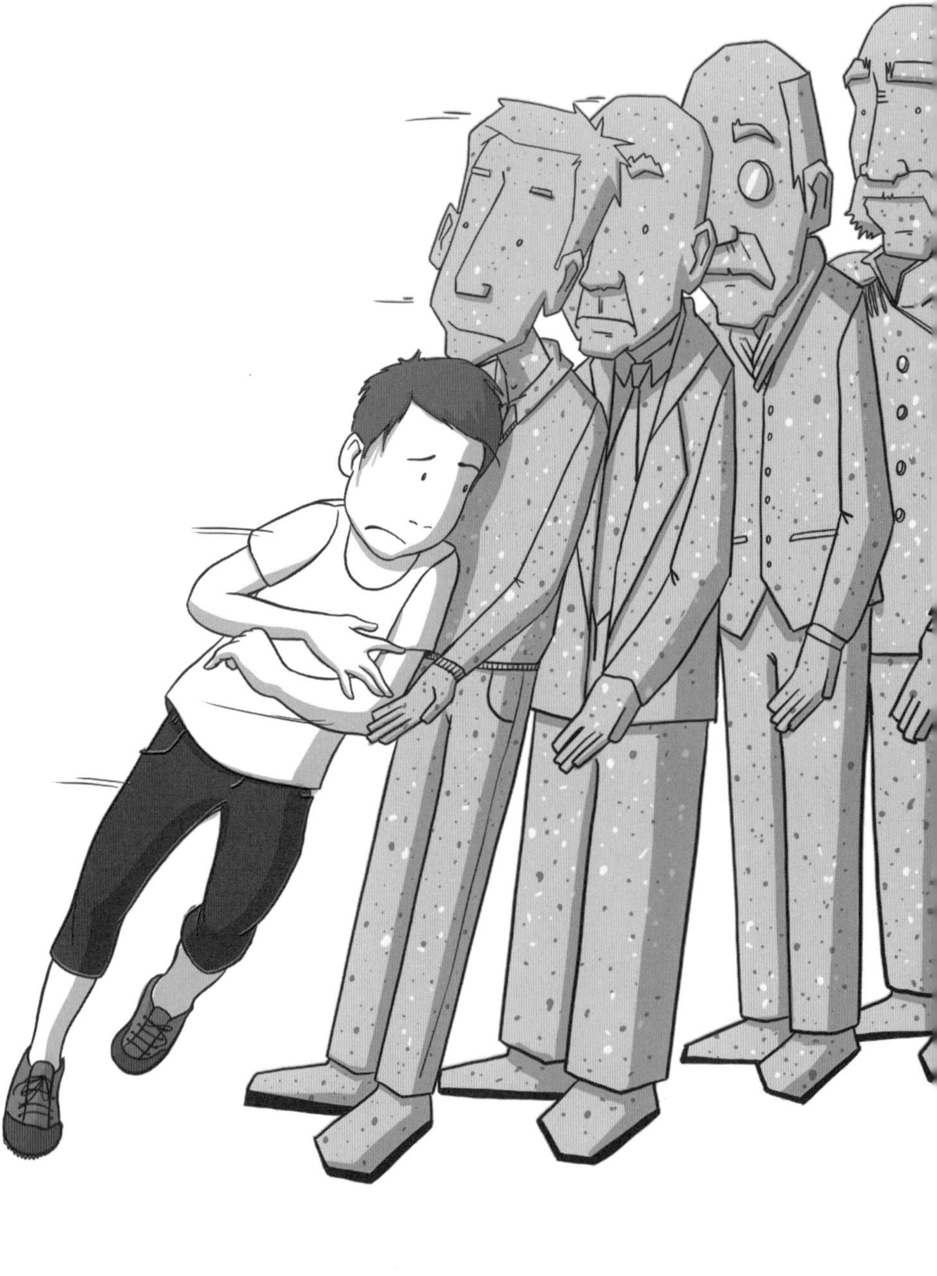

Y TENGO MIEDO DE CONVERTIRME EN UN HOMBRE COMO MI PADRE...

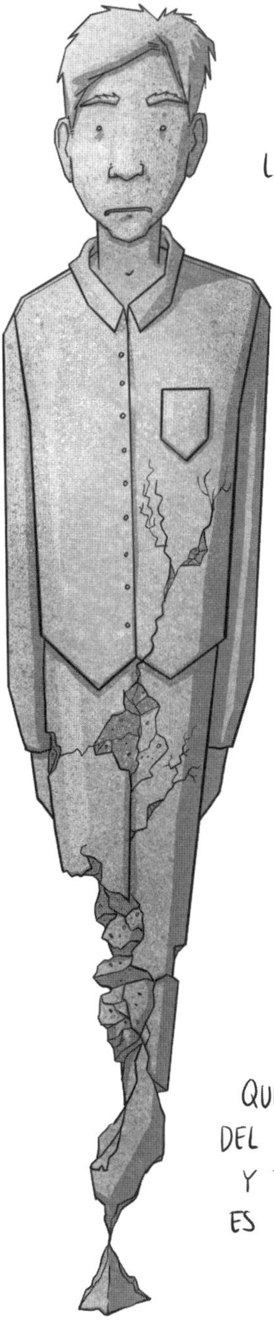

SE SIENTE POR ENCIMA DE TODO...

TODOS LOS DEMÁS LE PARECEMOS IDIOTAS...

YO CREO QUE SE SIENTE AISLADO...

Y QUE LLORA POR DENTRO...

Y QUE NO PUEDE MÁS...

QUE NO SE ACUERDA DEL NIÑO QUE FUE...
Y TODO LO QUE SE VE ES UNA FACHADA.

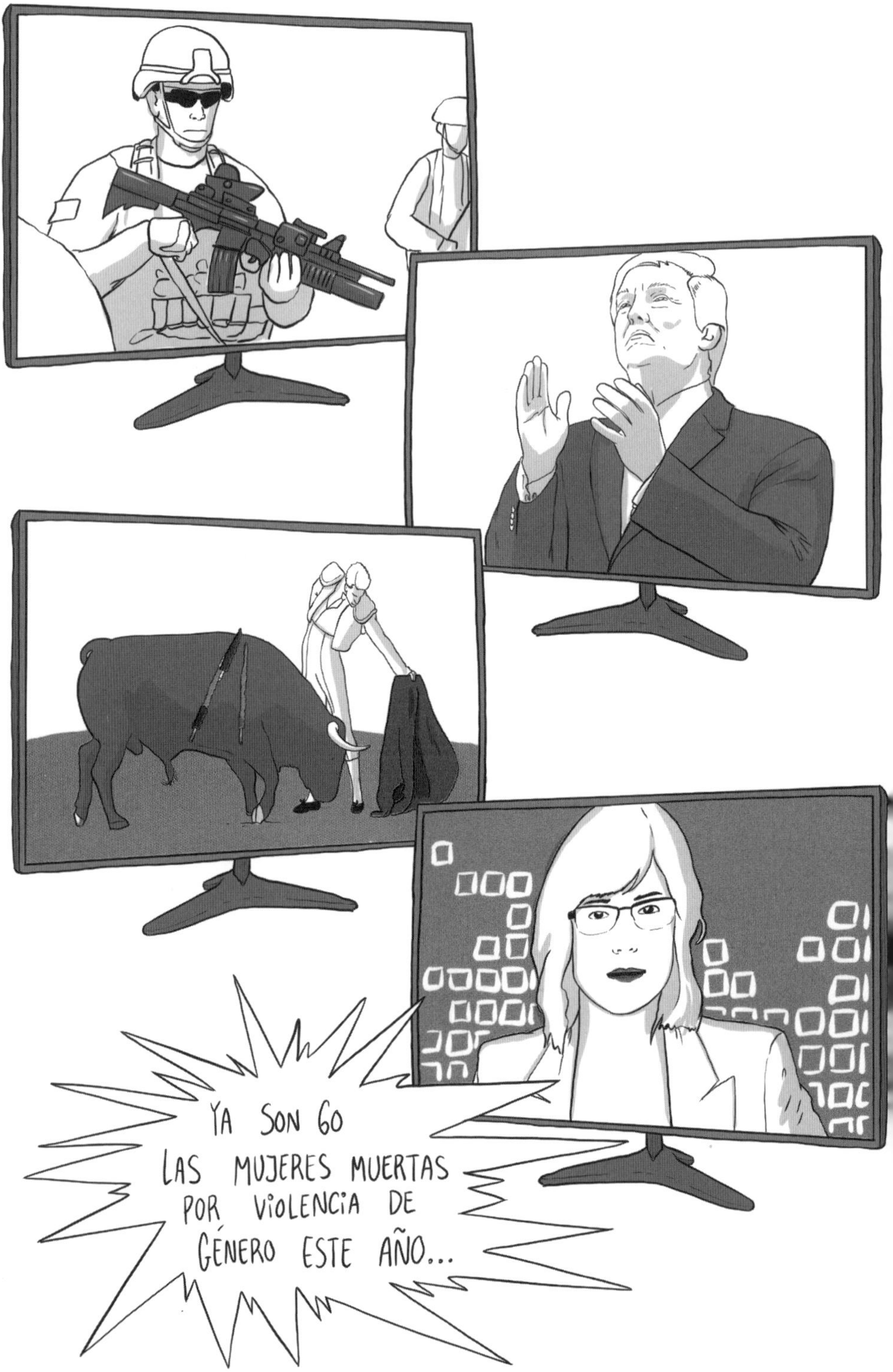
YA SON 60 LAS MUJERES MUERTAS POR VIOLENCIA DE GÉNERO ESTE AÑO...

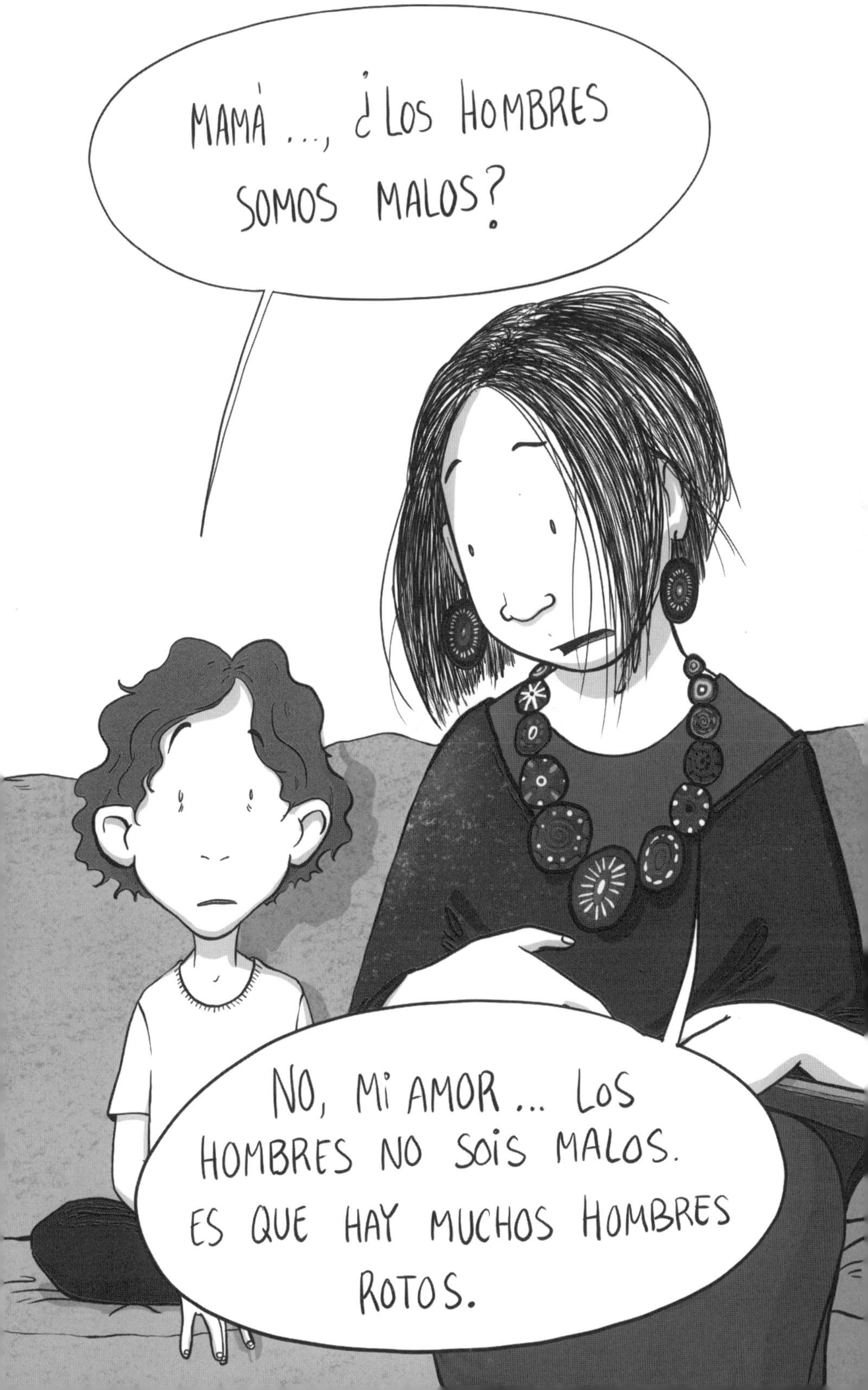
MAMÁ ..., ¿LOS HOMBRES SOMOS MALOS?
NO, MI AMOR ... LOS HOMBRES NO SOIS MALOS. ES QUE HAY MUCHOS HOMBRES ROTOS.

LOS HOMBRES EN LAS PELÍCULAS:

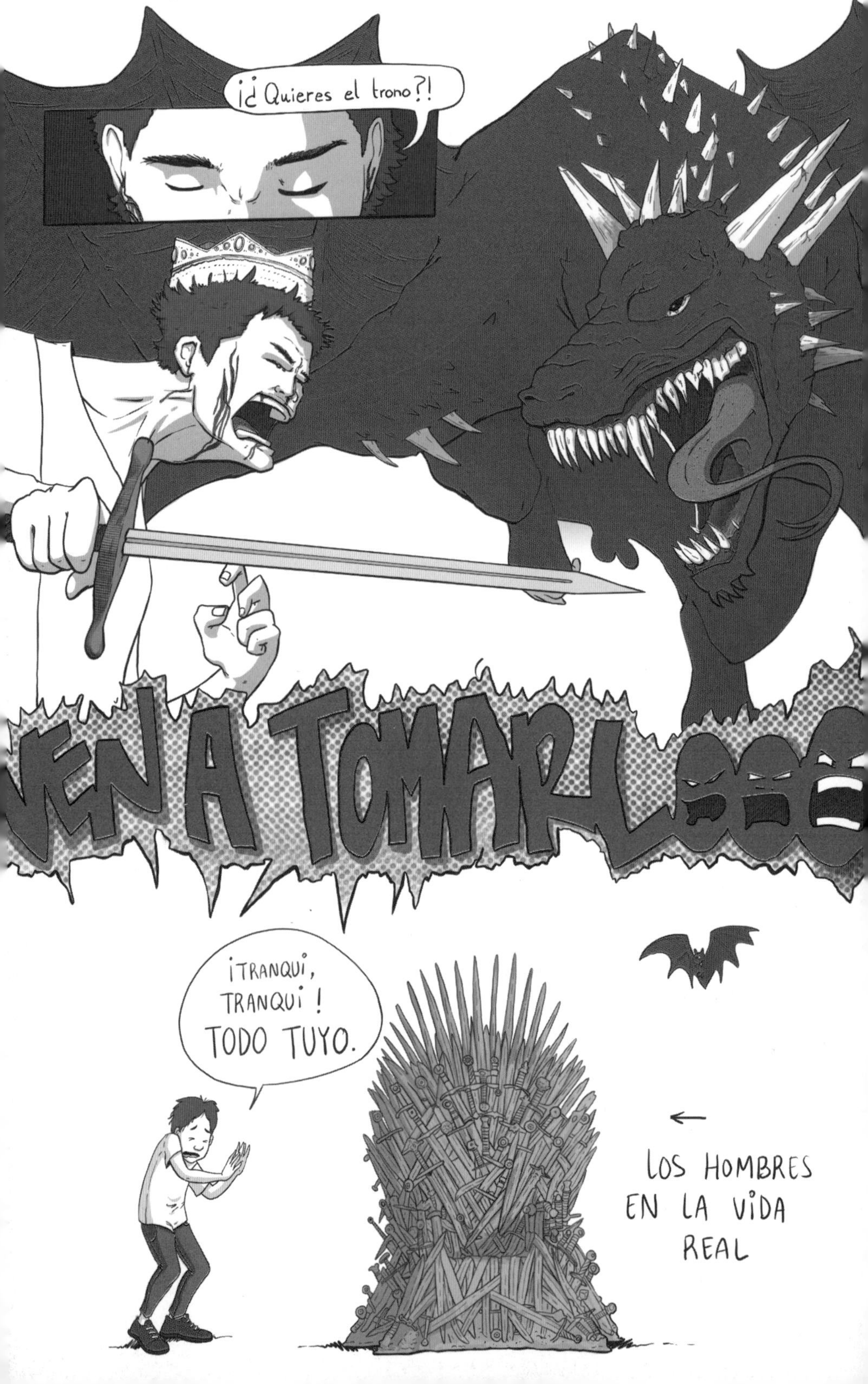

¡¿Quieres el trono?!
VEN A TOMARLOOO
¡TRANQUI, TRANQUI! TODO TUYO.
LOS HOMBRES EN LA VIDA REAL

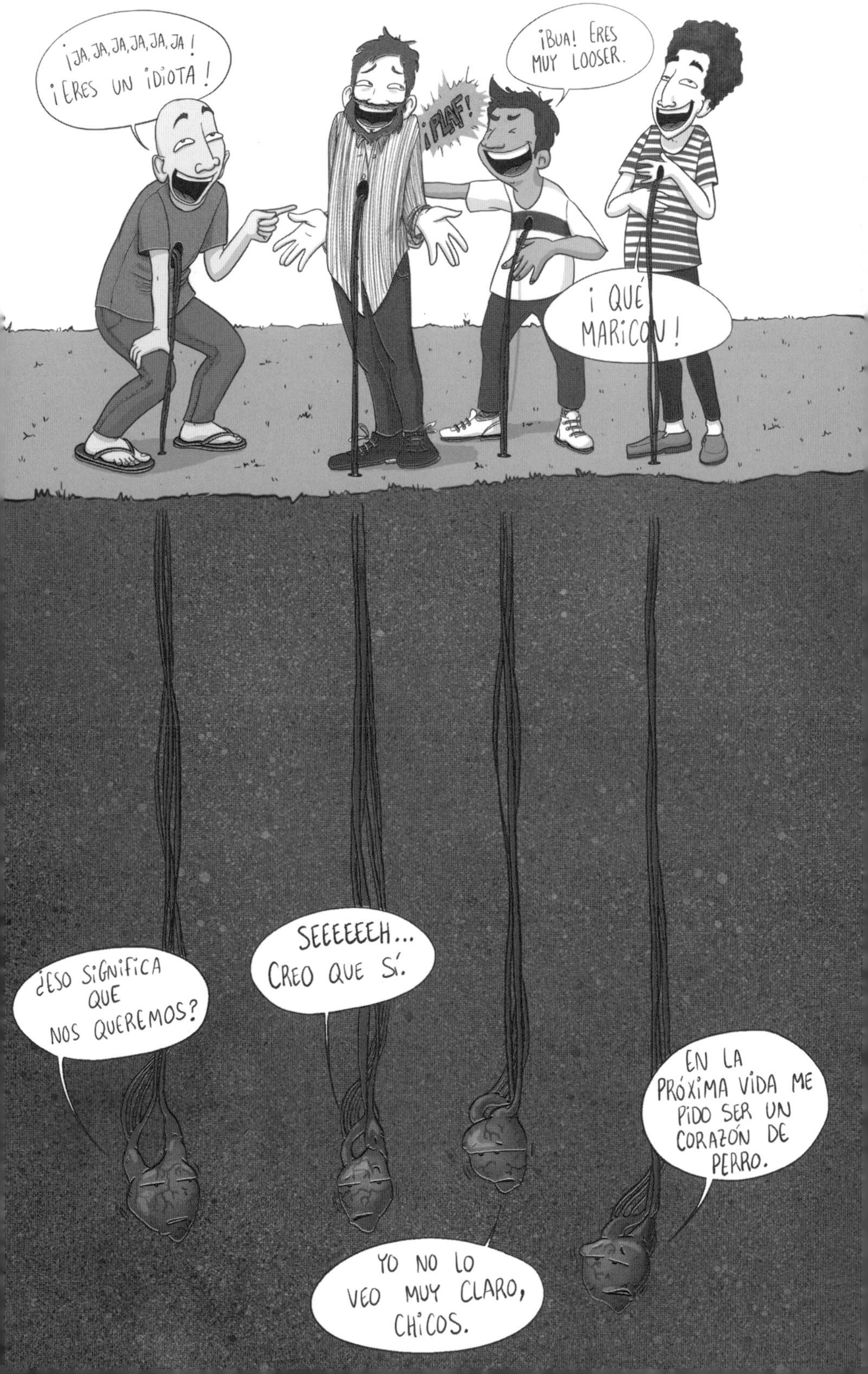
¡JA, JA, JA, JA, JA, JA! ¡ERES UN IDIOTA!
¡PLAF!
¡BUA! ERES MUY LOOSER.
¡QUÉ MARICÓN!
¿ESO SIGNIFICA QUE NOS QUEREMOS?
SEEEEEEH... CREO QUE SÍ.
YO NO LO VEO MUY CLARO, CHICOS.
EN LA PRÓXIMA VIDA ME PIDO SER UN CORAZÓN DE PERRO.

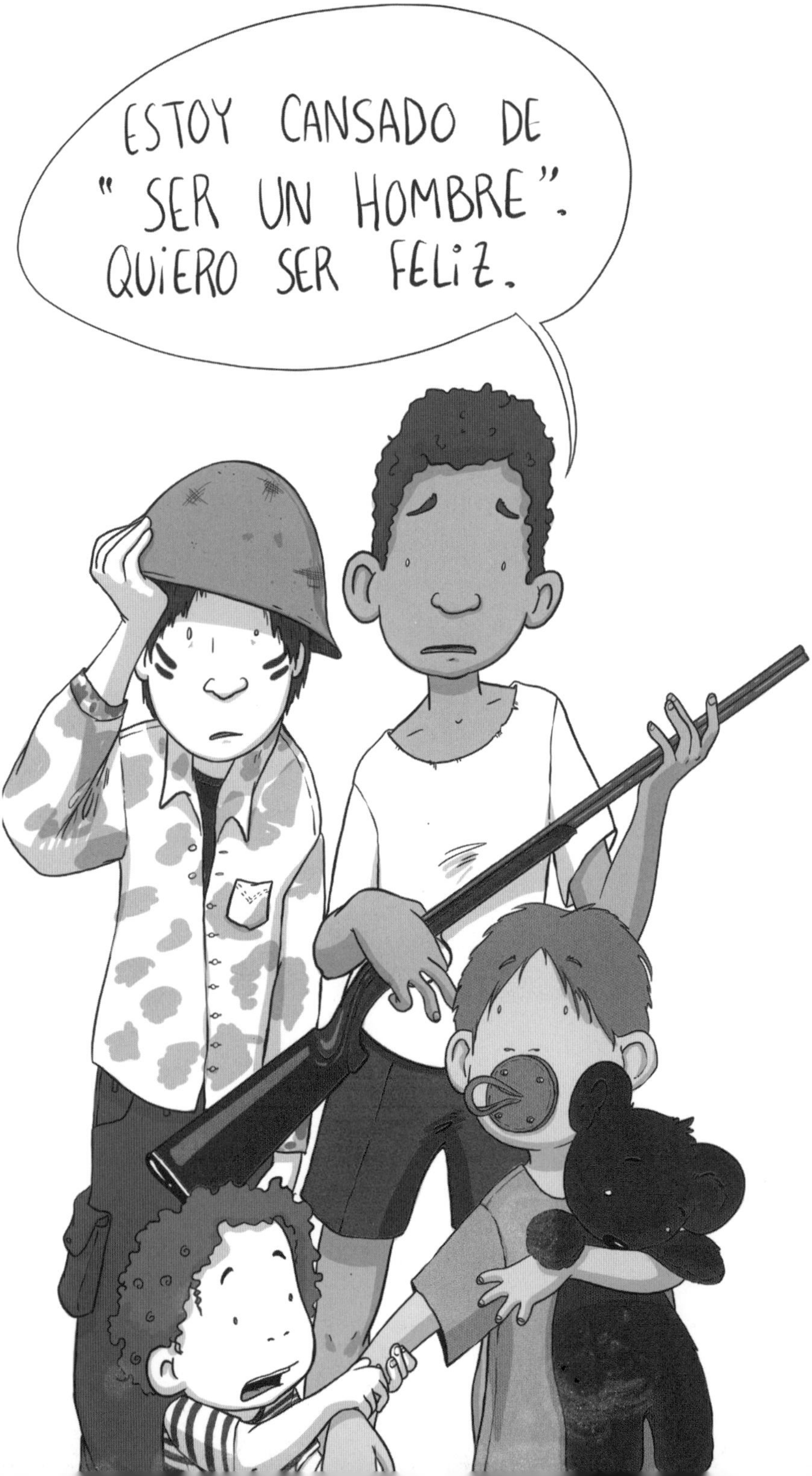
ESTOY CANSADO DE " SER UN HOMBRE". QUIERO SER FELIZ.

♪ "UN NIÑO LLORA EN LOS MONTES DE MARÍA" ♪
PETRONA MARTÍNEZ

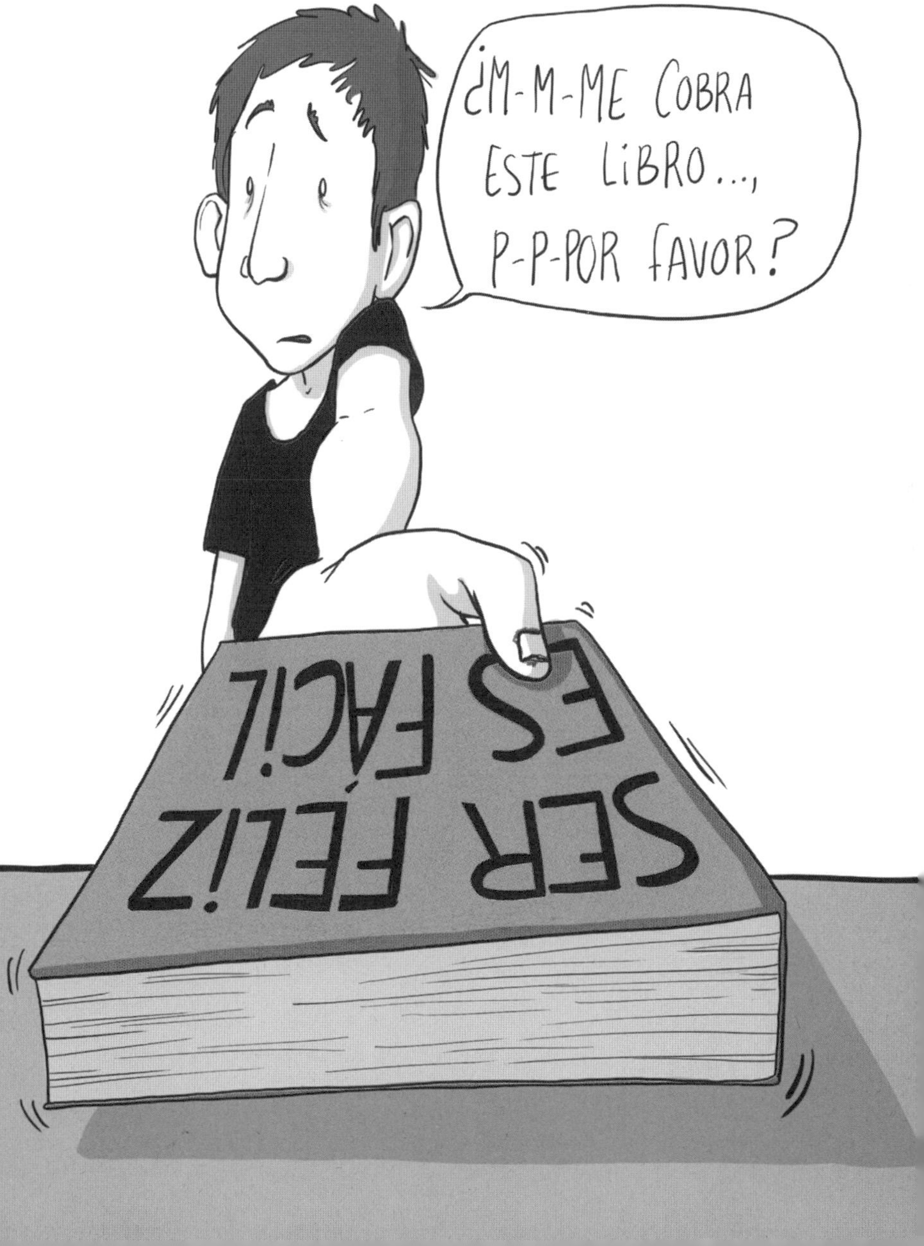
¿M-M-ME COBRA ESTE LIBRO..., P-P-POR FAVOR?
SER FÉLIZ ES FÁCIL

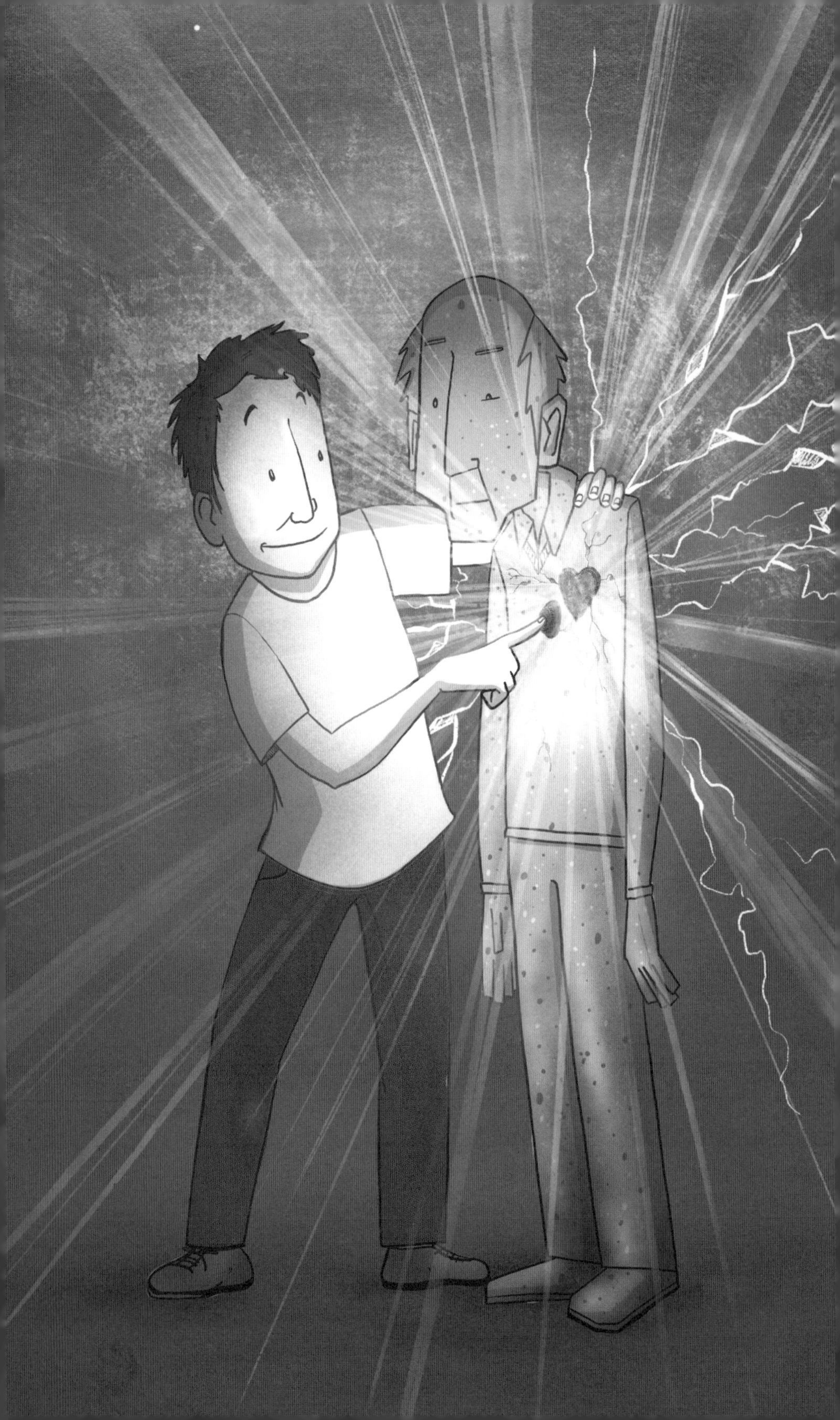

♫ "PAPÁ, CUÉNTAME OTRA VEZ" - ISMAEL SERRANO ♫

ME CANSÉ DE
BUSCAR CULPABLES.
ME DA MÁS PAZ
BUSCAR
SOLUCIONES.

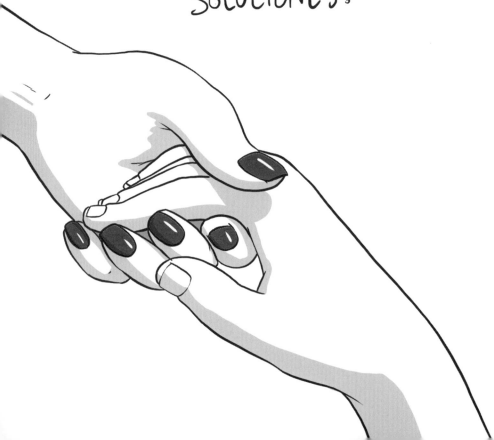

PLACER

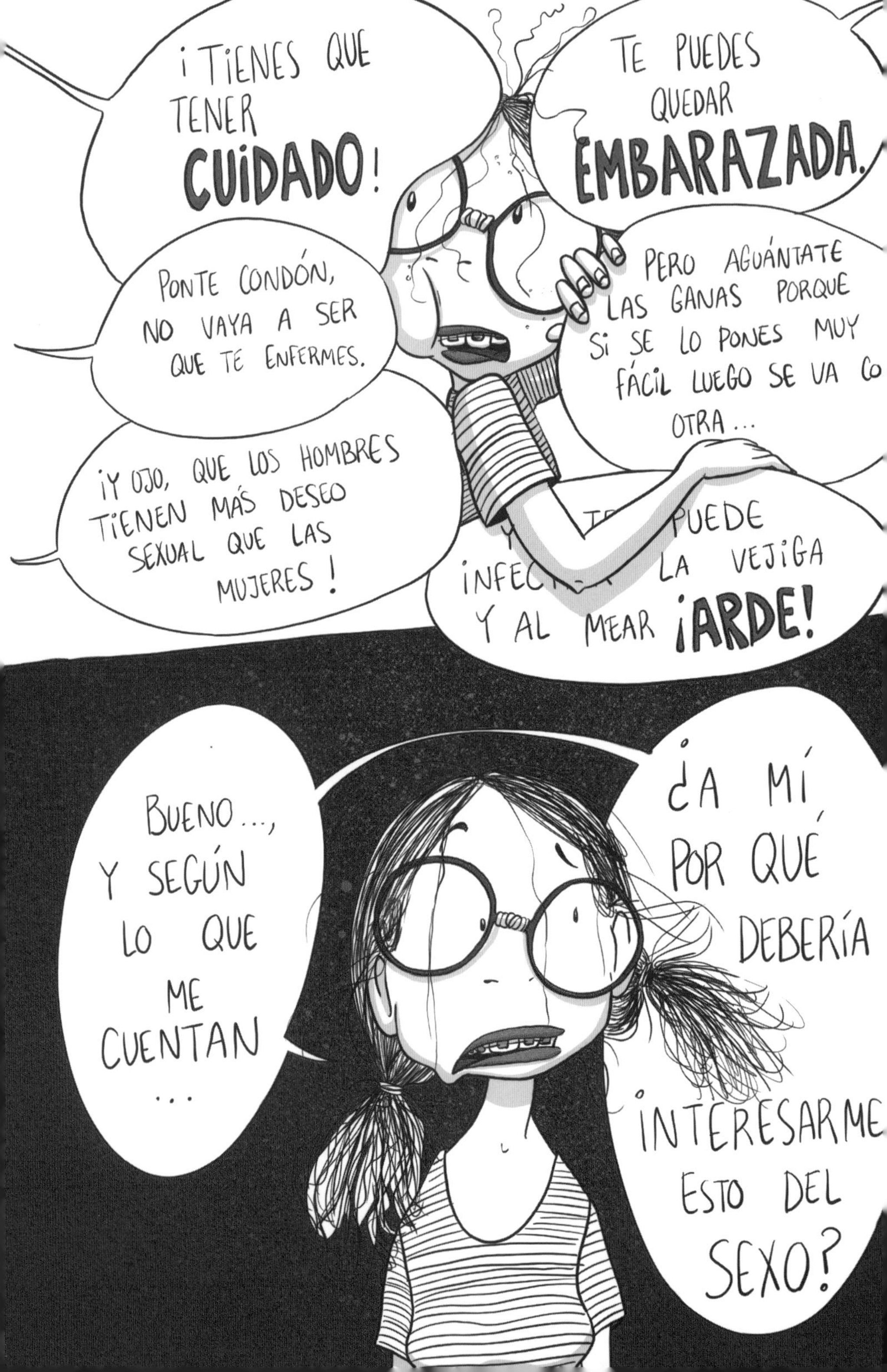
¡TIENES QUE TENER CUIDADO!
TE PUEDES QUEDAR EMBARAZADA.
PONTE CONDÓN, NO VAYA A SER QUE TE ENFERMES.
PERO AGUÁNTATE LAS GANAS PORQUE SI SE LO PONES MUY FÁCIL LUEGO SE VA CO OTRA...
¡Y OJO, QUE LOS HOMBRES TIENEN MÁS DESEO SEXUAL QUE LAS MUJERES!
PUEDE INFEC LA VEJIGA Y AL MEAR ¡ARDE!
BUENO..., Y SEGÚN LO QUE ME CUENTAN...
¿A MÍ POR QUÉ DEBERÍA INTERESARME ESTO DEL SEXO?

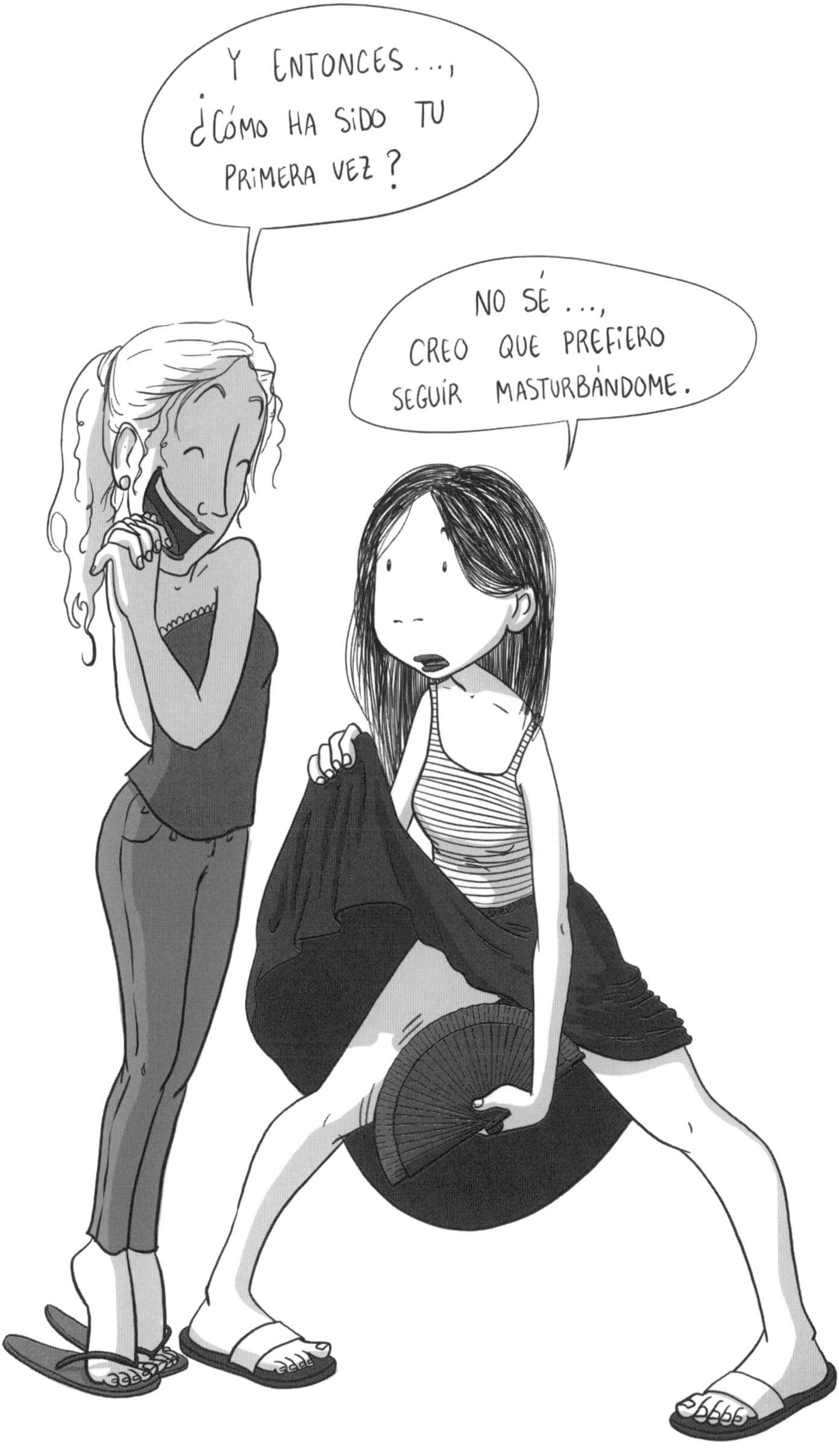
Y ENTONCES..., ¿CÓMO HA SIDO TU PRIMERA VEZ?
NO SÉ..., CREO QUE PREFIERO SEGUIR MASTURBÁNDOME.

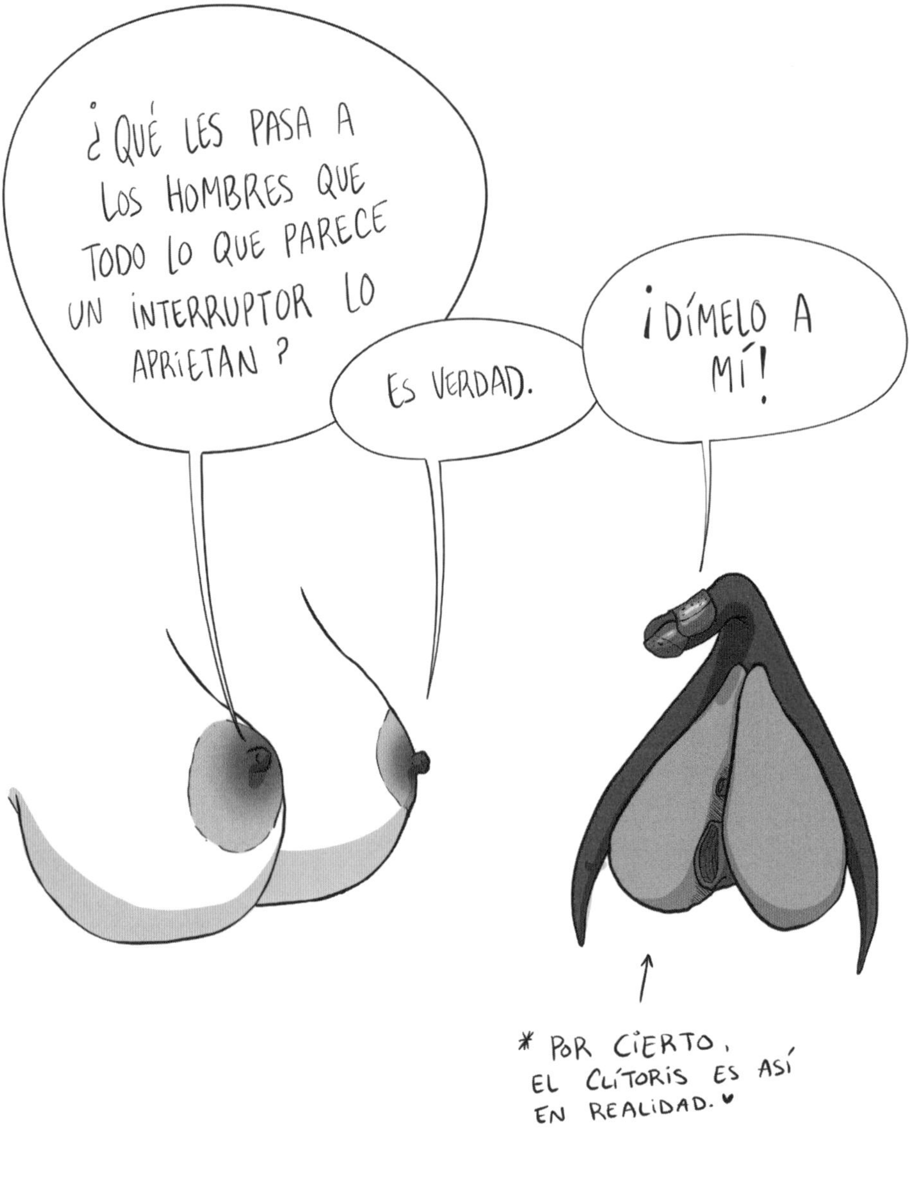
¿QUÉ LES PASA A LOS HOMBRES QUE TODO LO QUE PARECE UN INTERRUPTOR LO APRIETAN?
ES VERDAD.
¡DÍMELO A MÍ!
* POR CIERTO, EL CLÍTORIS ES ASÍ EN REALIDAD. ♥

♫ "EL CLÍTORIS" - JESUSA RODRÍGUEZ Y LILIANA FELIPE

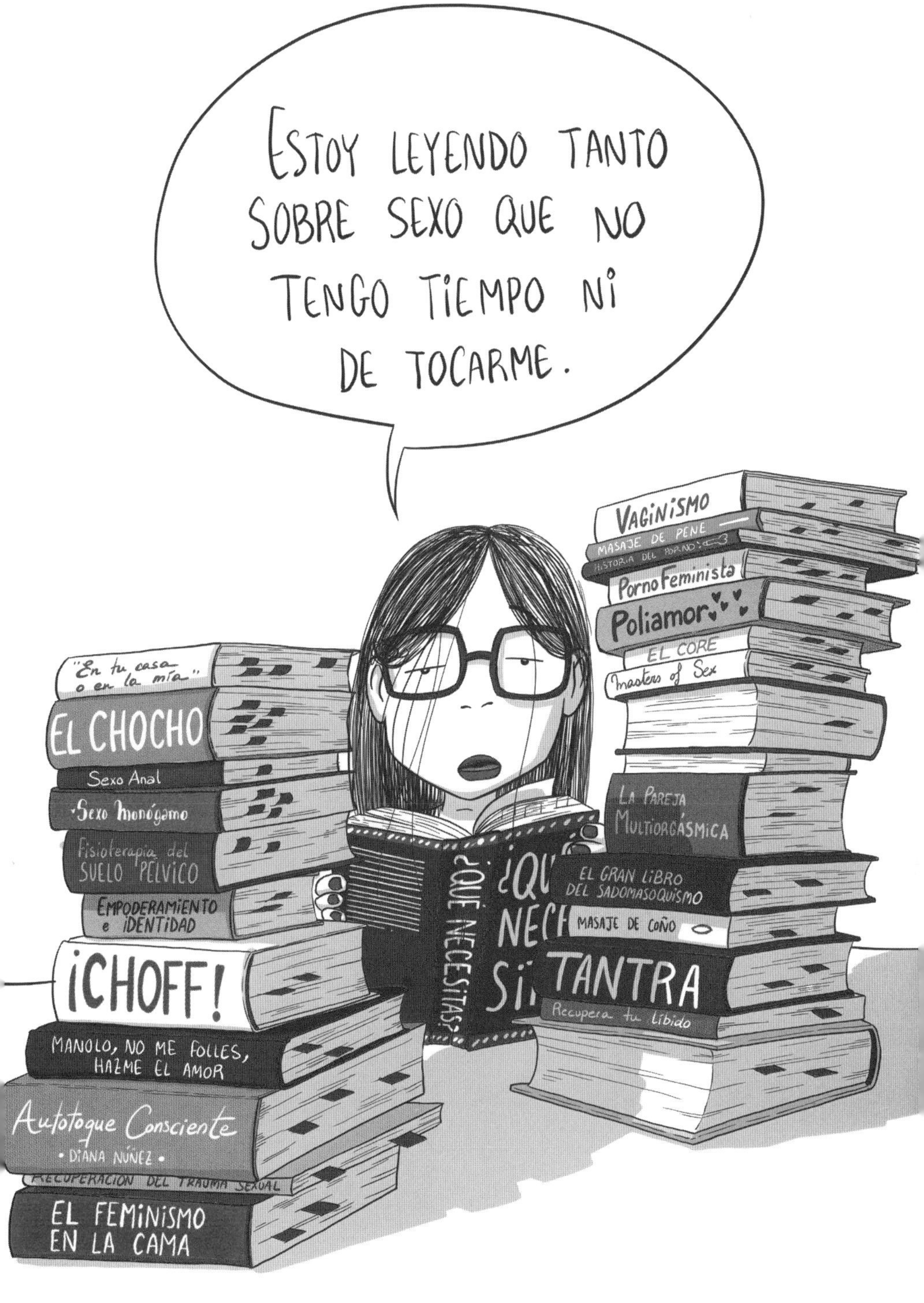
ESTOY LEYENDO TANTO SOBRE SEXO QUE NO TENGO TIEMPO NI DE TOCARME.
"En tu casa o en la mía"
EL CHOCHO
Sexo Anal
Sexo monógamo
Fisioterapia del SUELO PÉLVICO
EMPODERAMIENTO e IDENTIDAD
¡CHOFF!
MANOLO, NO ME FOLLES, HAZME EL AMOR
Autotoque Consciente
• DIANA NÚÑEZ •
EL FEMINISMO EN LA CAMA
¿QUÉ NECESITAS?
VAGINISMO
MASAJE DE PENE
Porno Feminista
Poliamor
EL CORE
Masters of Sex
LA PAREJA MULTIORGÁSMICA
EL GRAN LIBRO DEL SADOMASOQUISMO
MASAJE DE COÑO
TANTRA
Recupera tu Libido

¿DÓNDE HA QUEDADO EL PLACER?

¿POR QUÉ SOLO NOS EDUCAN EN EL MIEDO?

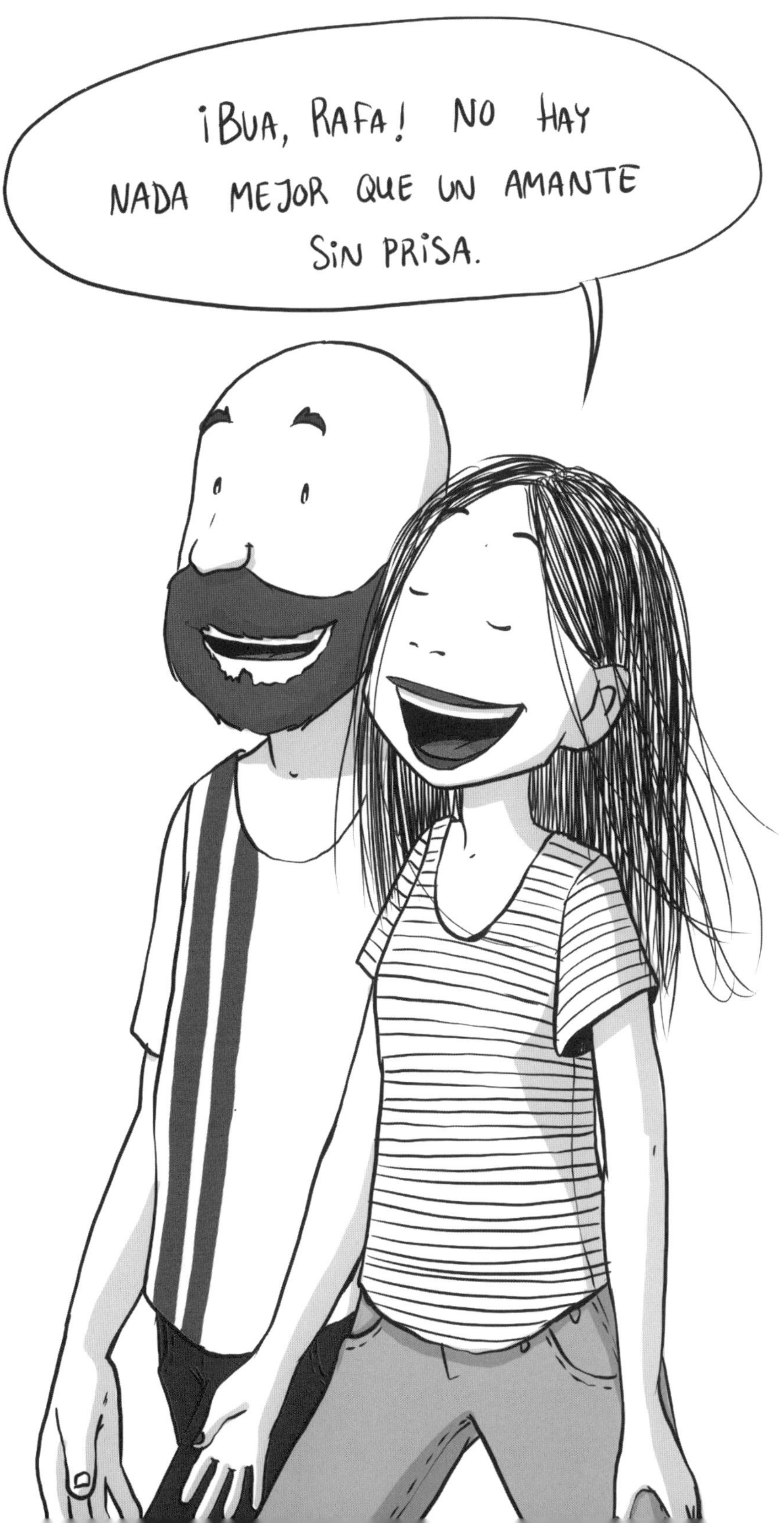
¡BUA, RAFA! NO HAY NADA MEJOR QUE UN AMANTE SIN PRISA.

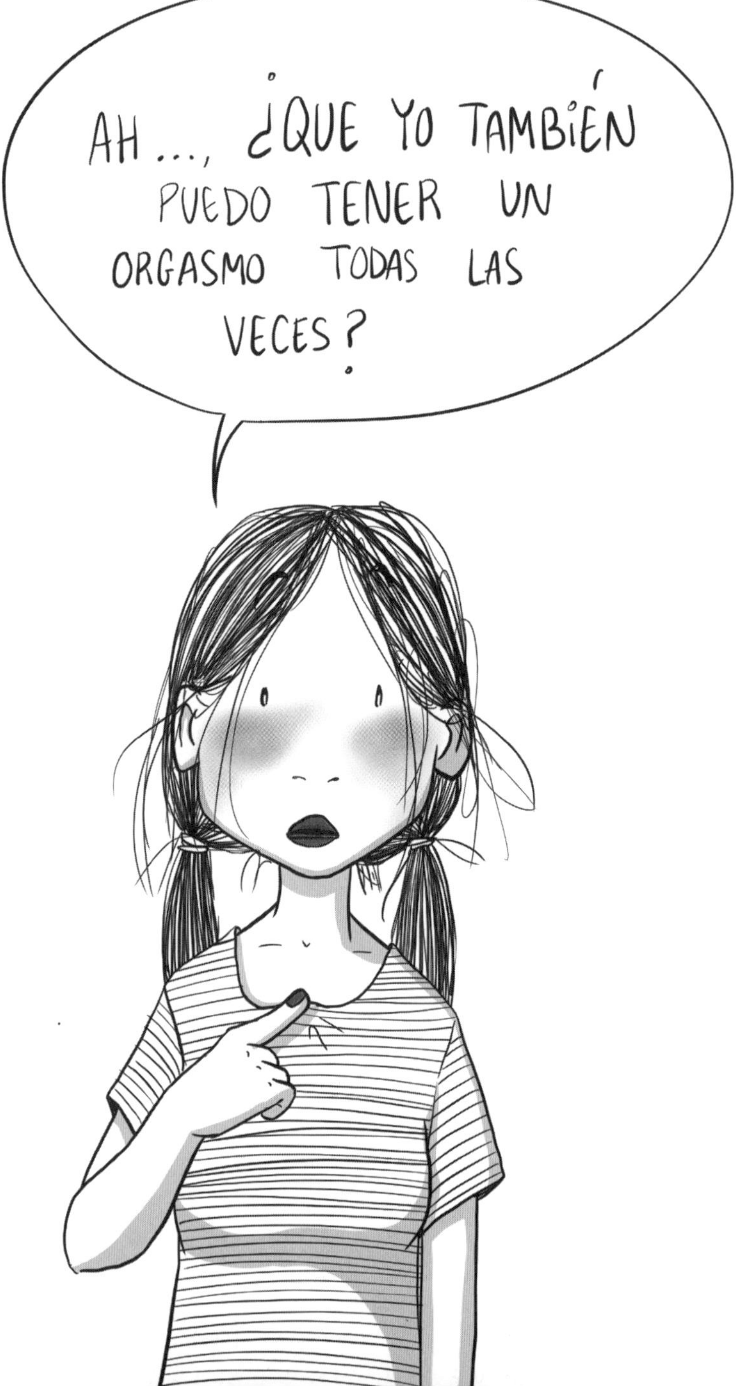
AH..., ¿QUE YO TAMBIÉN PUEDO TENER UN ORGASMO TODAS LAS VECES?

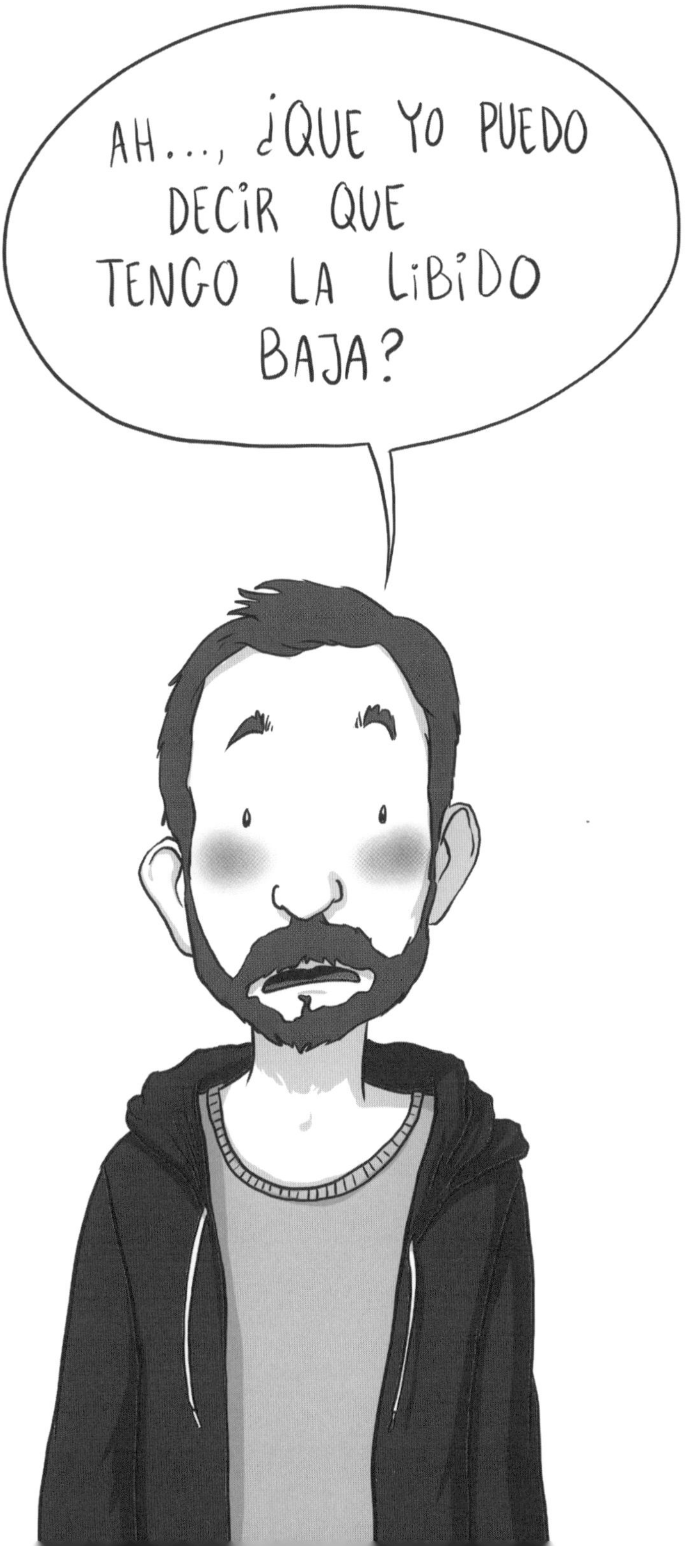
AH..., ¿QUE YO PUEDO DECIR QUE TENGO LA LIBIDO BAJA?

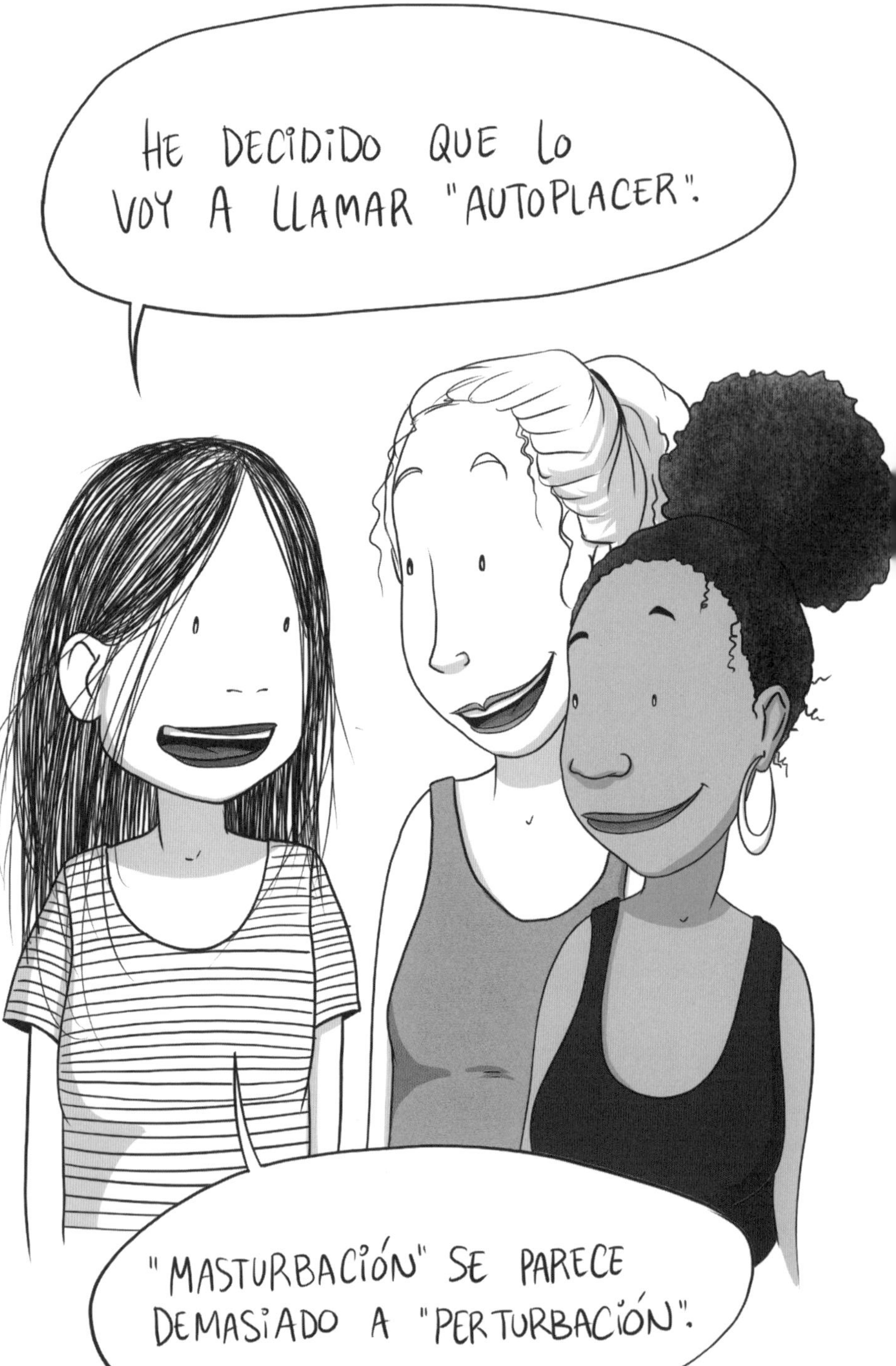
HE DECIDIDO QUE LO VOY A LLAMAR "AUTOPLACER".
"MASTURBACIÓN" SE PARECE DEMASIADO A "PERTURBACIÓN".

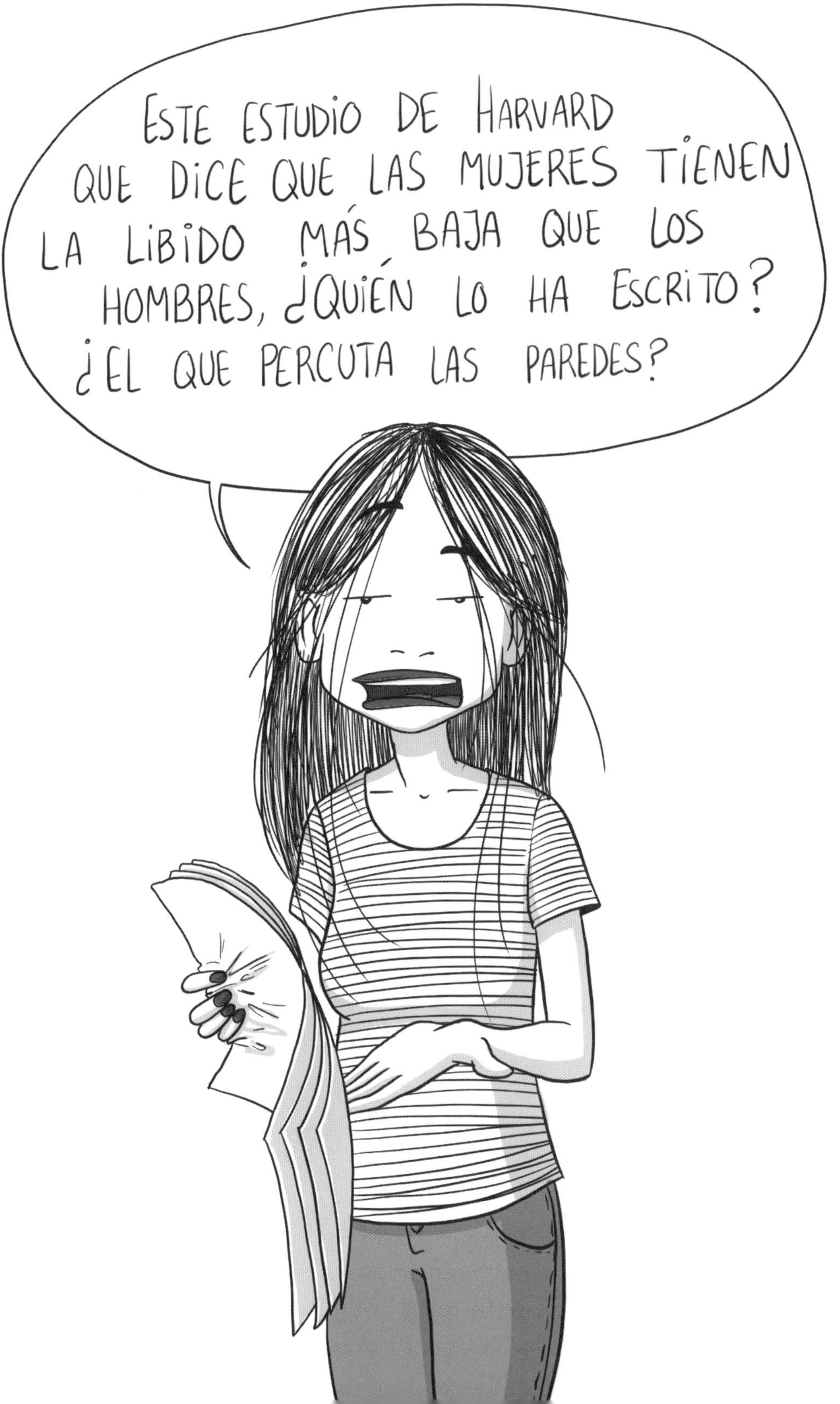
ESTE ESTUDIO DE HARVARD QUE DICE QUE LAS MUJERES TIENEN LA LIBIDO MÁS BAJA QUE LOS HOMBRES, ¿QUIÉN LO HA ESCRITO? ¿EL QUE PERCUTA LAS PAREDES?

♫ "SEXUAL HEALING" - MARVIN GAYE ♫

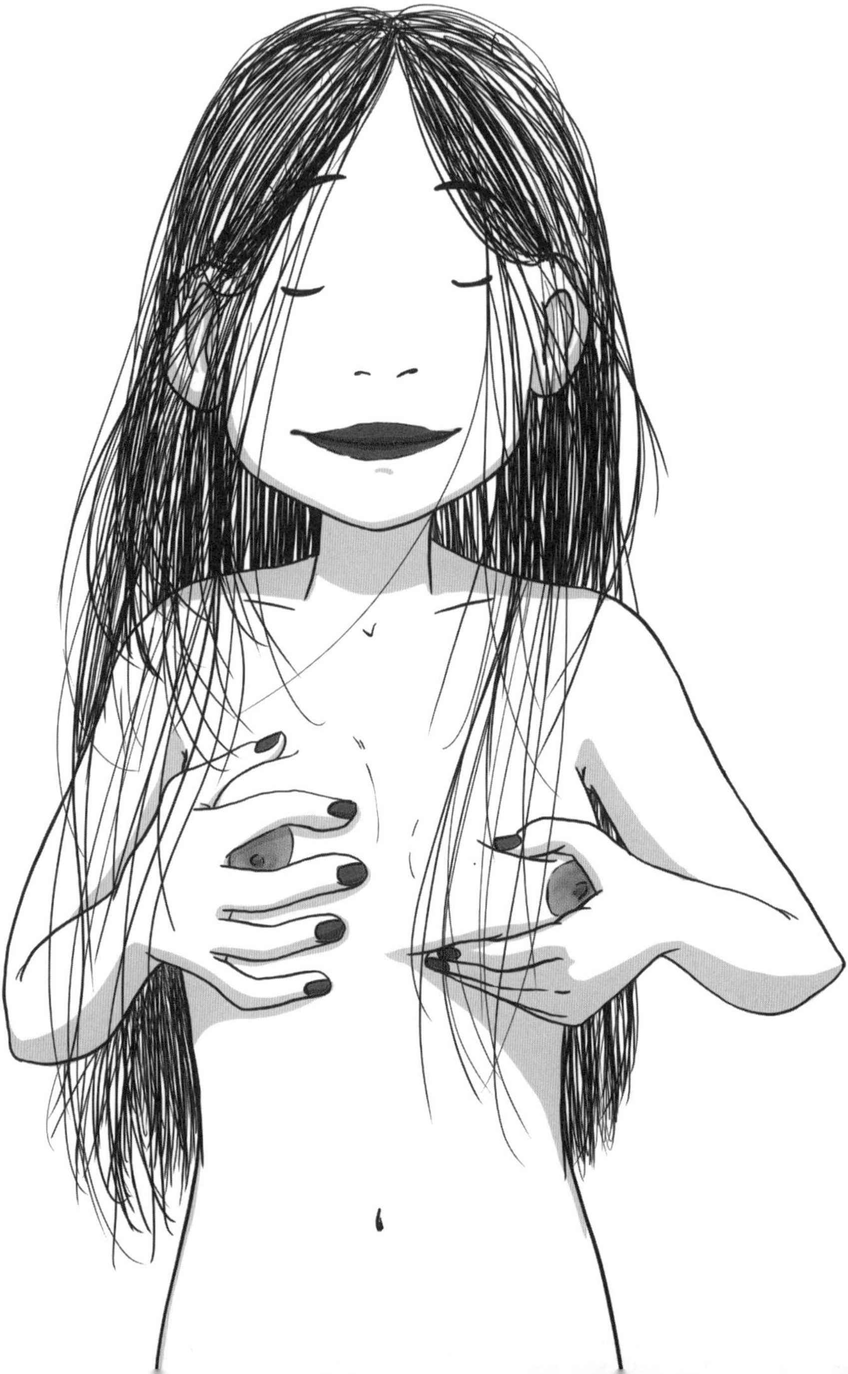

♫ "BOHEMIAN RHAPSODY" - QUEEN ♫

A VECES TENGO ORGASMOS CON AMANTES EXTRAÑOS.

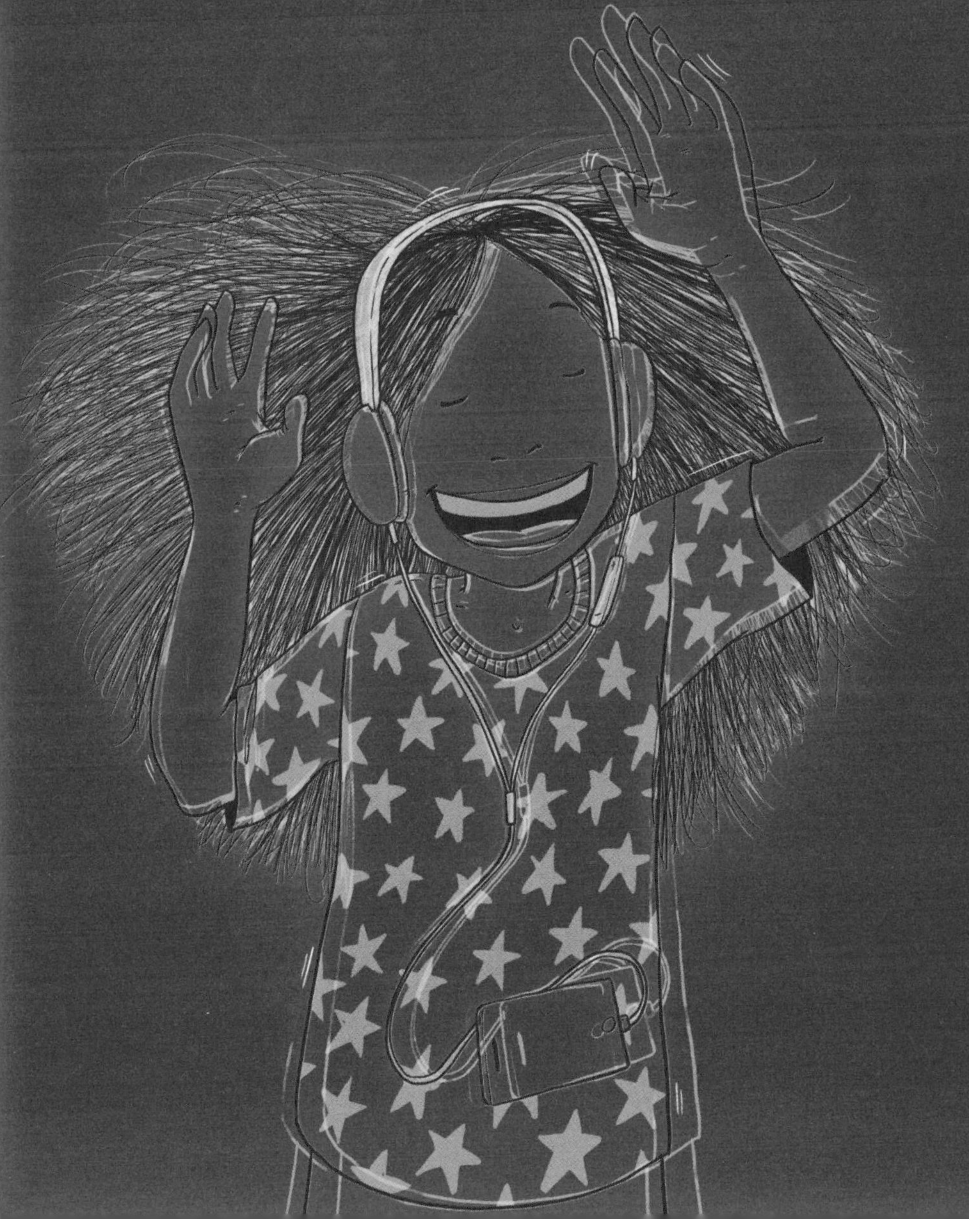

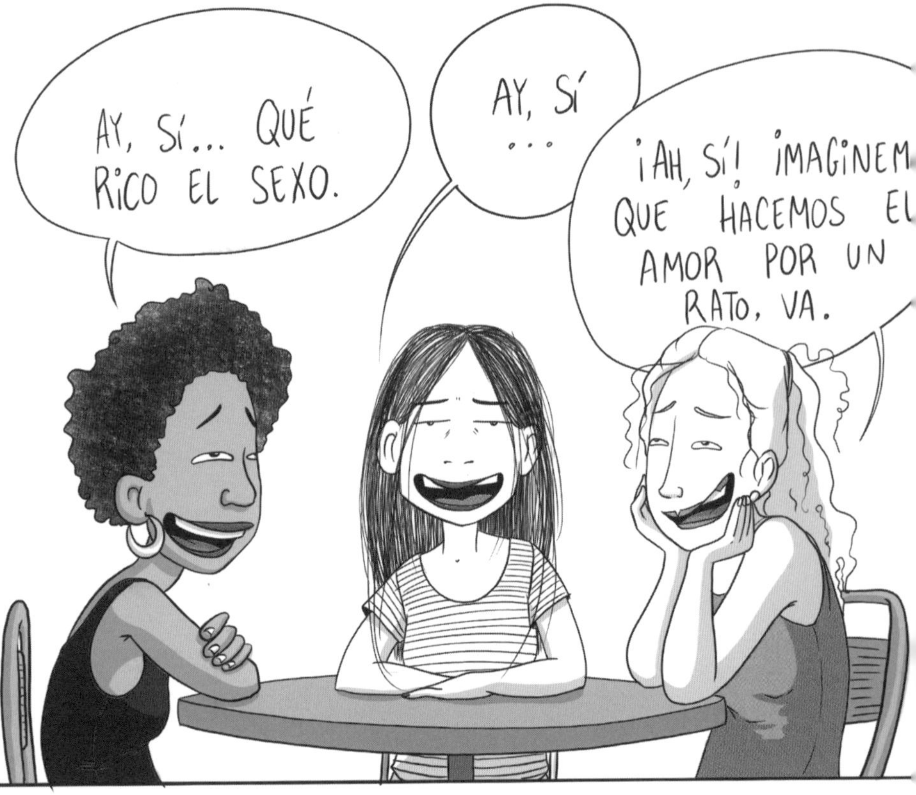
AY, SÍ... QUÉ RICO EL SEXO.
AY, SÍ ...
¡AH, SÍ! IMAGINEM QUE HACEMOS EL AMOR POR UN RATO, VA.

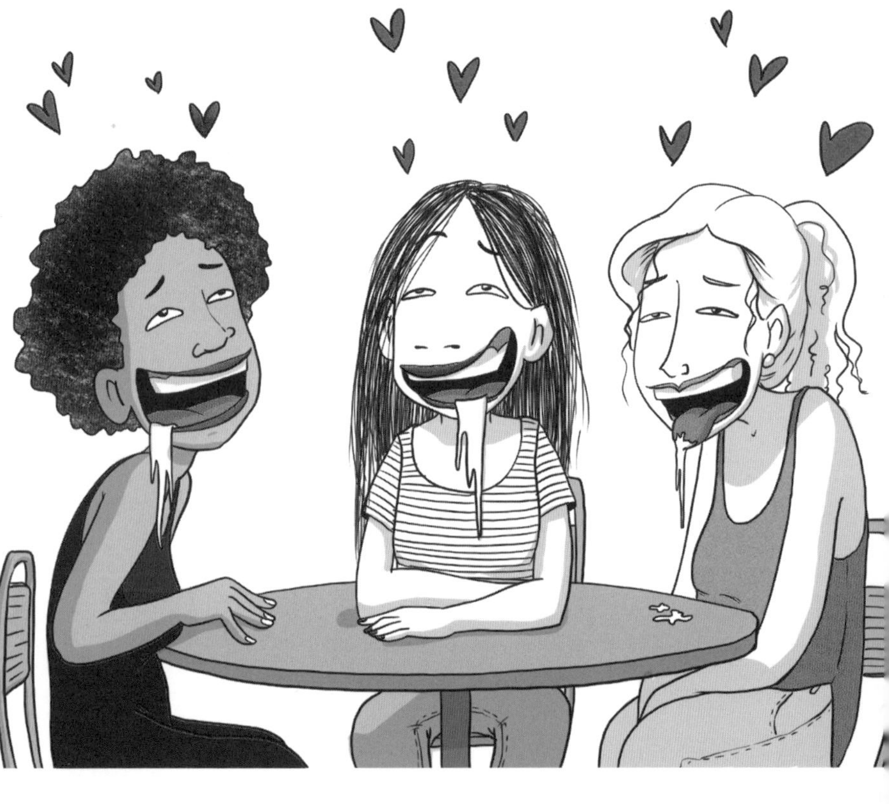

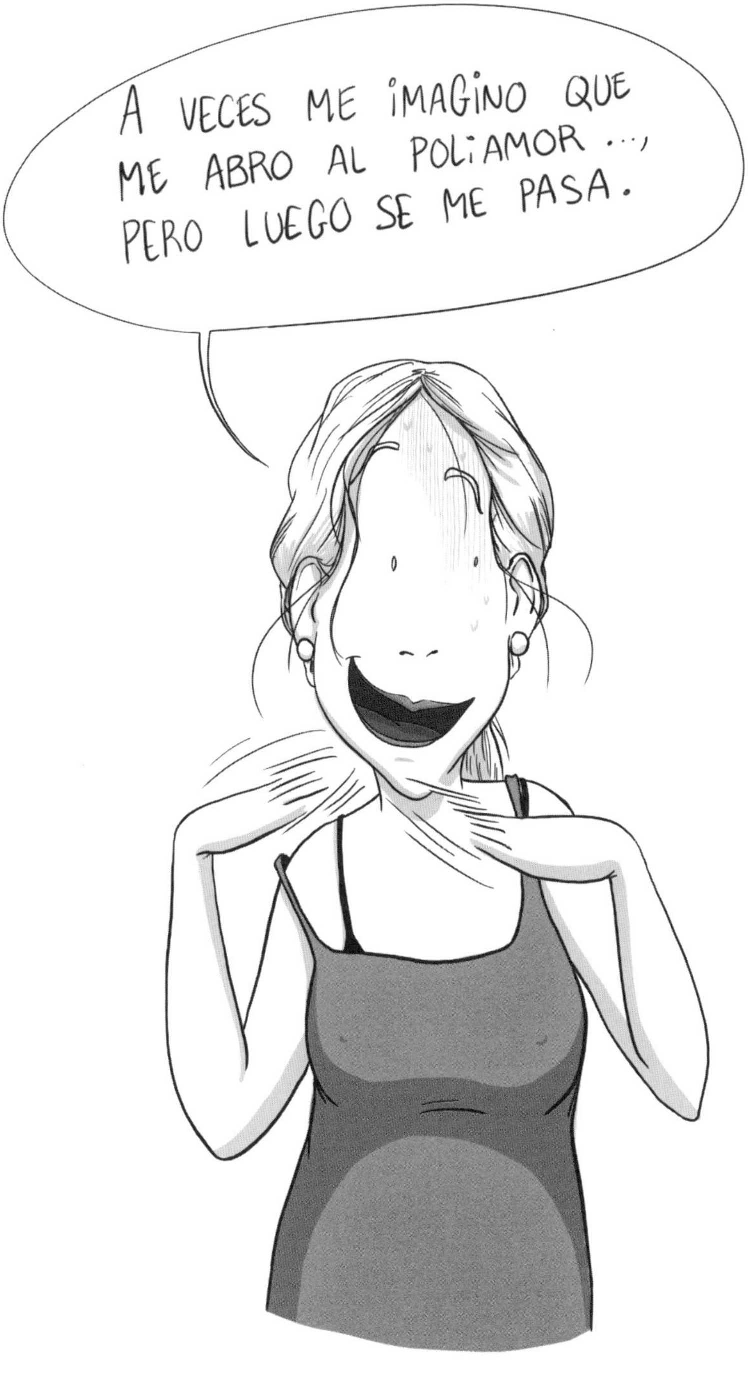
A VECES ME IMAGINO QUE ME ABRO AL POLIAMOR..., PERO LUEGO SE ME PASA.

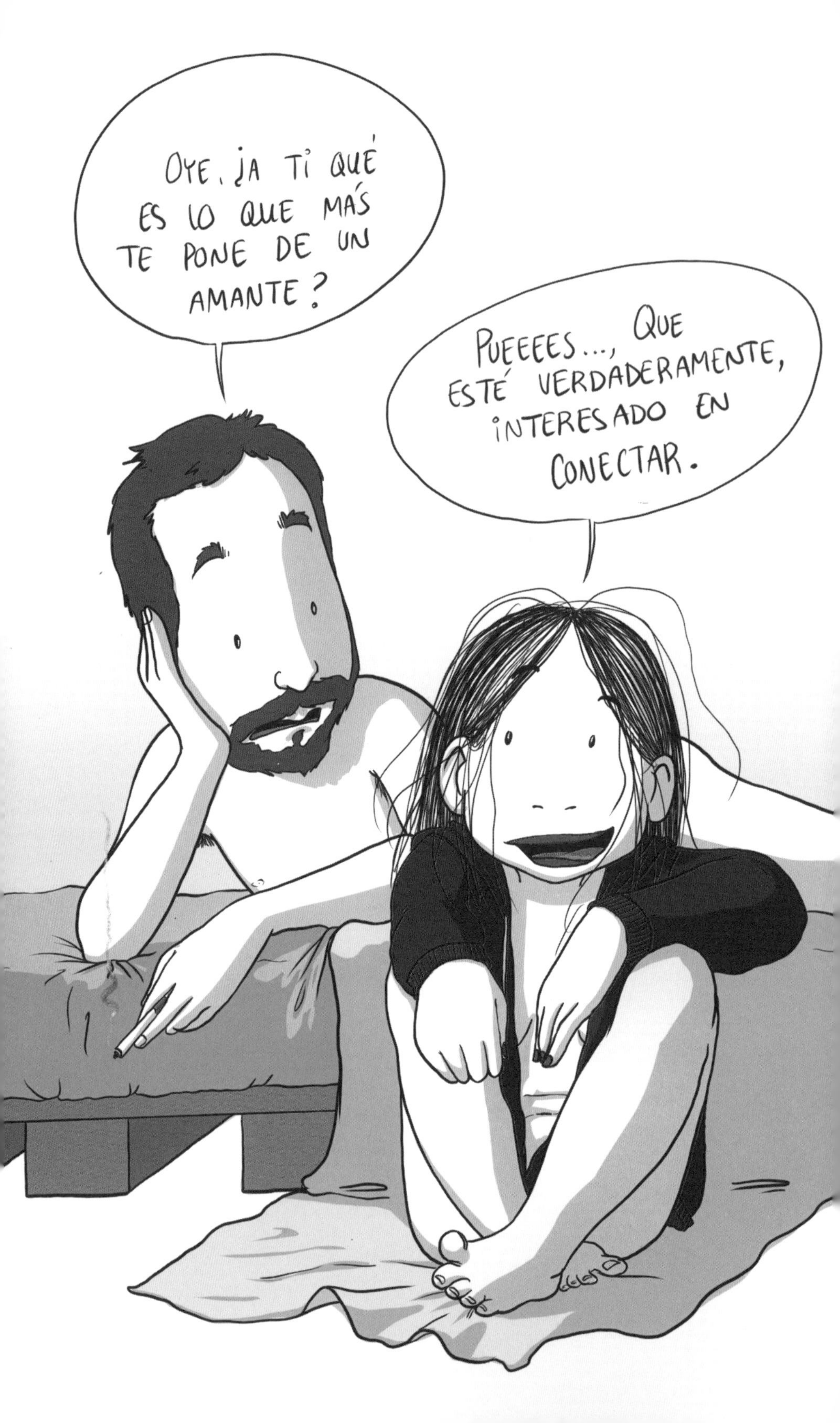
OYE, ¿A TI QUÉ ES LO QUE MÁS TE PONE DE UN AMANTE?
PUEEEES..., QUE ESTÉ VERDADERAMENTE, INTERESADO EN CONECTAR.

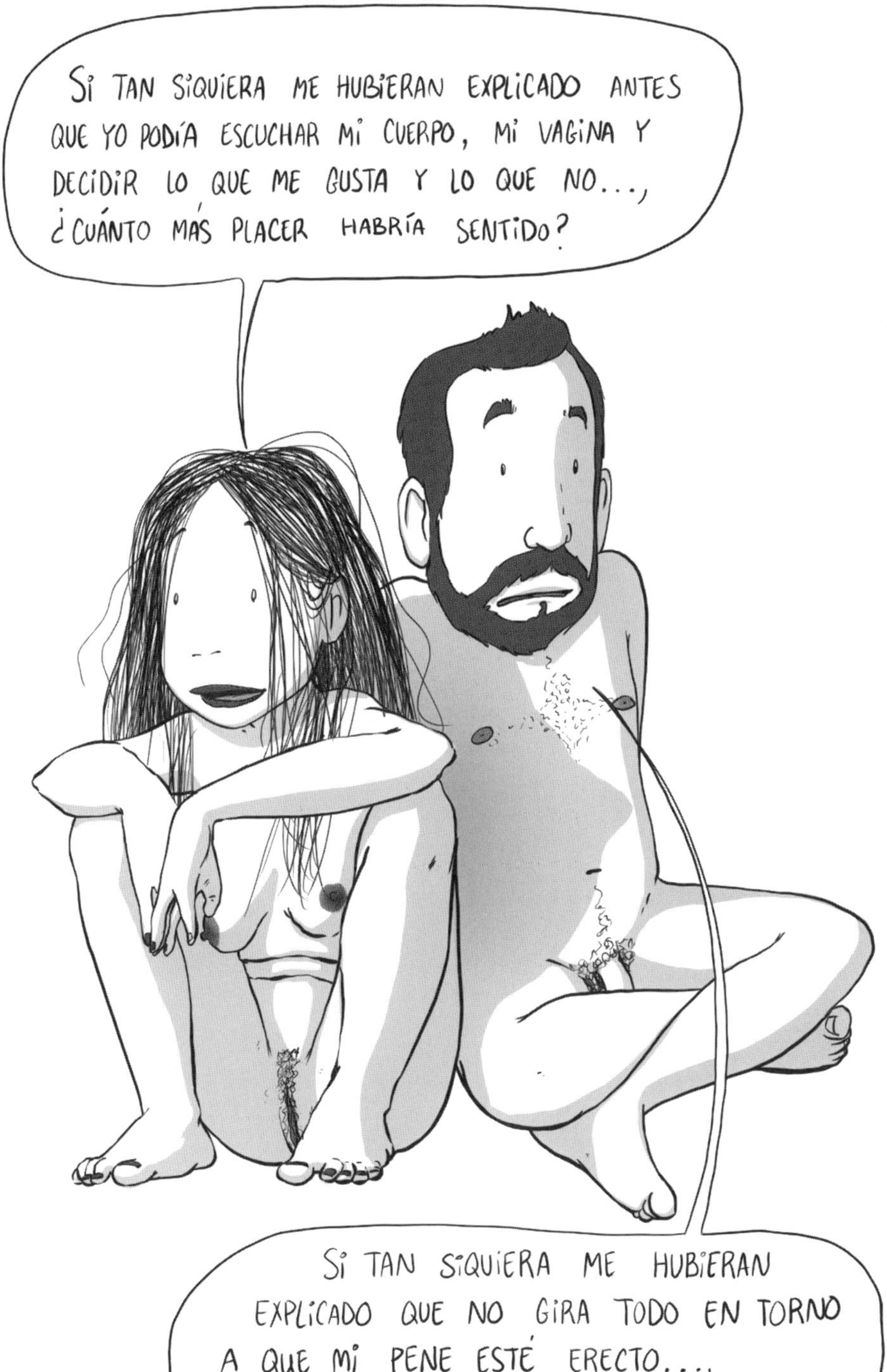
SI TAN SIQUIERA ME HUBIERAN EXPLICADO ANTES QUE YO PODÍA ESCUCHAR MI CUERPO, MI VAGINA Y DECIDIR LO QUE ME GUSTA Y LO QUE NO..., ¿CUÁNTO MÁS PLACER HABRÍA SENTIDO?
SI TAN SIQUIERA ME HUBIERAN EXPLICADO QUE NO GIRA TODO EN TORNO A QUE MI PENE ESTÉ ERECTO..., ¿CUÁNTA FRUSTRACIÓN ME HABRÍA AHORRADO?

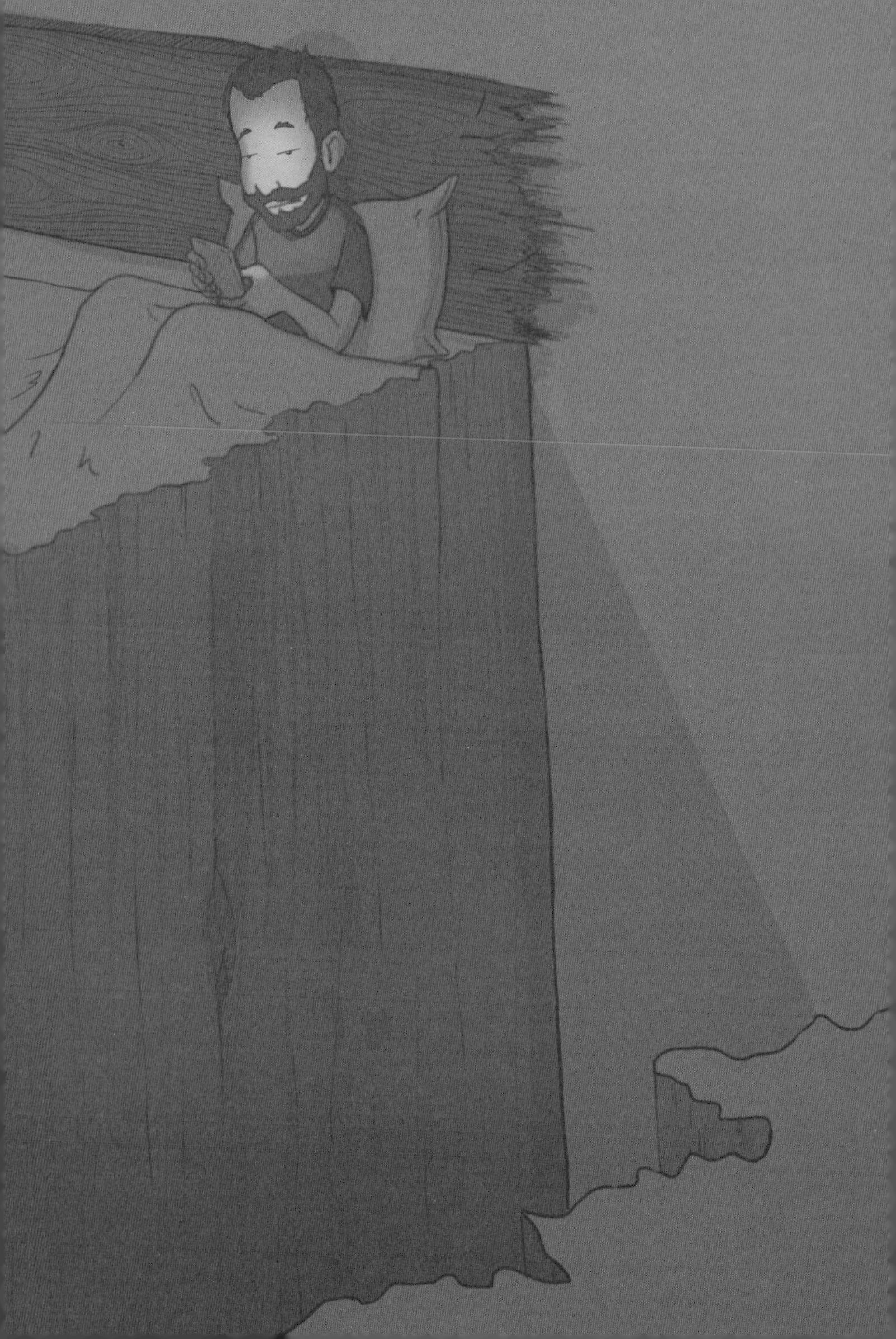

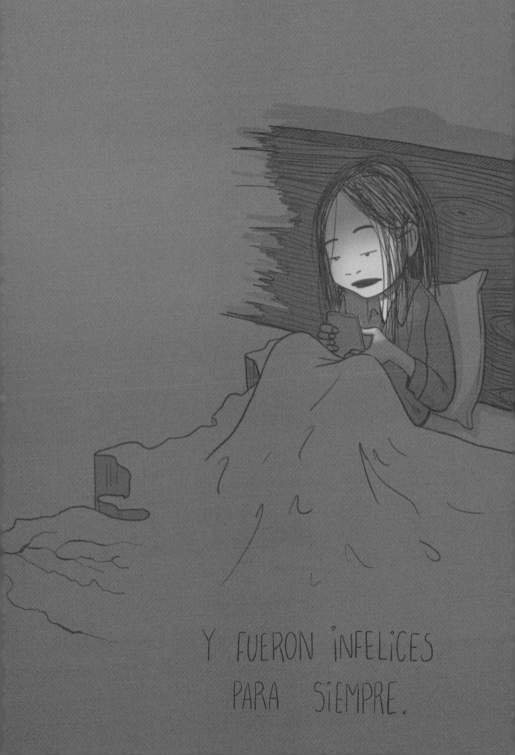

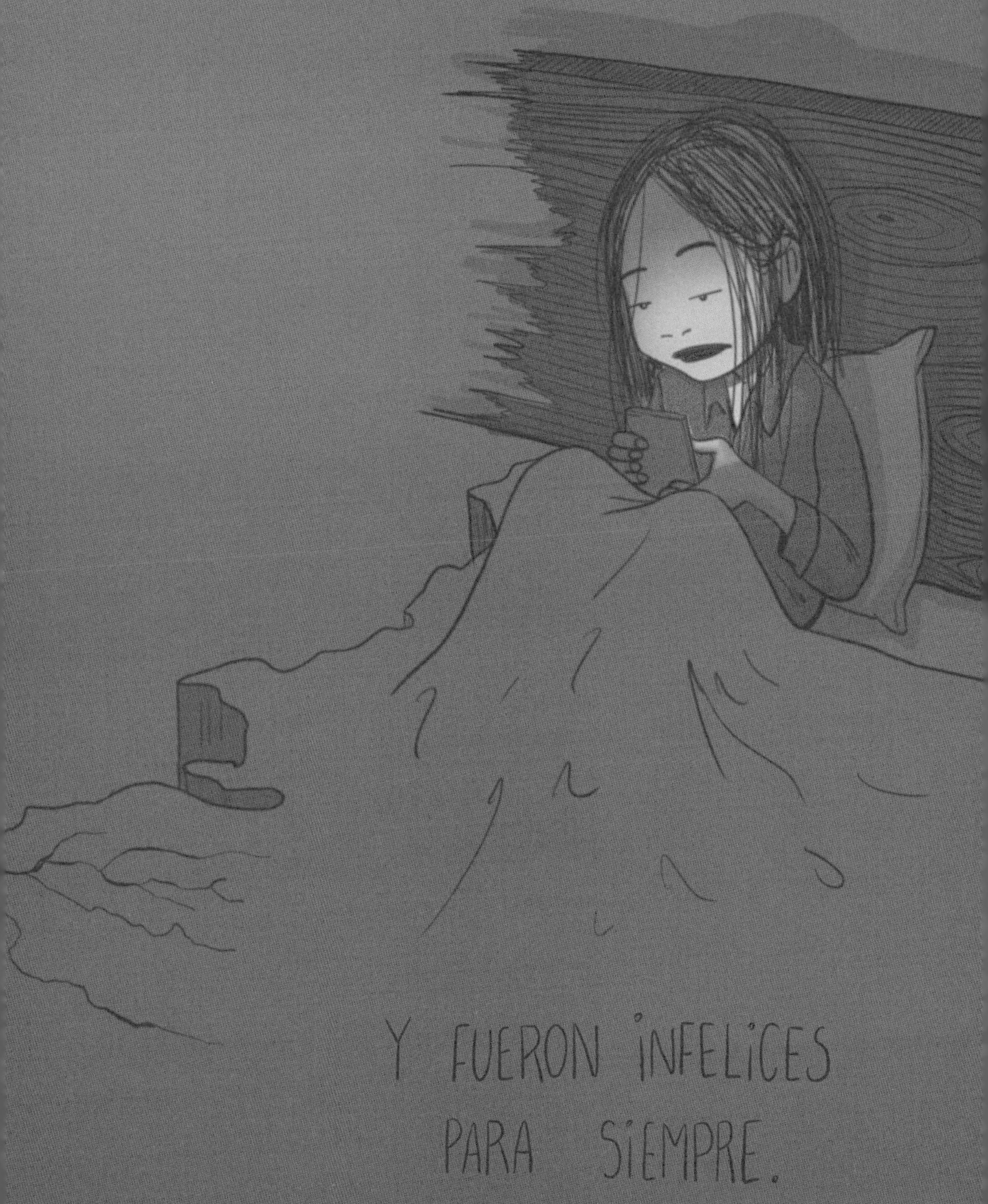
Y FUERON INFELICES
PARA SIEMPRE.

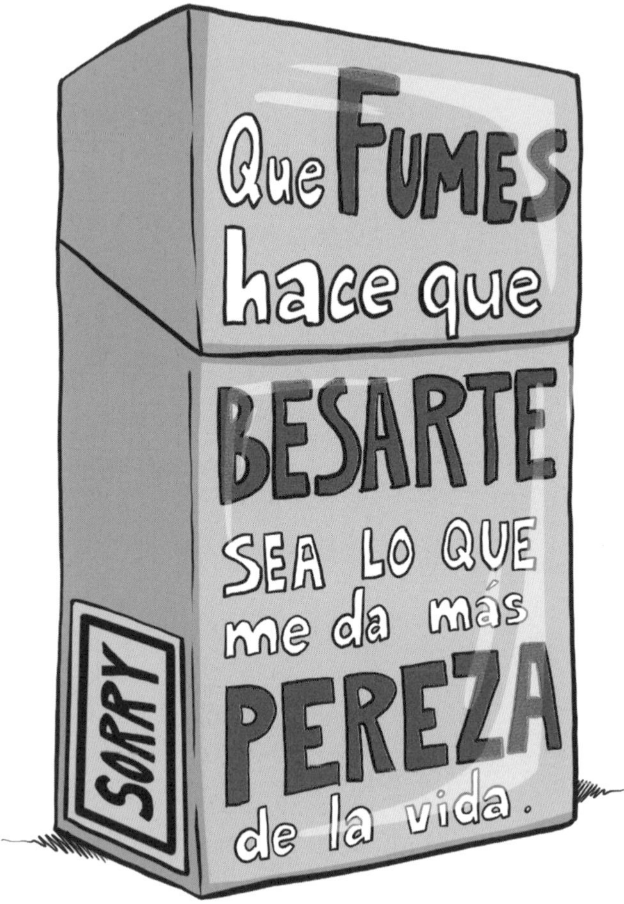
Que FUMES
hace que
BESARTE
SEA LO QUE
me da más
PEREZA
de la vida.
SORRY

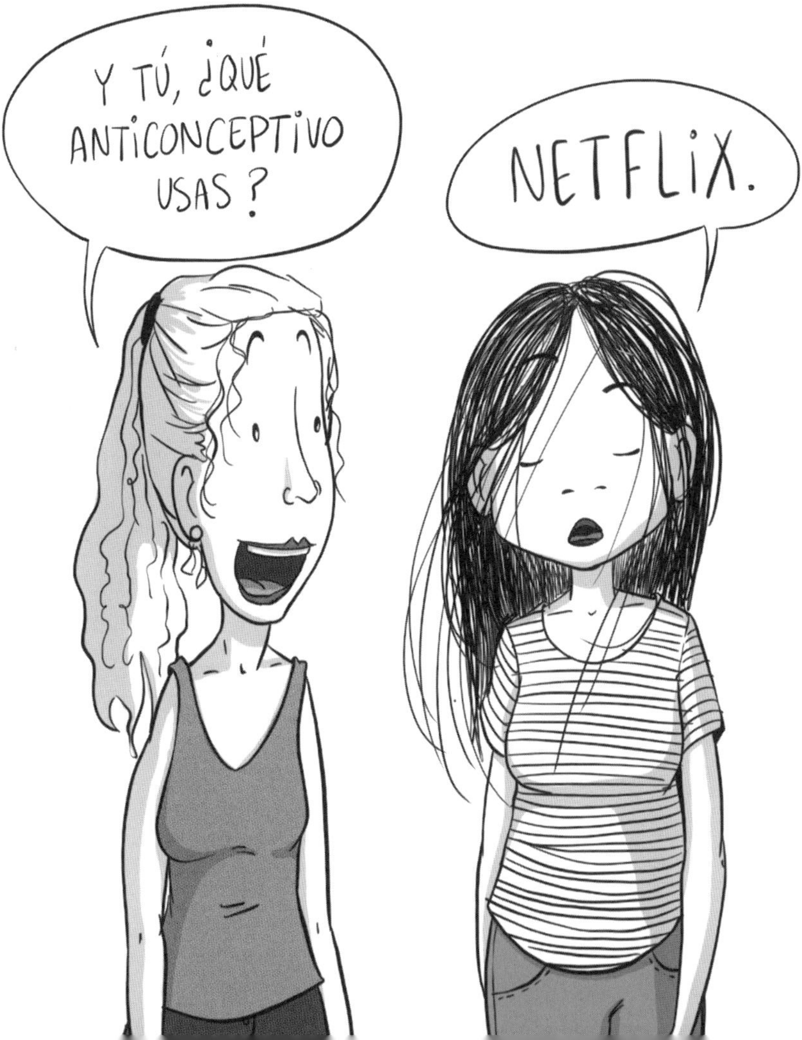
Y TÚ, ¿QUÉ ANTICONCEPTIVO USAS?
NETFLIX.

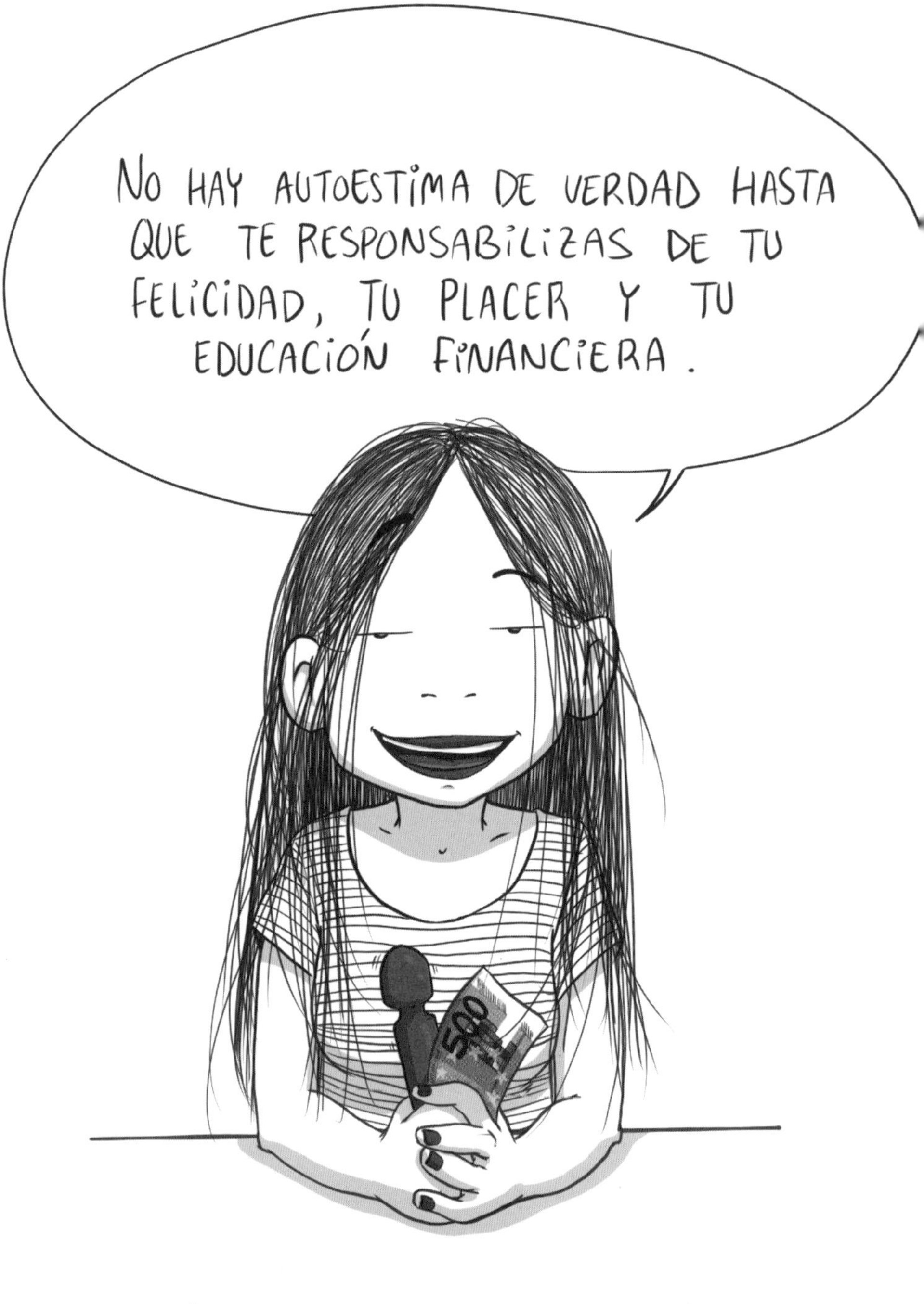
NO HAY AUTOESTIMA DE VERDAD HASTA QUE TE RESPONSABILIZAS DE TU FELICIDAD, TU PLACER Y TU EDUCACIÓN FINANCIERA.
500

♫ "MONEY, MONEY, MONEY" - BOMBA ESTÉREO ♫

"LO QUE LLAMAMOS AMOR — ALGUIEN QUE ME AME, ALGUIEN QUE SE PREOCUPE POR MÍ — NO ES AMOR, ES EGOISMO."
MIGUEL RUIZ

AMOR

"EL AMOR NO SE ENCUENTRA, SE CONSTRUYE."
ERICH FROMM

Cosas que me gustaría que tuviera mi siguiente pareja: ♥♥

* Que le gusten los animales.
* Que sea cariñoso.
* Que sea respetuoso.
* Que disfrute de su soledad.
* Que tenga hábitos sanos (no fumador, no alcohólico, no drogadicto, gracias).
* Que trabaje por pasión.
* Que viaje.
* Que sea agradable con la gente y se ame a sí mismo.
* Que respete mi espacio de soledad y reflexión.
* Que se goce la vida.
* Que sea un amante respetuoso, atento y con ganas de aprender cosas nuevas.
* Que sea responsable con sus finanzas.
* Que quiera crecer y no interrumpa mi crecimiento.
* Que comparta la carga mental del hogar.
* ¡Ah! Y que lea.

♫ "LA PLATA" - JUANES FEAT LALO EBRATT ♫

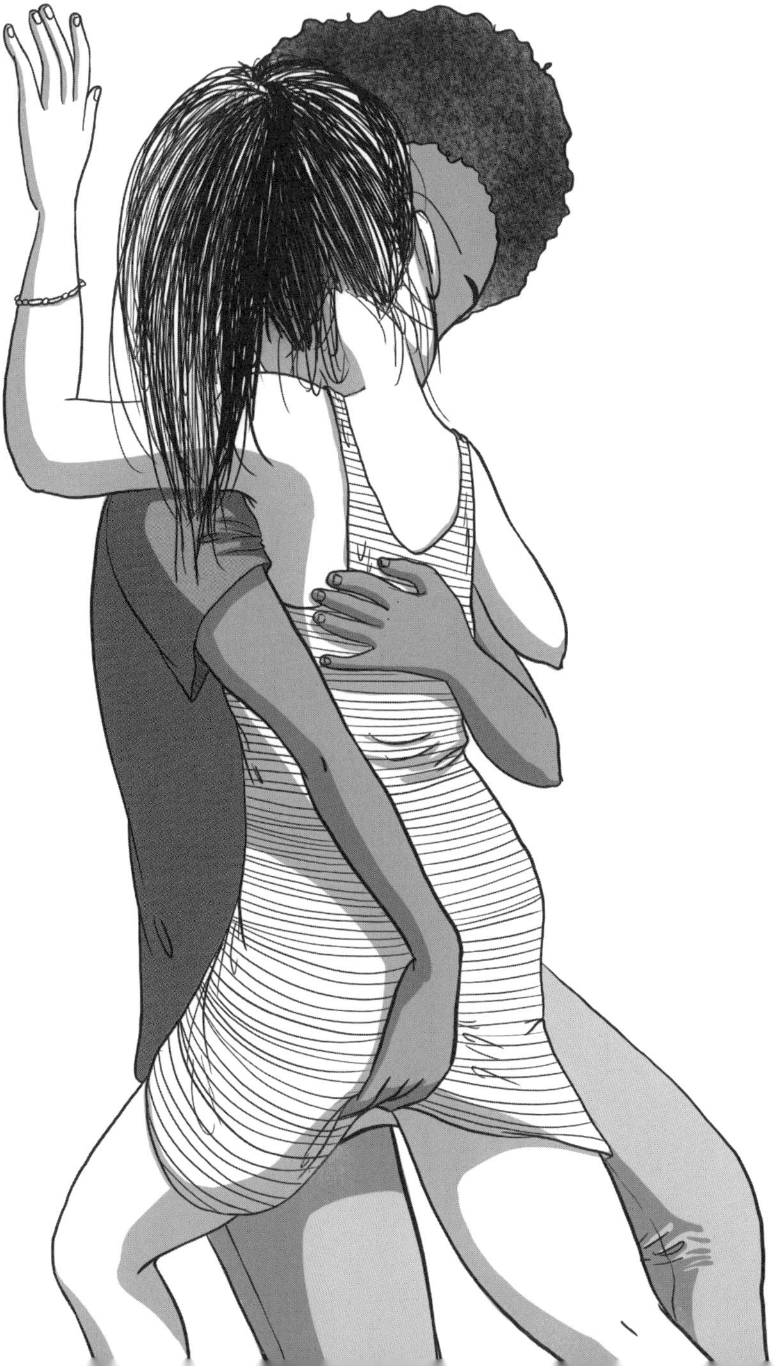

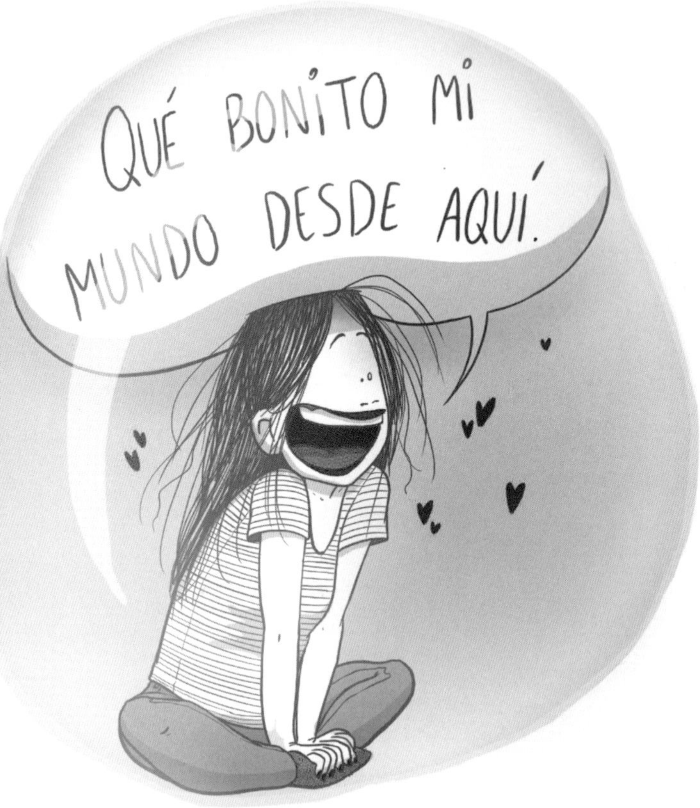
QUÉ BONITO MI MUNDO DESDE AQUÍ.

♫ "TRALARÁ" - CONCHITA ♫

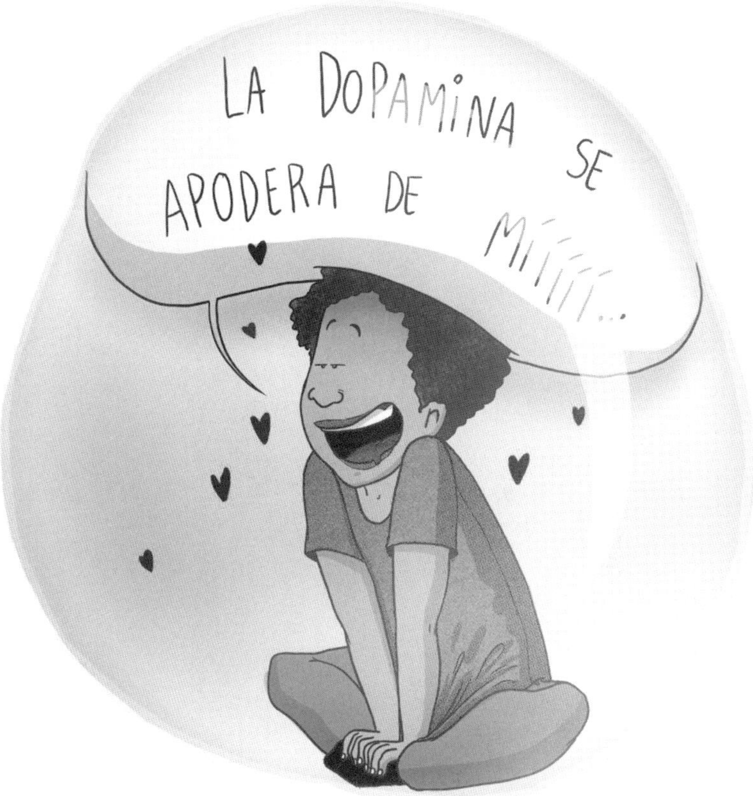
LA DOPAMINA SE APODERA DE MIIIII...

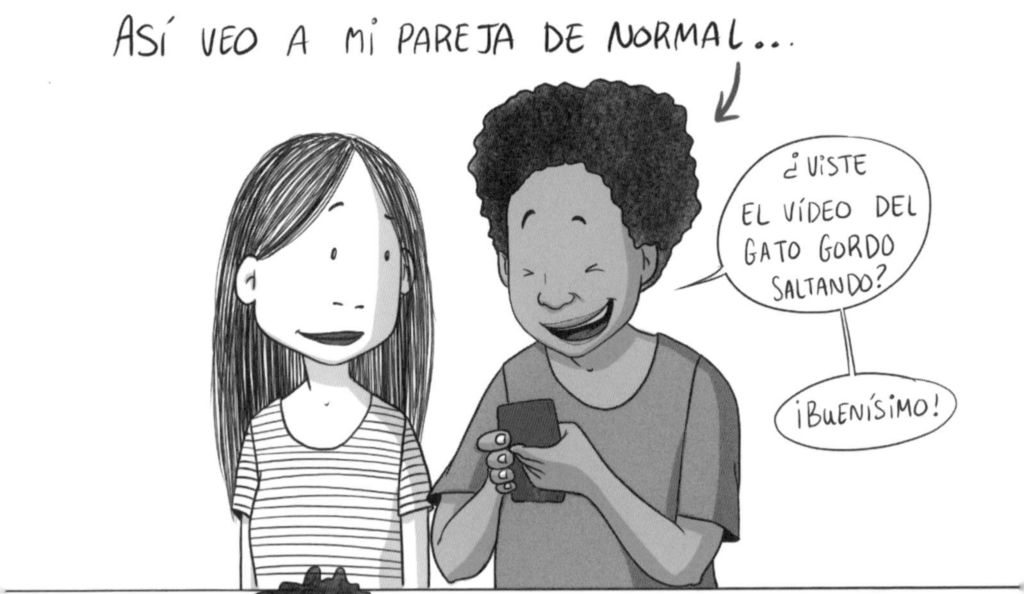
ASÍ VEO A MI PAREJA DE NORMAL...
¿VISTE EL VÍDEO DEL GATO GORDO SALTANDO?
¡BUENÍSIMO!

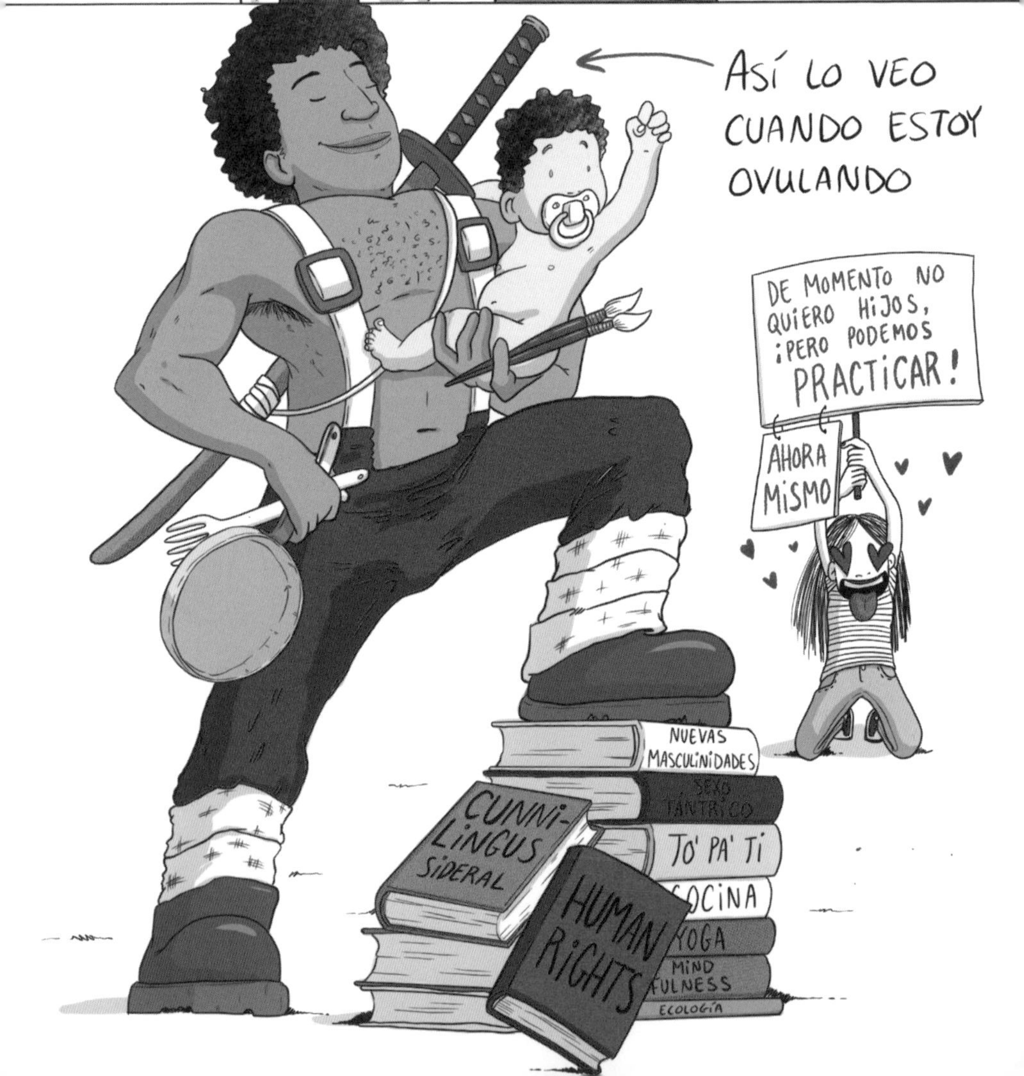
ASÍ LO VEO CUANDO ESTOY OVULANDO
DE MOMENTO NO QUIERO HIJOS, ¡PERO PODEMOS PRACTICAR!
AHORA MISMO
NUEVAS MASCULINIDADES
SEXO TÁNTRICO
TO' PA' TI
COCINA
YOGA
MIND FULNESS
ECOLOGÍA
CUNNI-LINGUS SIDERAL
HUMAN RIGHTS

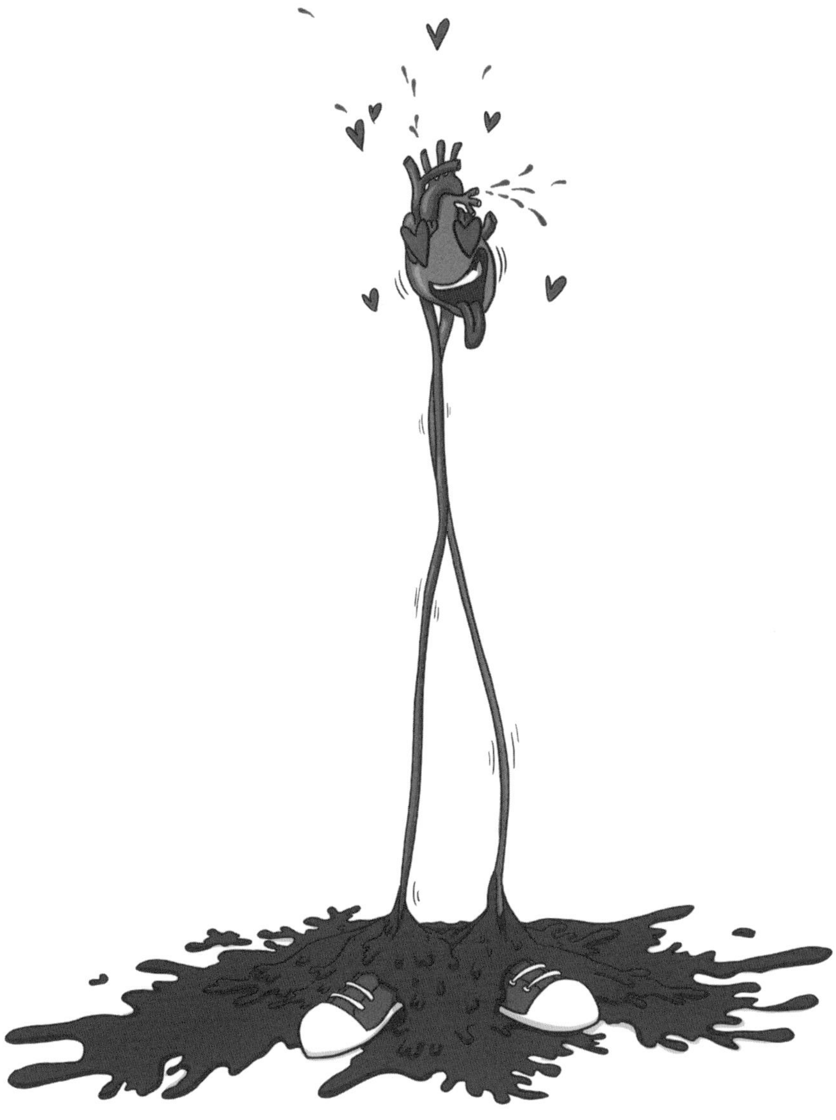

♫ "YOU SEXY THING" - HOT CHOCOLATE ♫

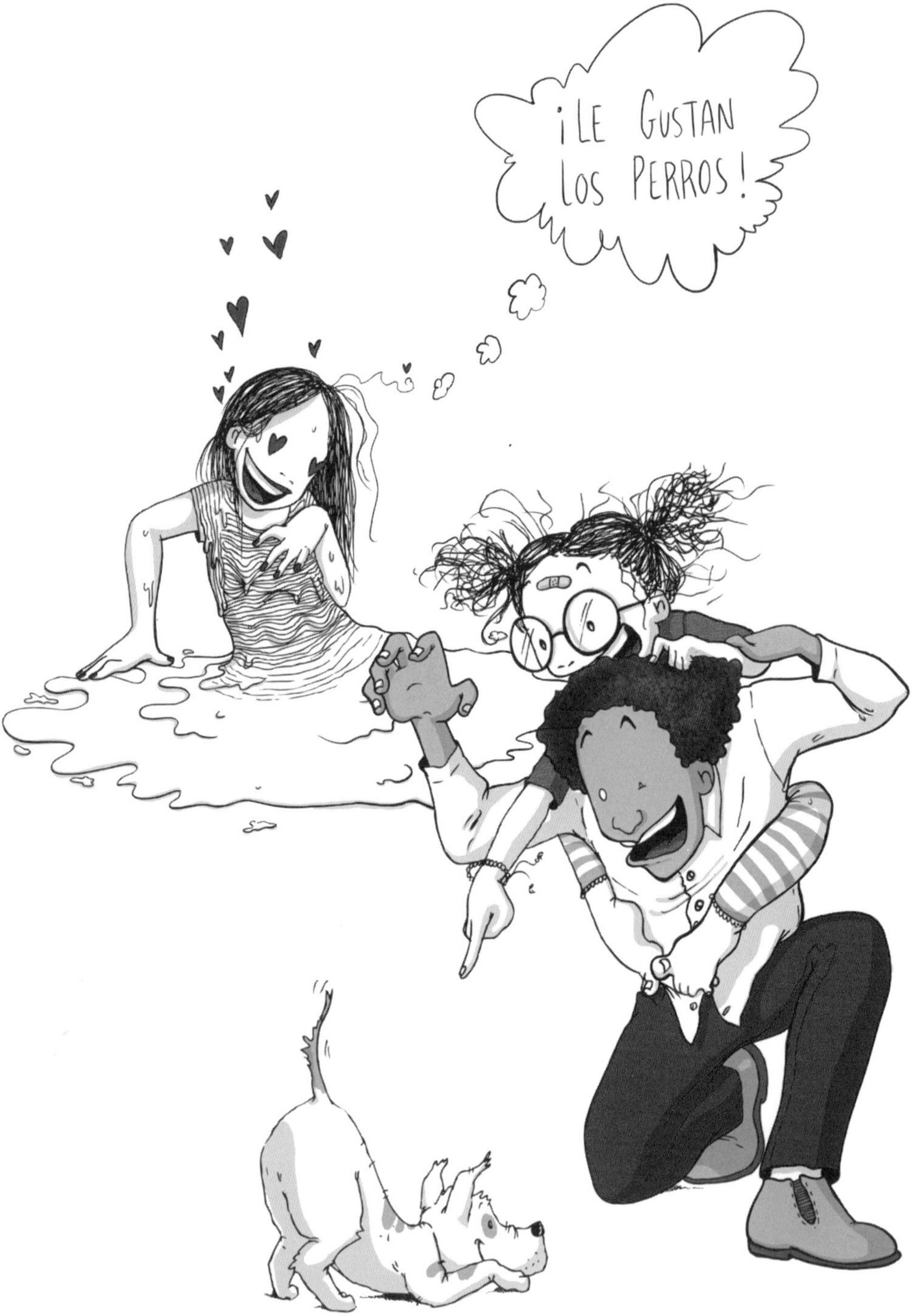
¡LE GUSTAN LOS PERROS!

♫ "CANÇÓ D'AMOR" - ELS PETS ♫

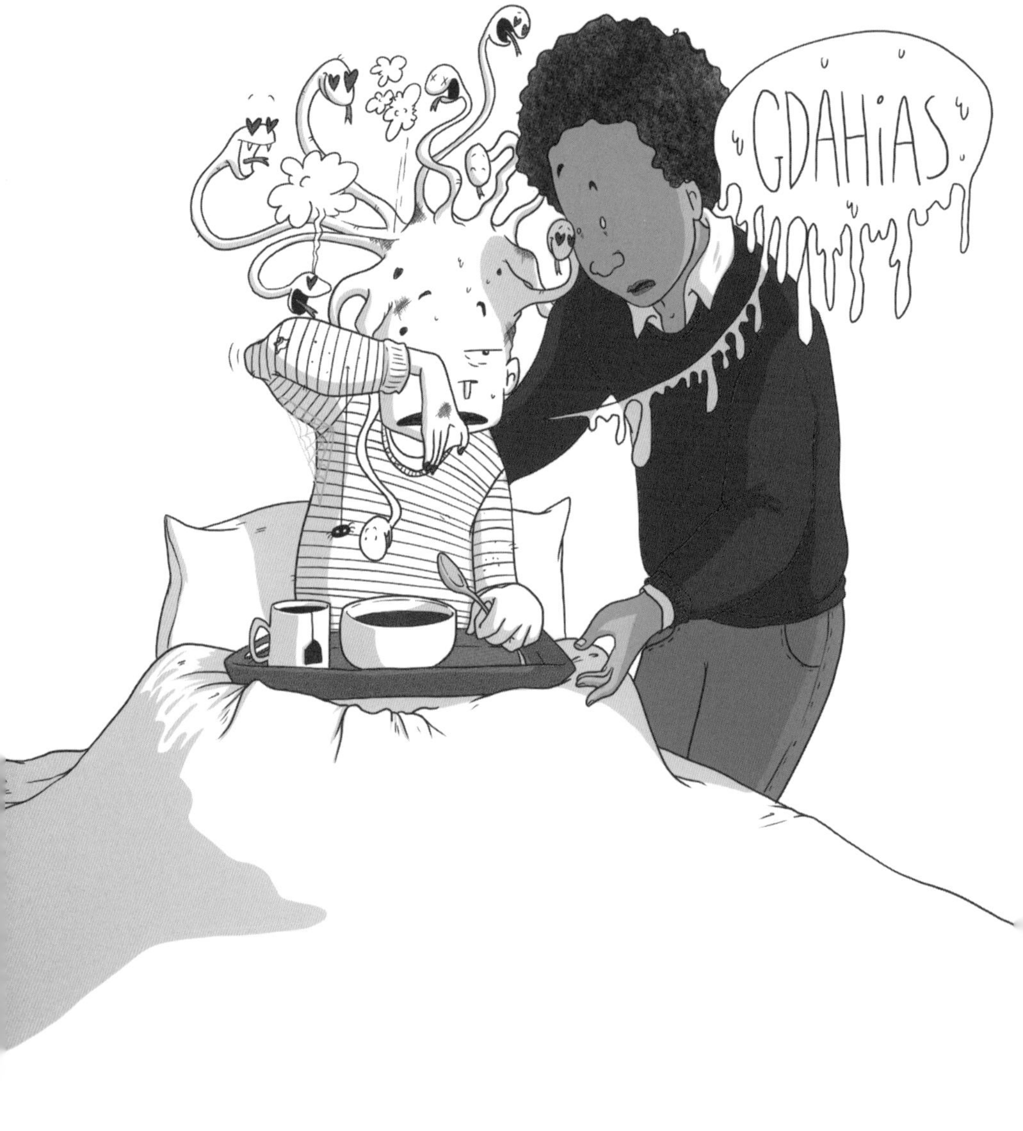
GDAHiAS

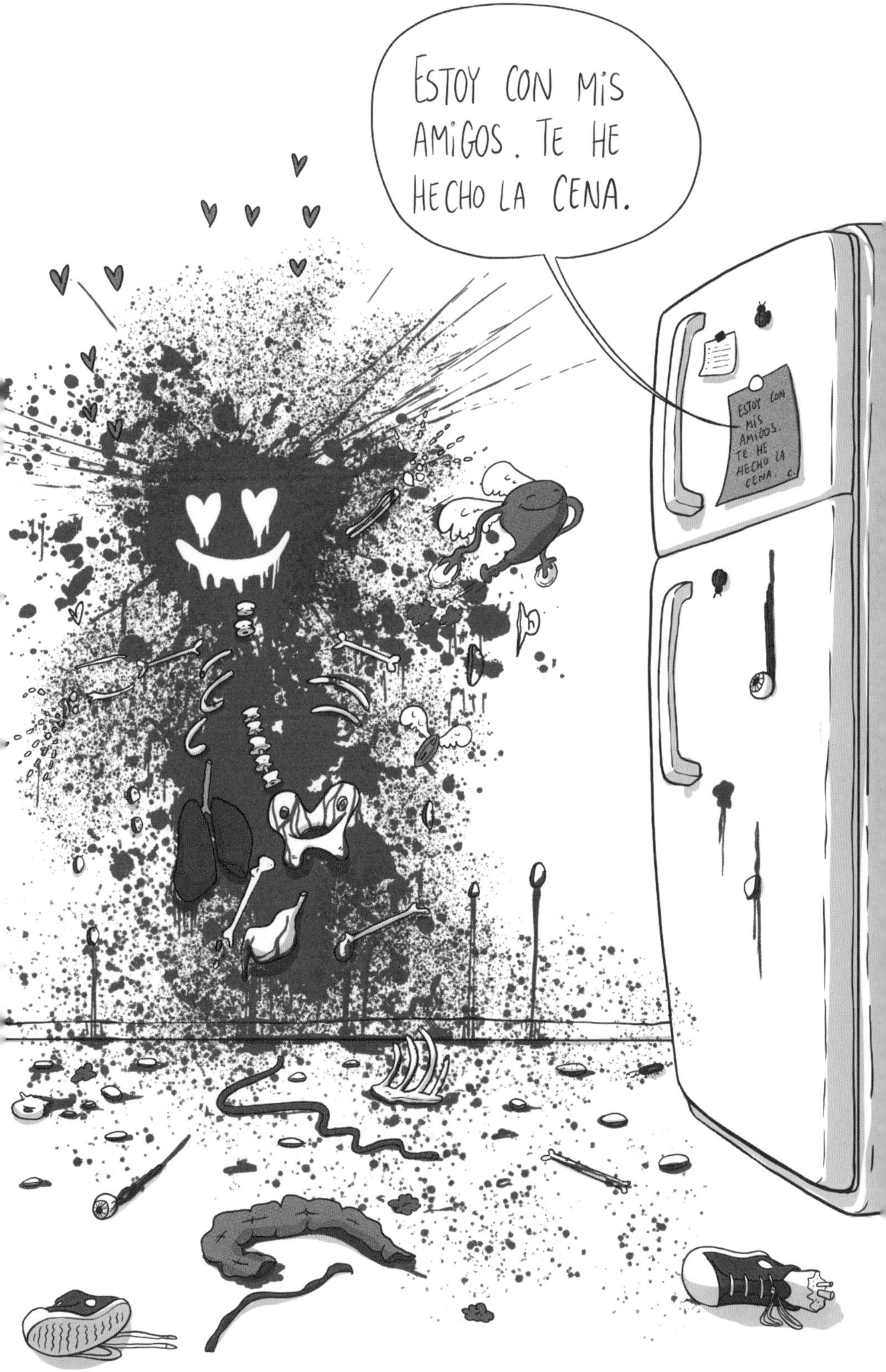
ESTOY CON MIS AMIGOS. TE HE HECHO LA CENA.
ESTOY CON MIS AMIGOS. TE HE HECHO LA CENA. C.

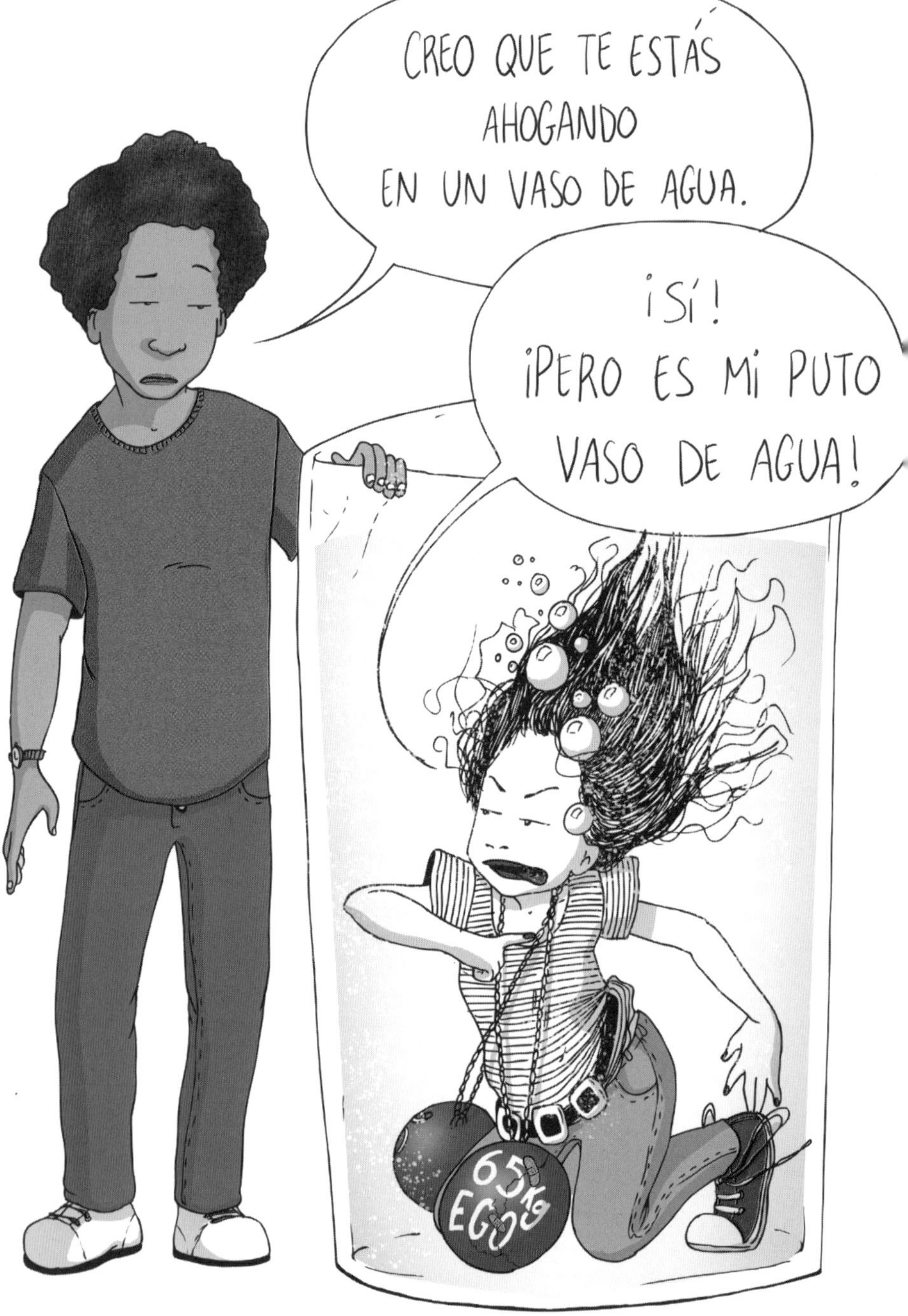
CREO QUE TE ESTÁS AHOGANDO EN UN VASO DE AGUA.
¡SÍ! ¡PERO ES MI PUTO VASO DE AGUA!
65 kg EGO

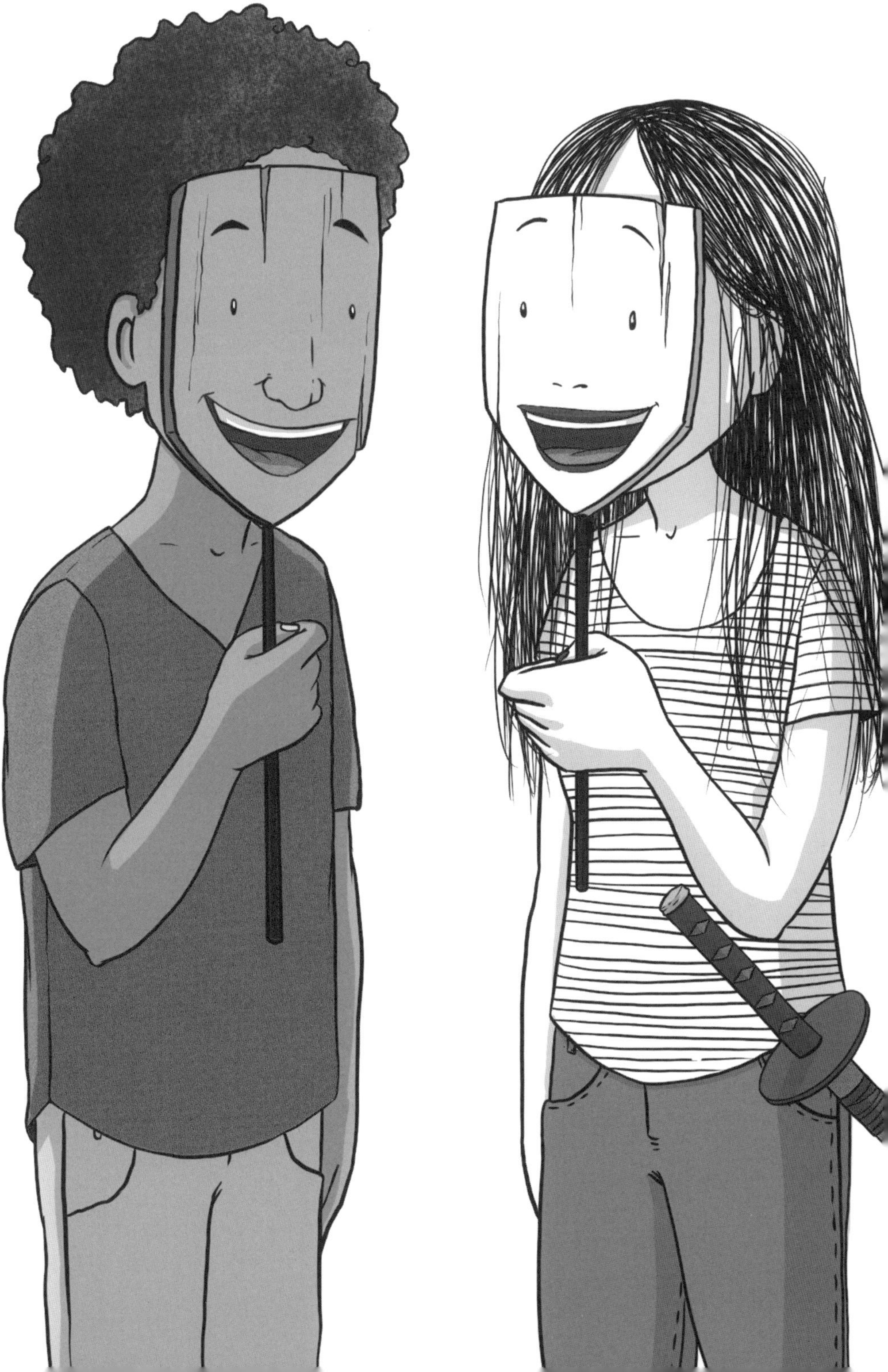

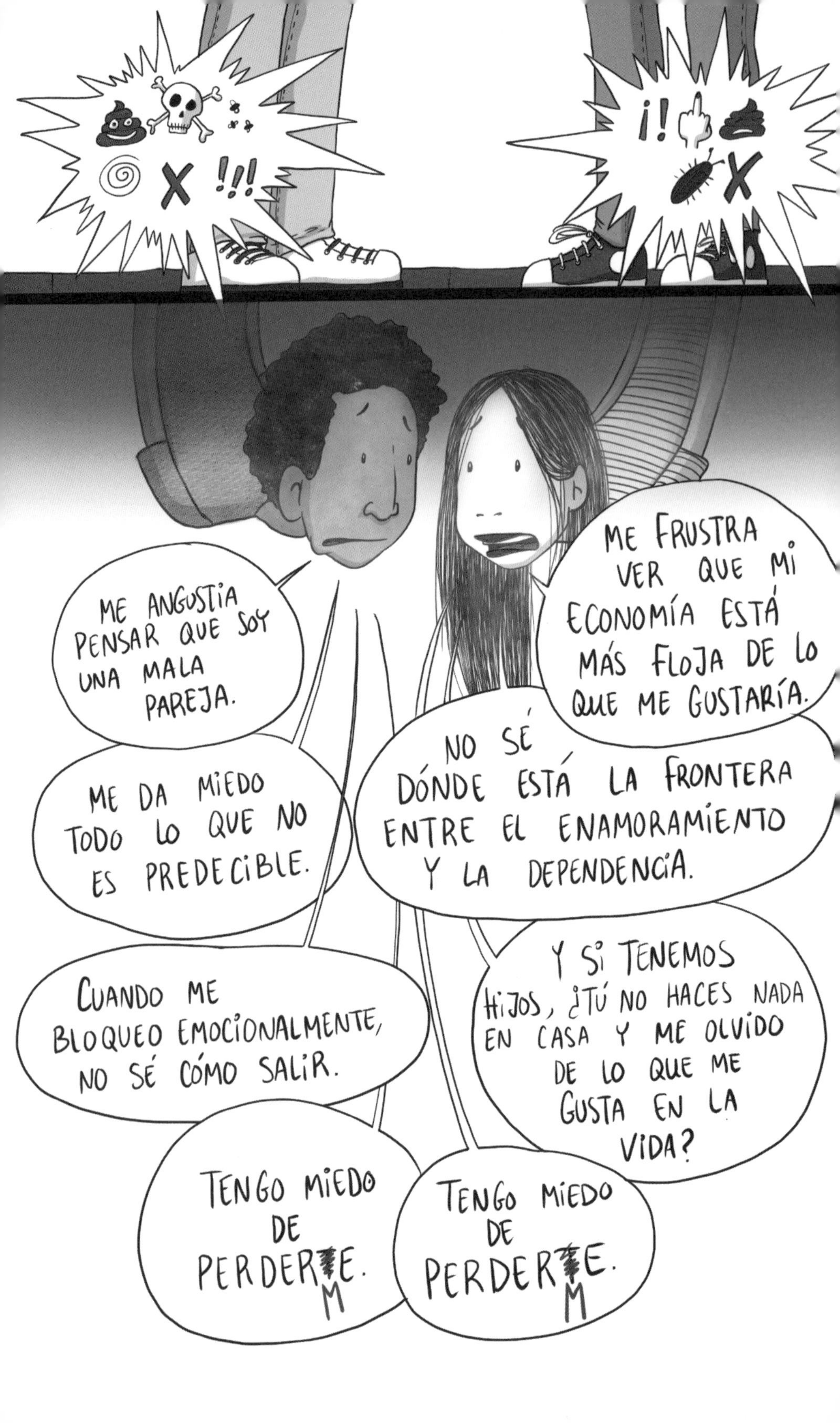
!!!
¡!
ME ANGUSTIA PENSAR QUE SOY UNA MALA PAREJA.
ME FRUSTRA VER QUE MI ECONOMÍA ESTÁ MÁS FLOJA DE LO QUE ME GUSTARÍA.
ME DA MIEDO TODO LO QUE NO ES PREDECIBLE.
NO SÉ DÓNDE ESTÁ LA FRONTERA ENTRE EL ENAMORAMIENTO Y LA DEPENDENCIA.
CUANDO ME BLOQUEO EMOCIONALMENTE, NO SÉ CÓMO SALIR.
Y SI TENEMOS HIJOS, ¿TÚ NO HACES NADA EN CASA Y ME OLVIDO DE LO QUE ME GUSTA EN LA VIDA?
TENGO MIEDO DE PERDER~~T~~E. M
TENGO MIEDO DE PERDER~~T~~E. M

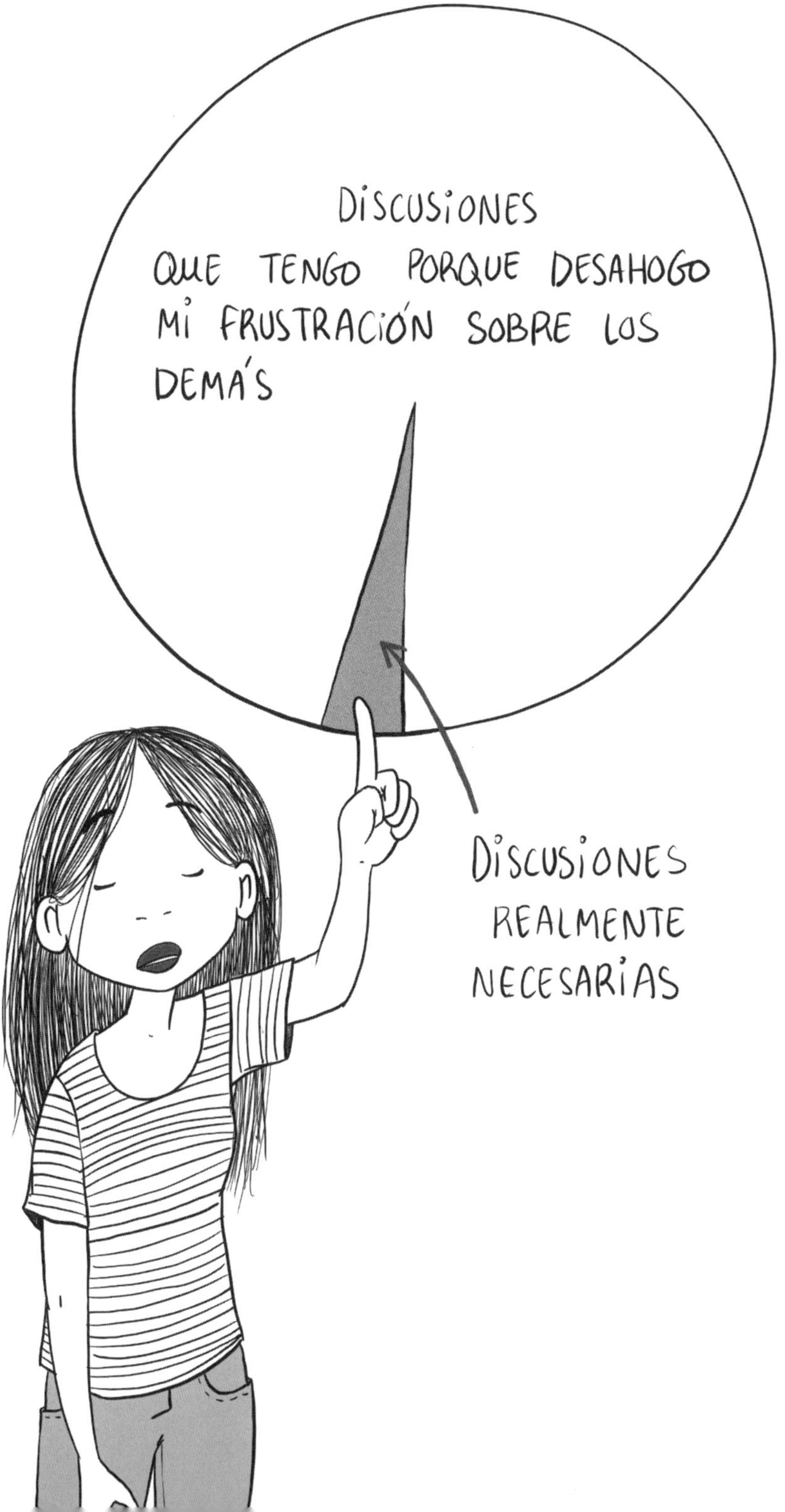
DISCUSIONES
QUE TENGO PORQUE DESAHOGO MI FRUSTRACIÓN SOBRE LOS DEMÁS
DISCUSIONES REALMENTE NECESARIAS

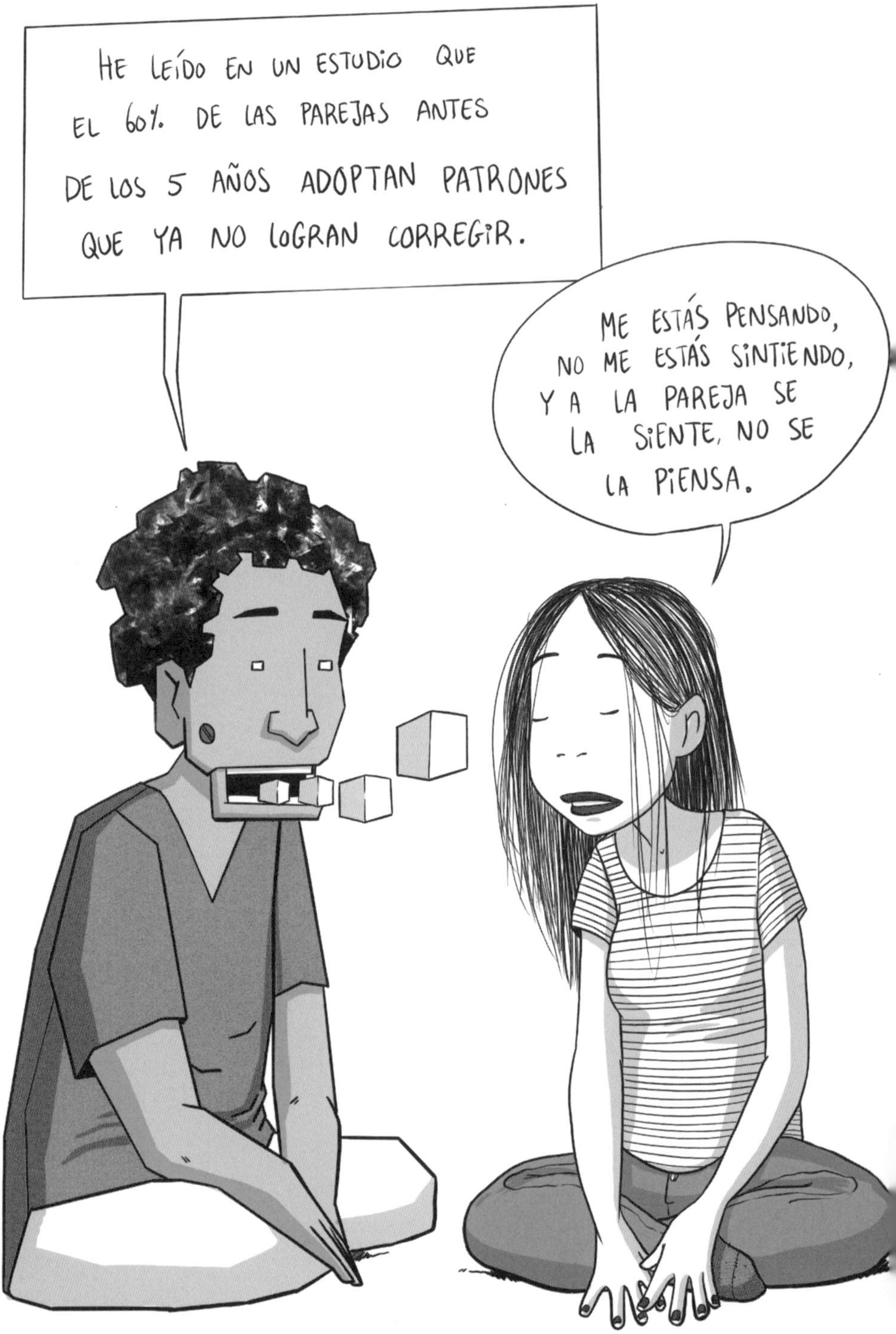
HE LEÍDO EN UN ESTUDIO QUE EL 60% DE LAS PAREJAS ANTES DE LOS 5 AÑOS ADOPTAN PATRONES QUE YA NO LOGRAN CORREGIR.
ME ESTÁS PENSANDO, NO ME ESTÁS SINTIENDO, Y A LA PAREJA SE LA SIENTE, NO SE LA PIENSA.

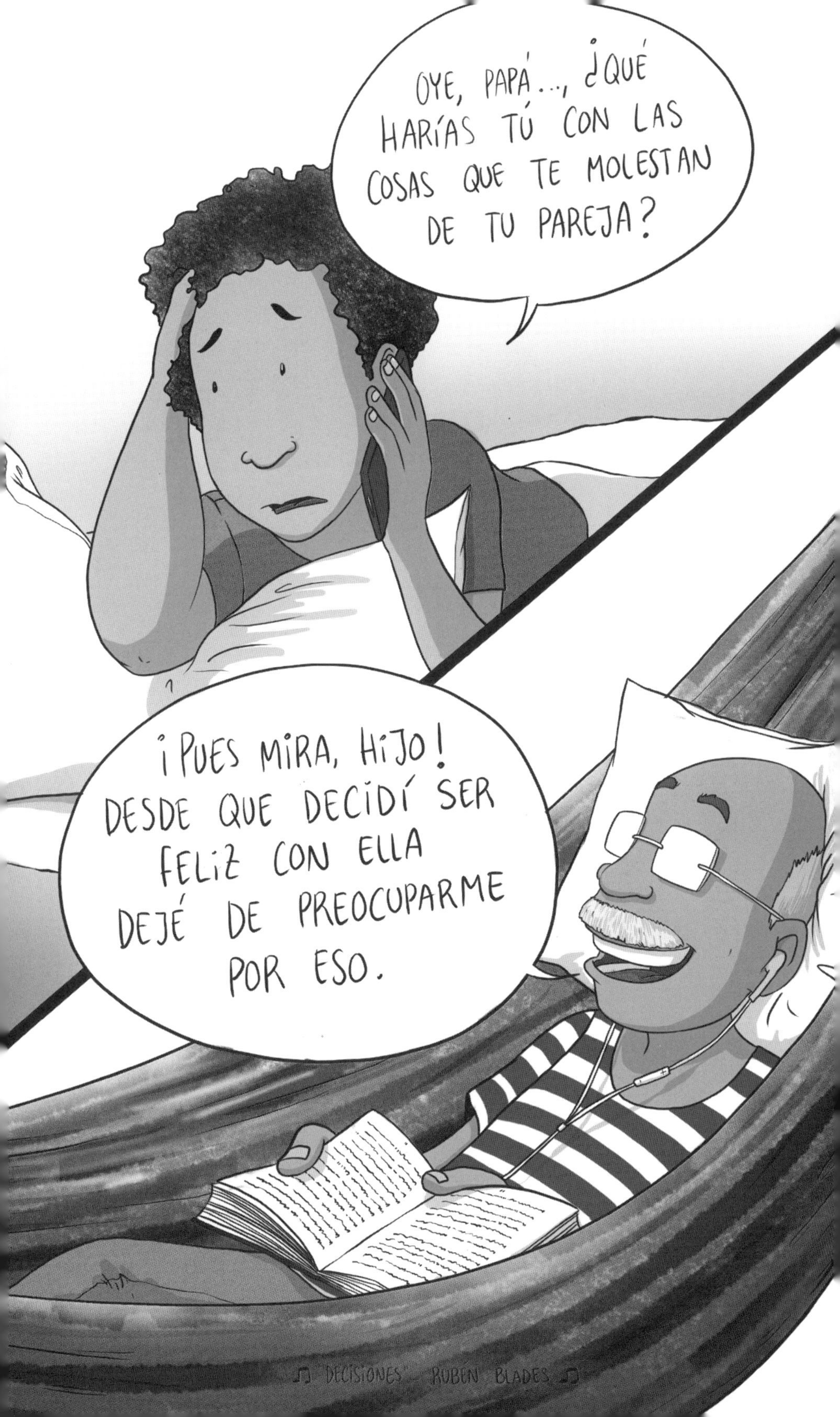

OYE, PAPÁ..., ¿QUÉ HARÍAS TÚ CON LAS COSAS QUE TE MOLESTAN DE TU PAREJA?
¡PUES MIRA, HIJO! DESDE QUE DECIDÍ SER FELIZ CON ELLA DEJÉ DE PREOCUPARME POR ESO.
♫ "DECISIONES" - RUBEN BLADES ♫

CURIOSAMENTE, UNO DE LOS MOMENTOS DE MÁS EMPODERAMIENTO DE MI VIDA FUE EL DÍA EN QUE ADMITÍ A MI PAREJA QUE ÉL NO ERA EL MALO Y YO LA BUENA.

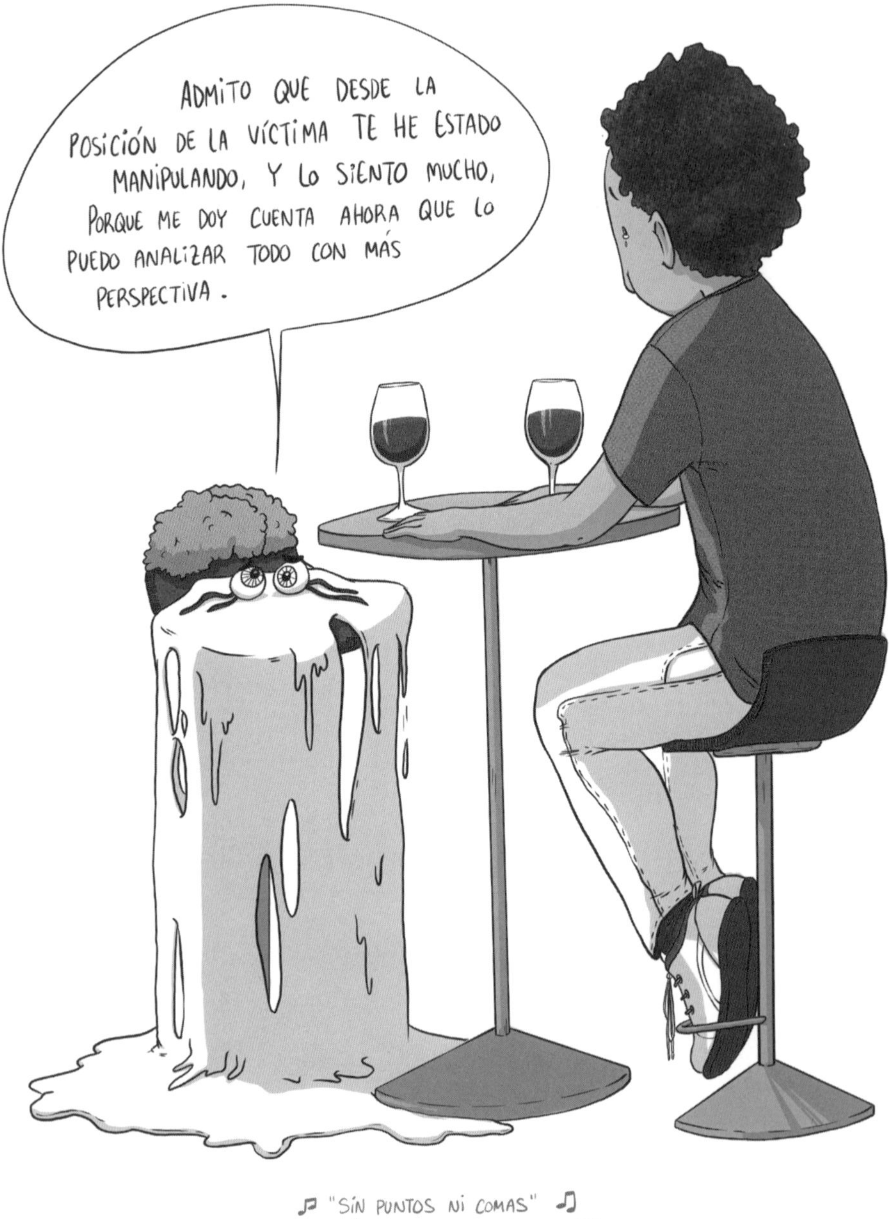
ADMITO QUE DESDE LA POSICIÓN DE LA VÍCTIMA TE HE ESTADO MANIPULANDO, Y LO SIENTO MUCHO, PORQUE ME DOY CUENTA AHORA QUE LO PUEDO ANALIZAR TODO CON MÁS PERSPECTIVA.

♫ "SIN PUNTOS NI COMAS" ♫
SÍLVIA PÉREZ CRUZ Y JORGE DREXLER

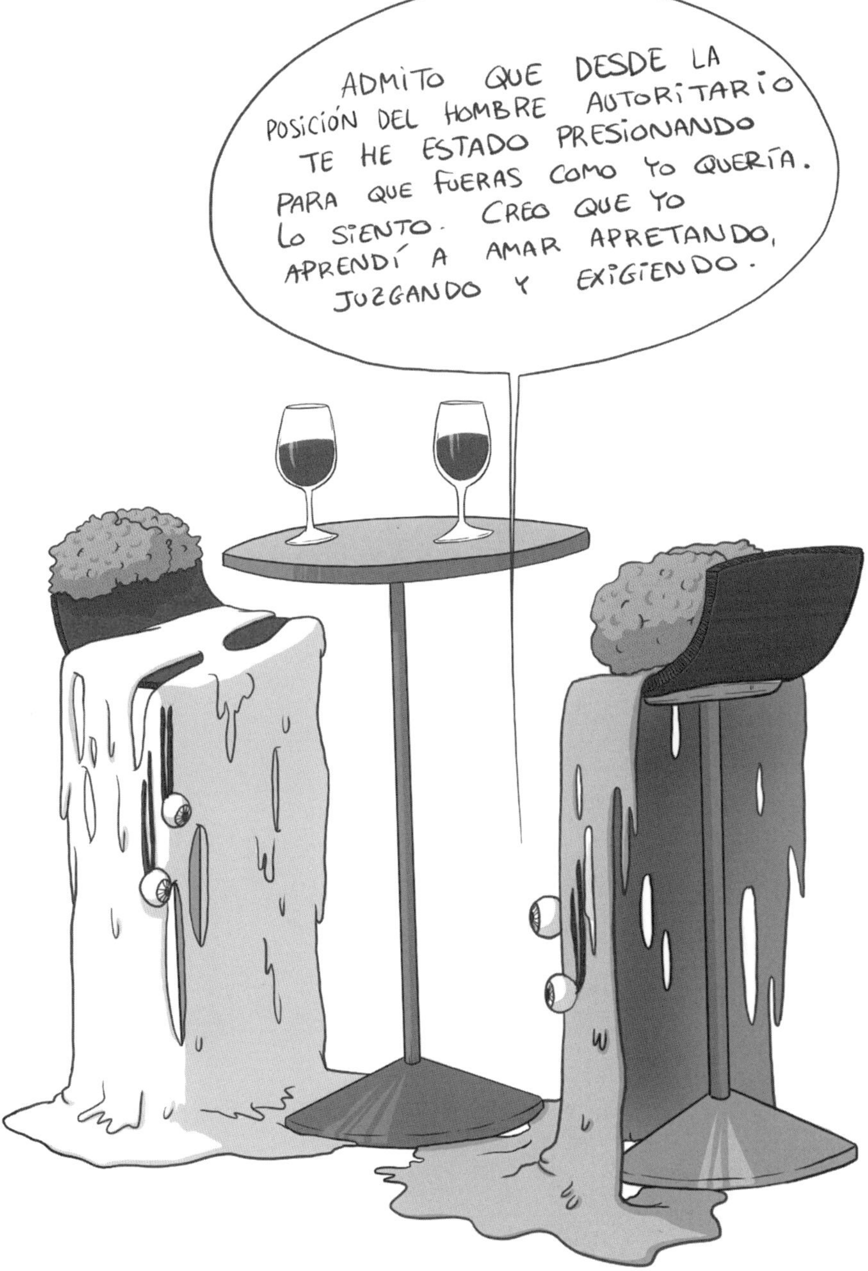
ADMITO QUE DESDE LA POSICIÓN DEL HOMBRE AUTORITARIO TE HE ESTADO PRESIONANDO PARA QUE FUERAS COMO YO QUERÍA. LO SIENTO. CREO QUE YO APRENDÍ A AMAR APRETANDO, JUZGANDO Y EXIGIENDO.

♫ "MY GIRL" - THE TEMPTATIONS ♫

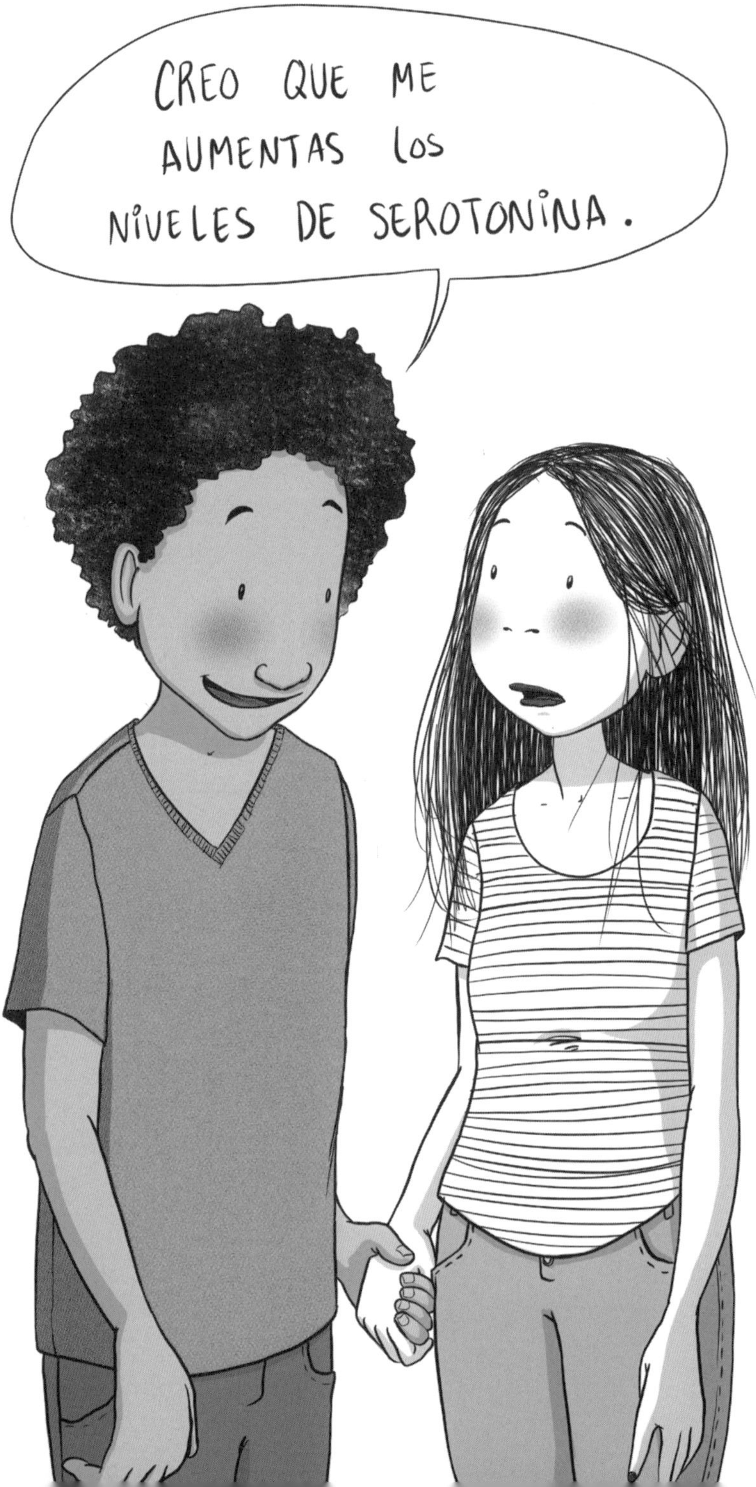

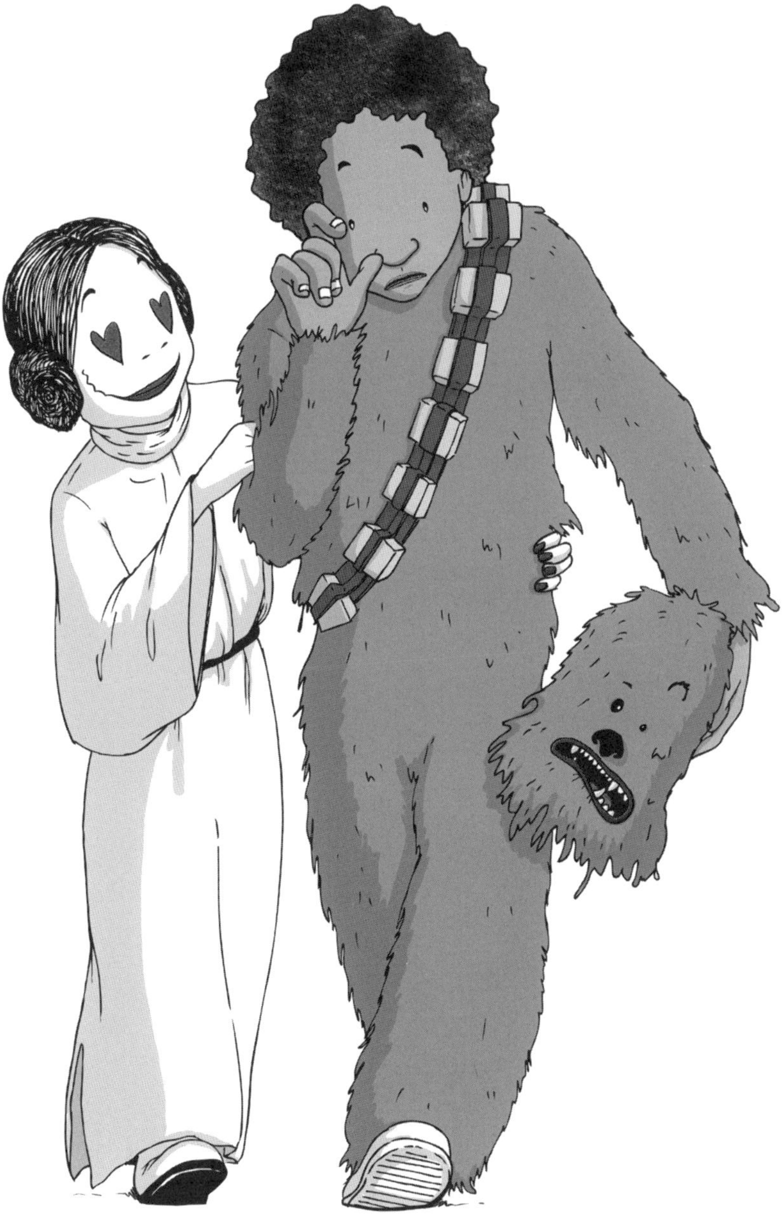

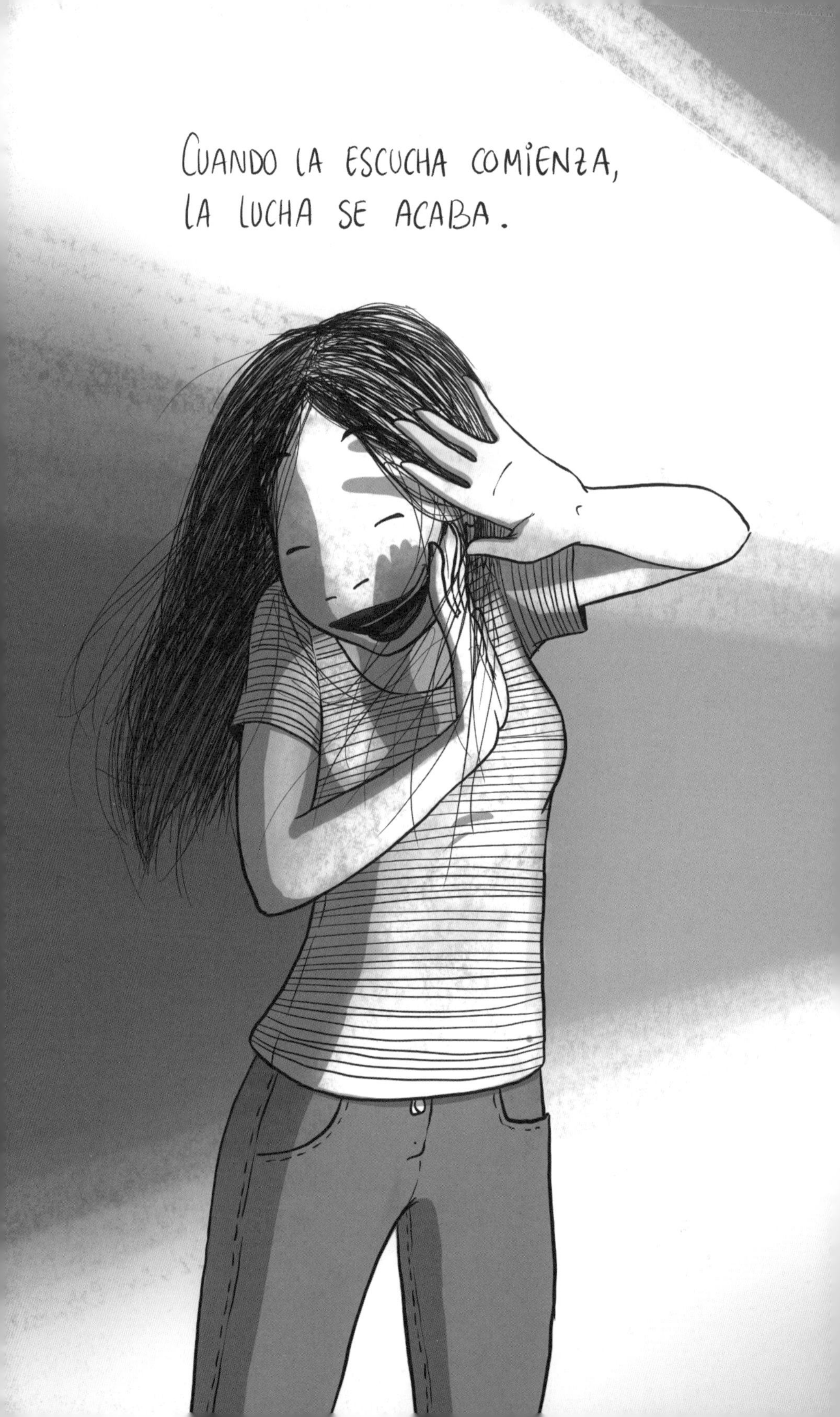
CUANDO LA ESCUCHA COMIENZA,
LA LUCHA SE ACABA.

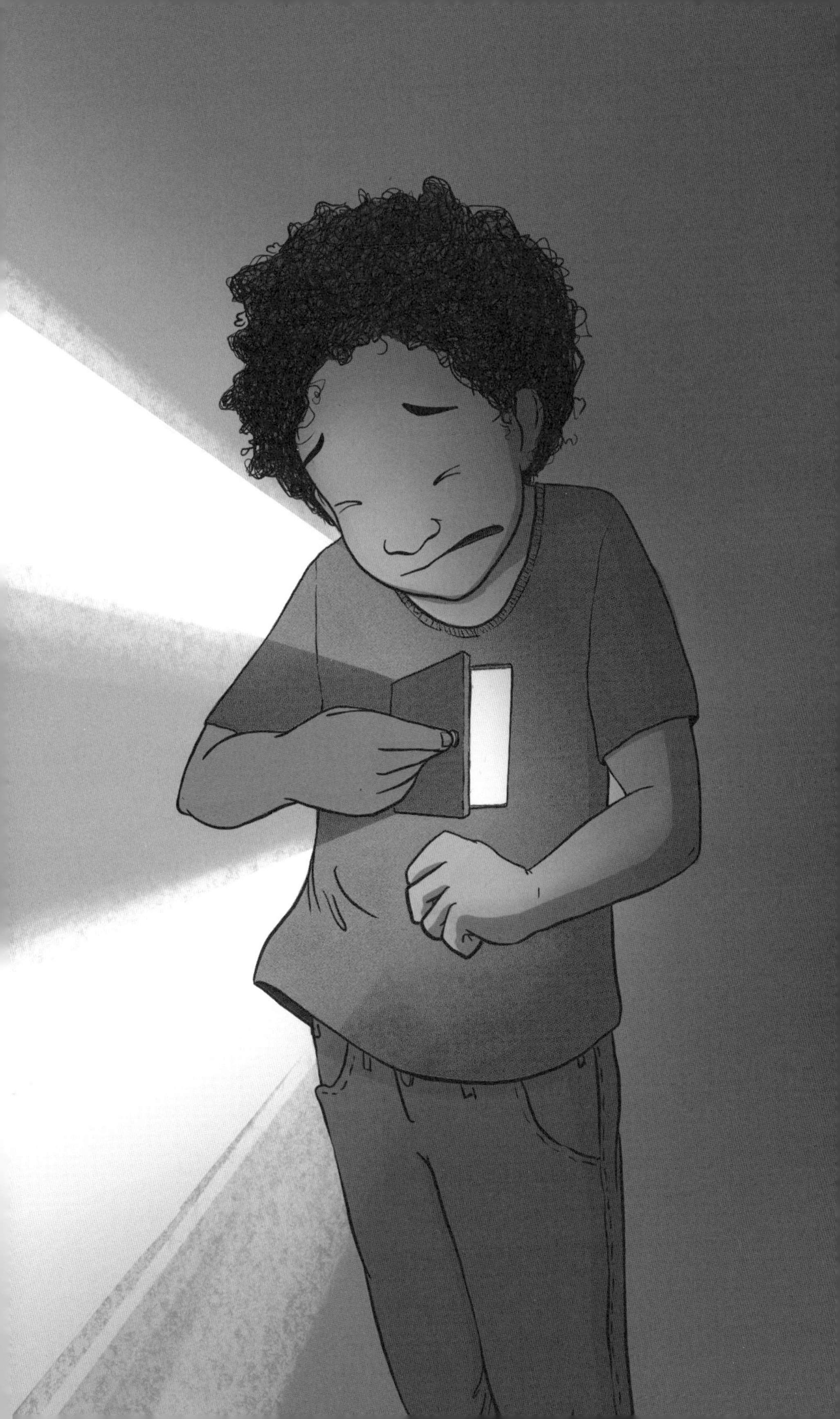

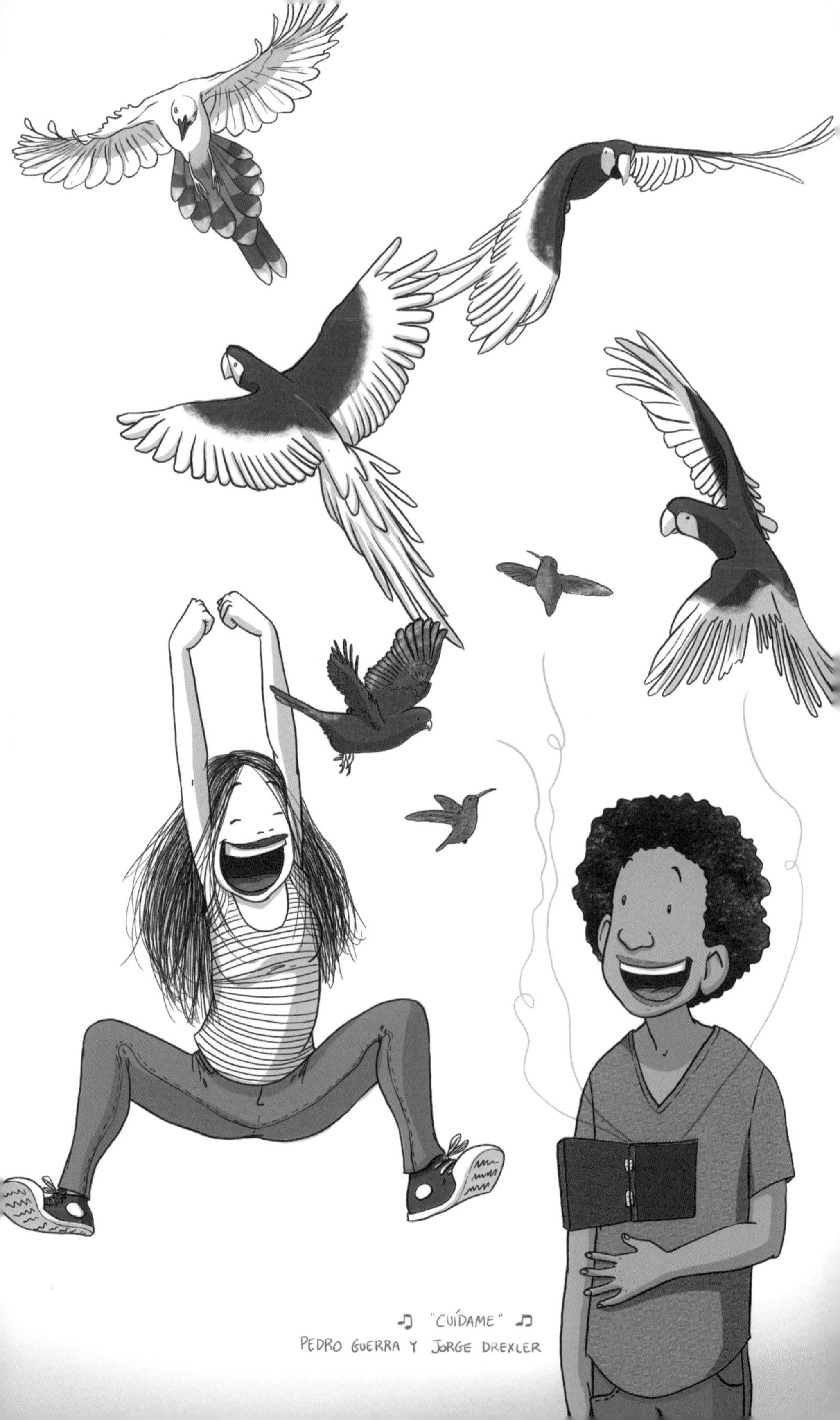

♫ "CUÍDAME" ♫
PEDRO GUERRA Y JORGE DREXLER

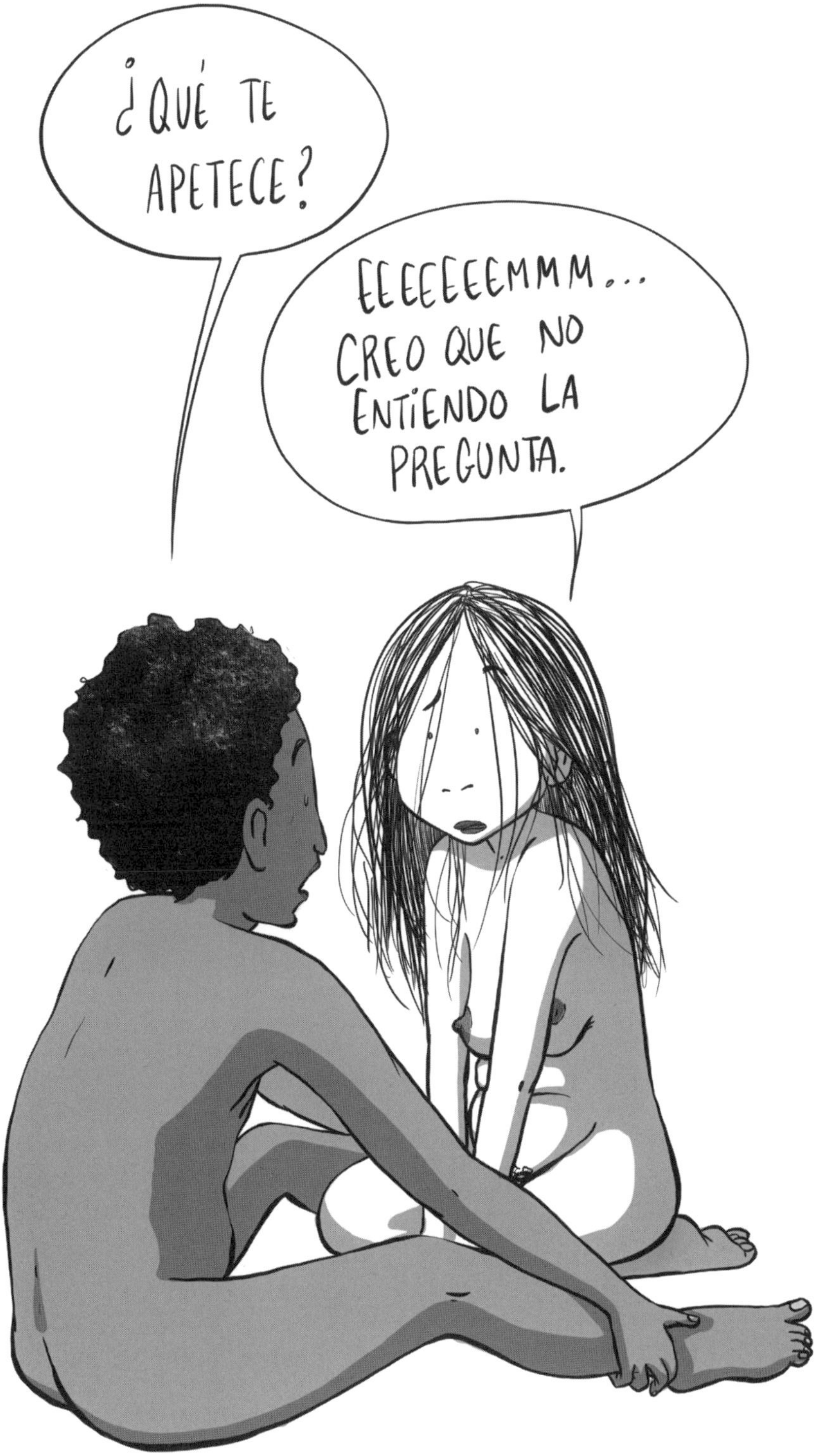
¿QUÉ TE APETECE?
EEEEEEEMMM... CREO QUE NO ENTIENDO LA PREGUNTA.

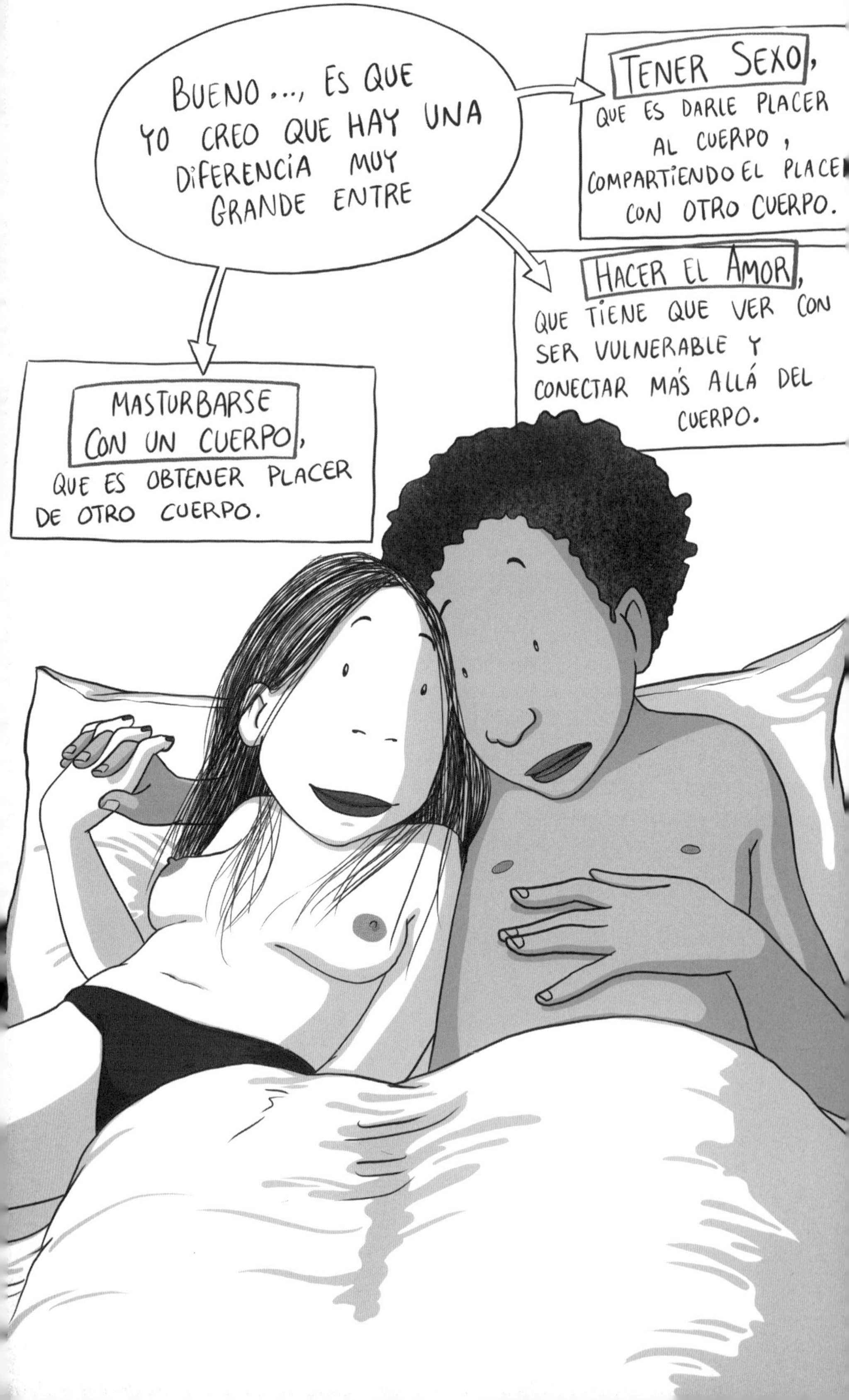
BUENO..., ES QUE YO CREO QUE HAY UNA DIFERENCIA MUY GRANDE ENTRE
TENER SEXO, QUE ES DARLE PLACER AL CUERPO, COMPARTIENDO EL PLACER CON OTRO CUERPO.
HACER EL AMOR, QUE TIENE QUE VER CON SER VULNERABLE Y CONECTAR MÁS ALLÁ DEL CUERPO.
MASTURBARSE CON UN CUERPO, QUE ES OBTENER PLACER DE OTRO CUERPO.

CUÉNTAME QUÉ TE GUSTA,
A QUÉ LE TIENES MIEDO,
QUÉ TE PROVOCA,
CUÁLES SON TUS LÍMITES
Y HASTA DÓNDE QUIERES LLEGAR.

♫ "QUI MÉS ESTIMA" - MISHIMA ♫

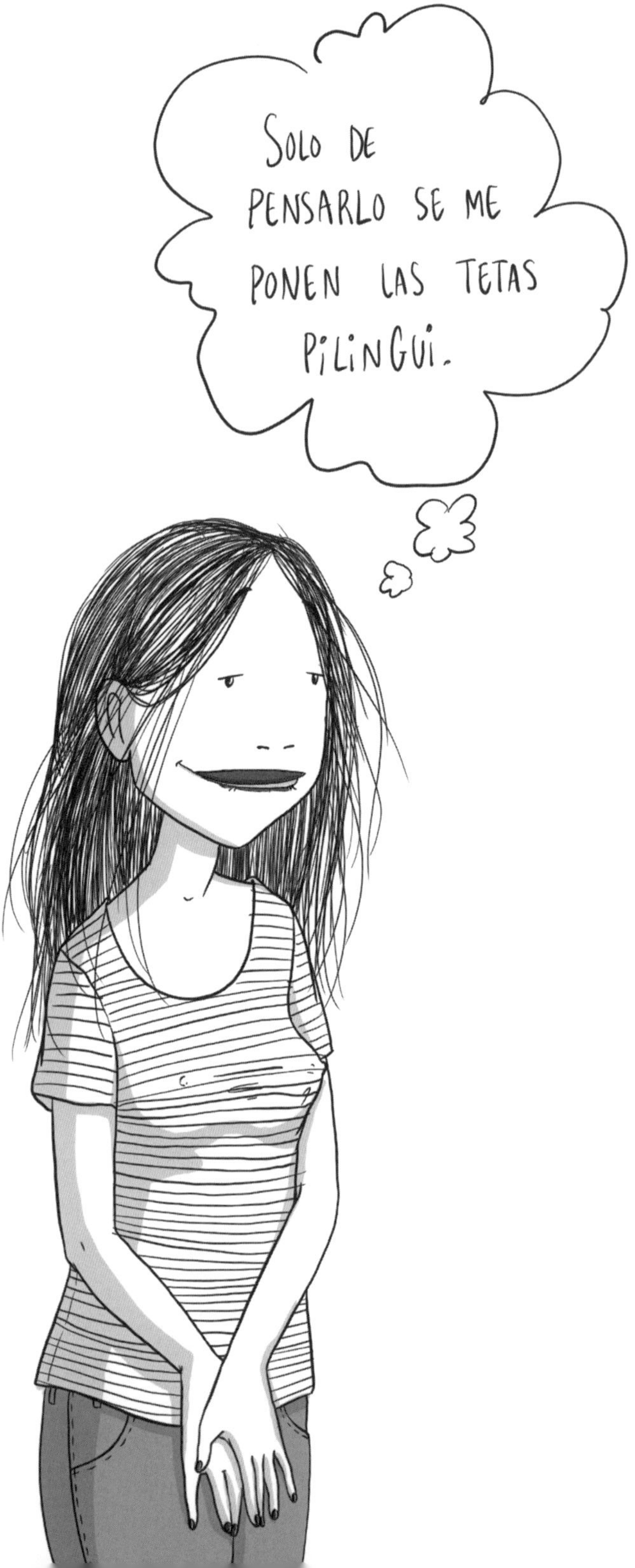
SOLO DE PENSARLO SE ME PONEN LAS TETAS PILINGUI.

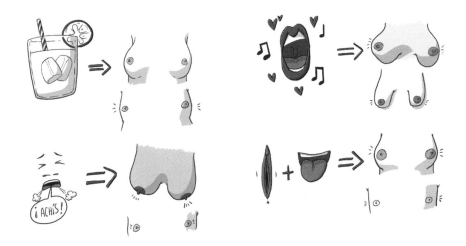

HAY MUCHAS COSAS QUE DAN

GUSTIRRININ

Y NOS PONEN LAS

TETAS PILINGUI.

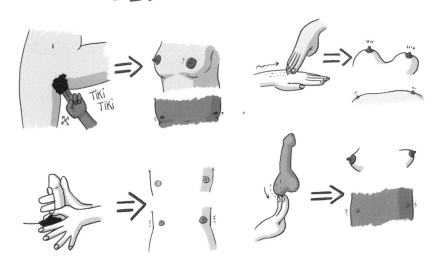

♫ "LITTLE LESS CONVERSATION" - ELVIS PRESLEY ♫
JXL RADIO EDIT REMIX

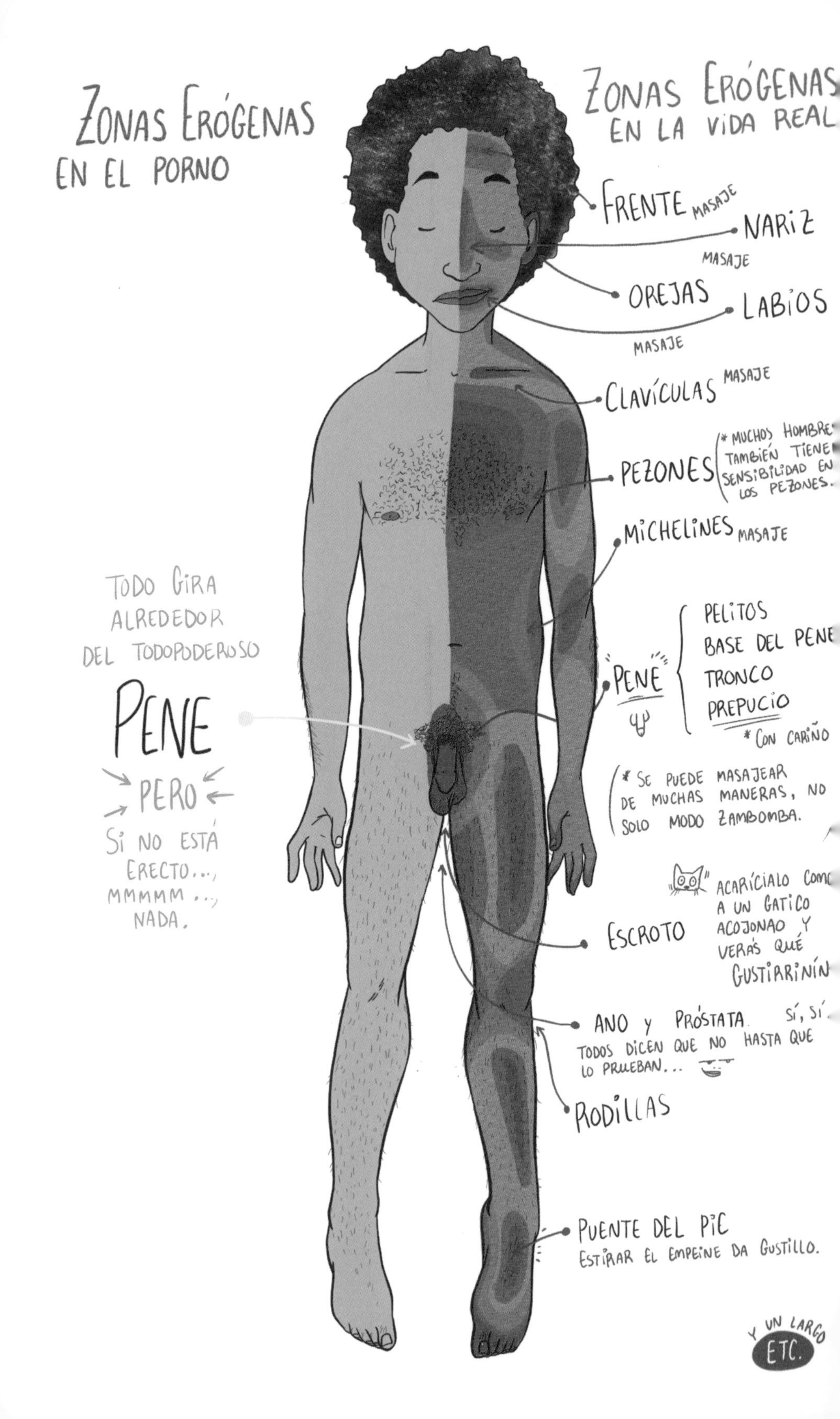
ZONAS ERÓGENAS EN EL PORNO
ZONAS ERÓGENAS EN LA VIDA REAL
FRENTE MASAJE
NARIZ
MASAJE
OREJAS
LABIOS
MASAJE
CLAVÍCULAS MASAJE
PEZONES
(* MUCHOS HOMBRE TAMBIÉN TIENE SENSIBILIDAD EN LOS PEZONES.
MICHELINES MASAJE
TODO GIRA ALREDEDOR DEL TODOPODEROSO
PENE
PERO
SÍ NO ESTÁ ERECTO..., MMMMM..., NADA.
PENE
PELITOS
BASE DEL PENE
TRONCO
PREPUCIO
* CON CARIÑO
(* SE PUEDE MASAJEAR DE MUCHAS MANERAS, NO SOLO MODO ZAMBOMBA.
ESCROTO
ACARÍCIALO COMC A UN GATICO ACOJONAO Y VERÁS QUÉ GUSTIRRINÍN
ANO Y PRÓSTATA. SÍ, SÍ. TODOS DICEN QUE NO HASTA QUE LO PRUEBAN...
RODILLAS
PUENTE DEL PIE
ESTIRAR EL EMPEINE DA GUSTILLO.
Y UN LARGO ETC.

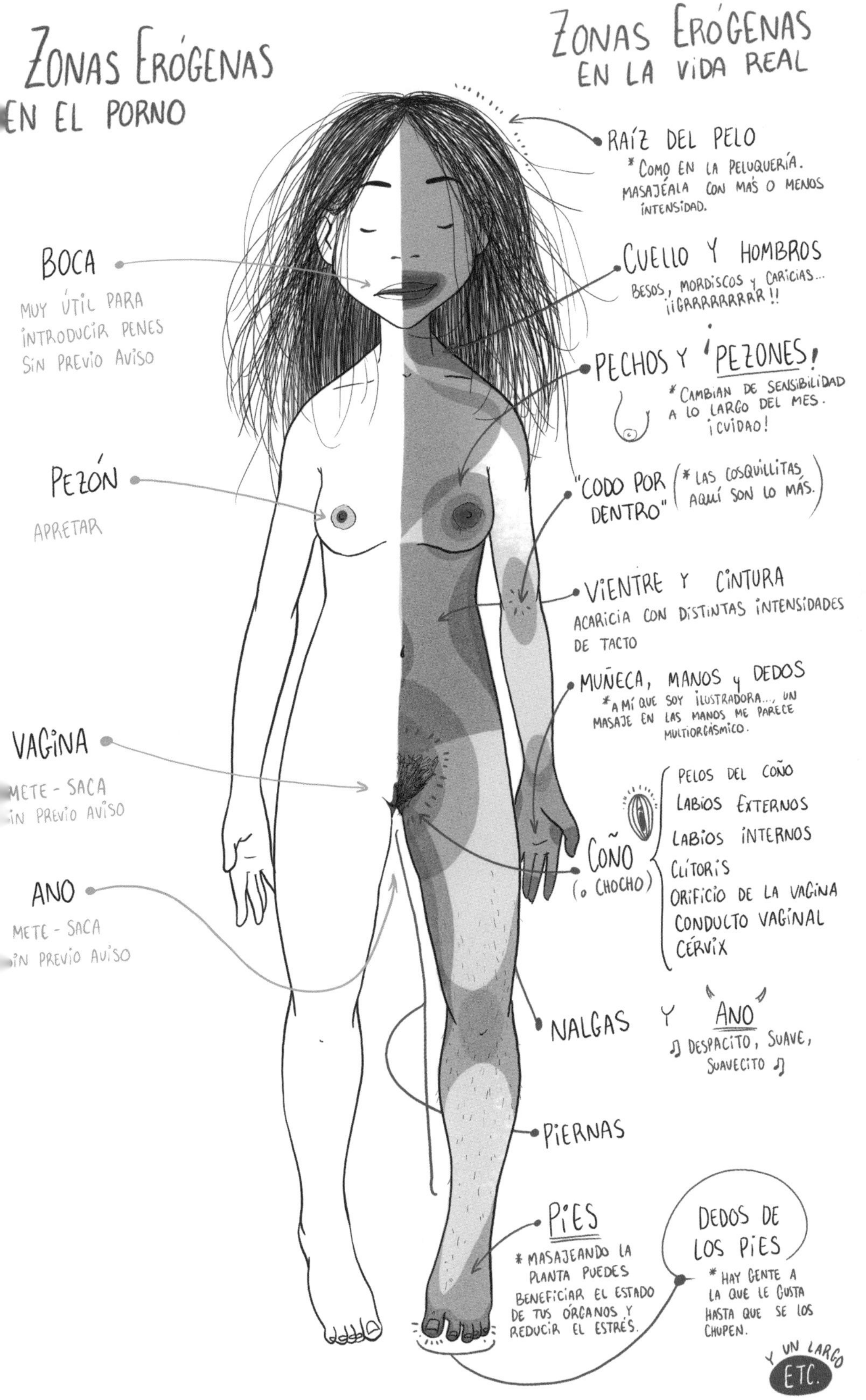

ZONAS ERÓGENAS EN EL PORNO
ZONAS ERÓGENAS EN LA VIDA REAL
BOCA
MUY ÚTIL PARA INTRODUCIR PENES SIN PREVIO AVISO
PEZÓN
APRETAR
VAGINA
METE - SACA SIN PREVIO AVISO
ANO
METE - SACA SIN PREVIO AVISO
RAÍZ DEL PELO
* COMO EN LA PELUQUERÍA. MASAJÉALA CON MÁS O MENOS INTENSIDAD.
CUELLO Y HOMBROS
BESOS, MORDISCOS Y CARICIAS... ¡¡GRRRRRRRRR!!
PECHOS Y ¡PEZONES!
* CAMBIAN DE SENSIBILIDAD A LO LARGO DEL MES. ¡CUIDAO!
"CODO POR DENTRO"
(* LAS COSQUILLITAS AQUÍ SON LO MÁS.)
VIENTRE Y CINTURA
ACARICIA CON DISTINTAS INTENSIDADES DE TACTO
MUÑECA, MANOS Y DEDOS
* A MÍ QUE SOY ILUSTRADORA..., UN MASAJE EN LAS MANOS ME PARECE MULTIORGÁSMICO.
COÑO (O CHOCHO)
PELOS DEL COÑO
LABIOS EXTERNOS
LABIOS INTERNOS
CLÍTORIS
ORIFICIO DE LA VAGINA
CONDUCTO VAGINAL
CÉRVIX
NALGAS Y ANO
♫ DESPACITO, SUAVE, SUAVECITO ♫
PIERNAS
PIES
* MASAJEANDO LA PLANTA PUEDES BENEFICIAR EL ESTADO DE TUS ÓRGANOS Y REDUCIR EL ESTRÉS.
DEDOS DE LOS PIES
* HAY GENTE A LA QUE LE GUSTA HASTA QUE SE LOS CHUPEN.
Y UN LARGO ETC.

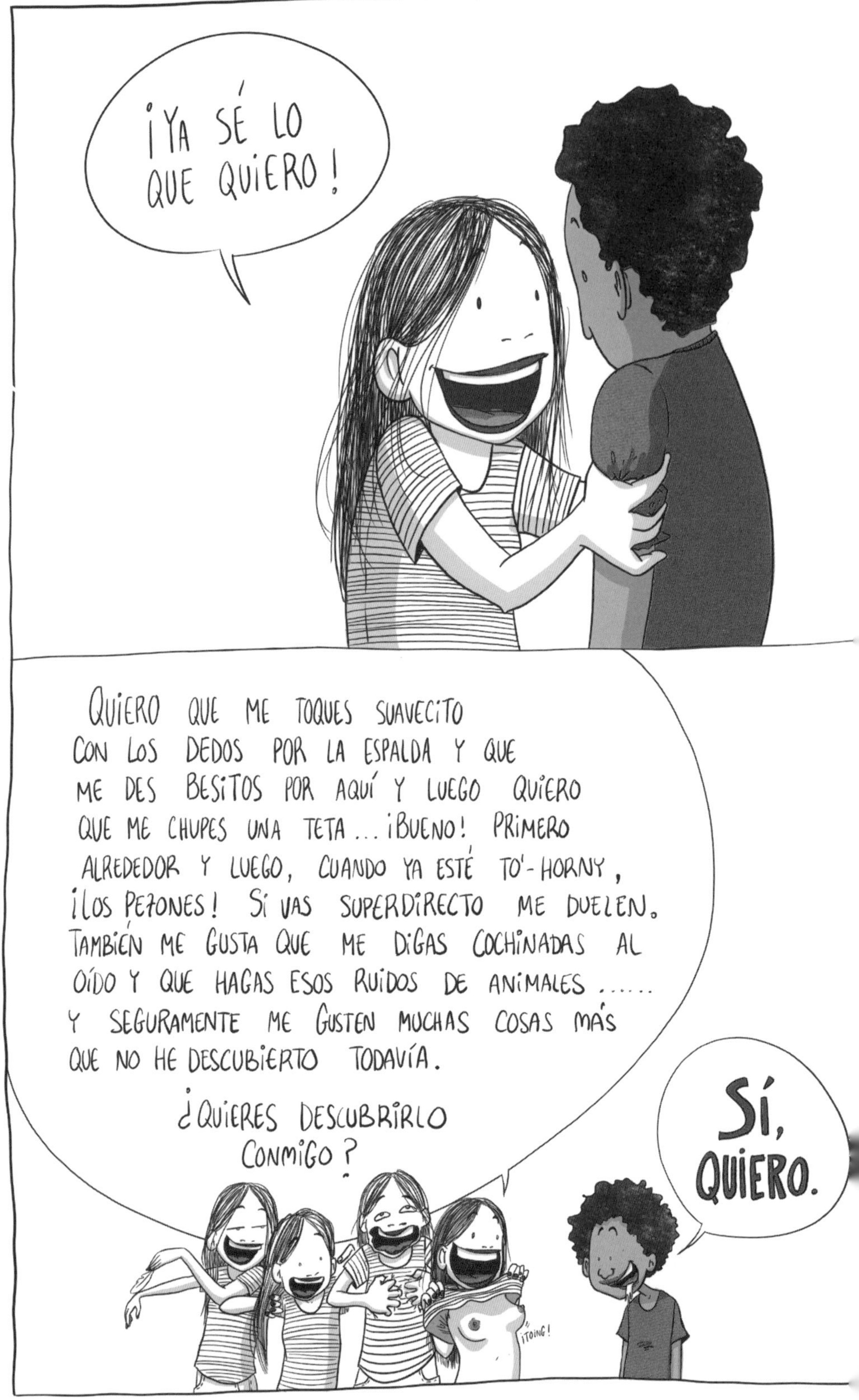
¡YA SÉ LO QUE QUIERO!
QUIERO QUE ME TOQUES SUAVECITO CON LOS DEDOS POR LA ESPALDA Y QUE ME DES BESITOS POR AQUÍ Y LUEGO QUIERO QUE ME CHUPES UNA TETA... ¡BUENO! PRIMERO ALREDEDOR Y LUEGO, CUANDO YA ESTÉ TO'-HORNY, ¡LOS PEZONES! SI VAS SUPERDIRECTO ME DUELEN. TAMBIÉN ME GUSTA QUE ME DIGAS COCHINADAS AL OÍDO Y QUE HAGAS ESOS RUIDOS DE ANIMALES...... Y SEGURAMENTE ME GUSTEN MUCHAS COSAS MÁS QUE NO HE DESCUBIERTO TODAVÍA.
¿QUIERES DESCUBRIRLO CONMIGO?
¡TOING!
SÍ, QUIERO.

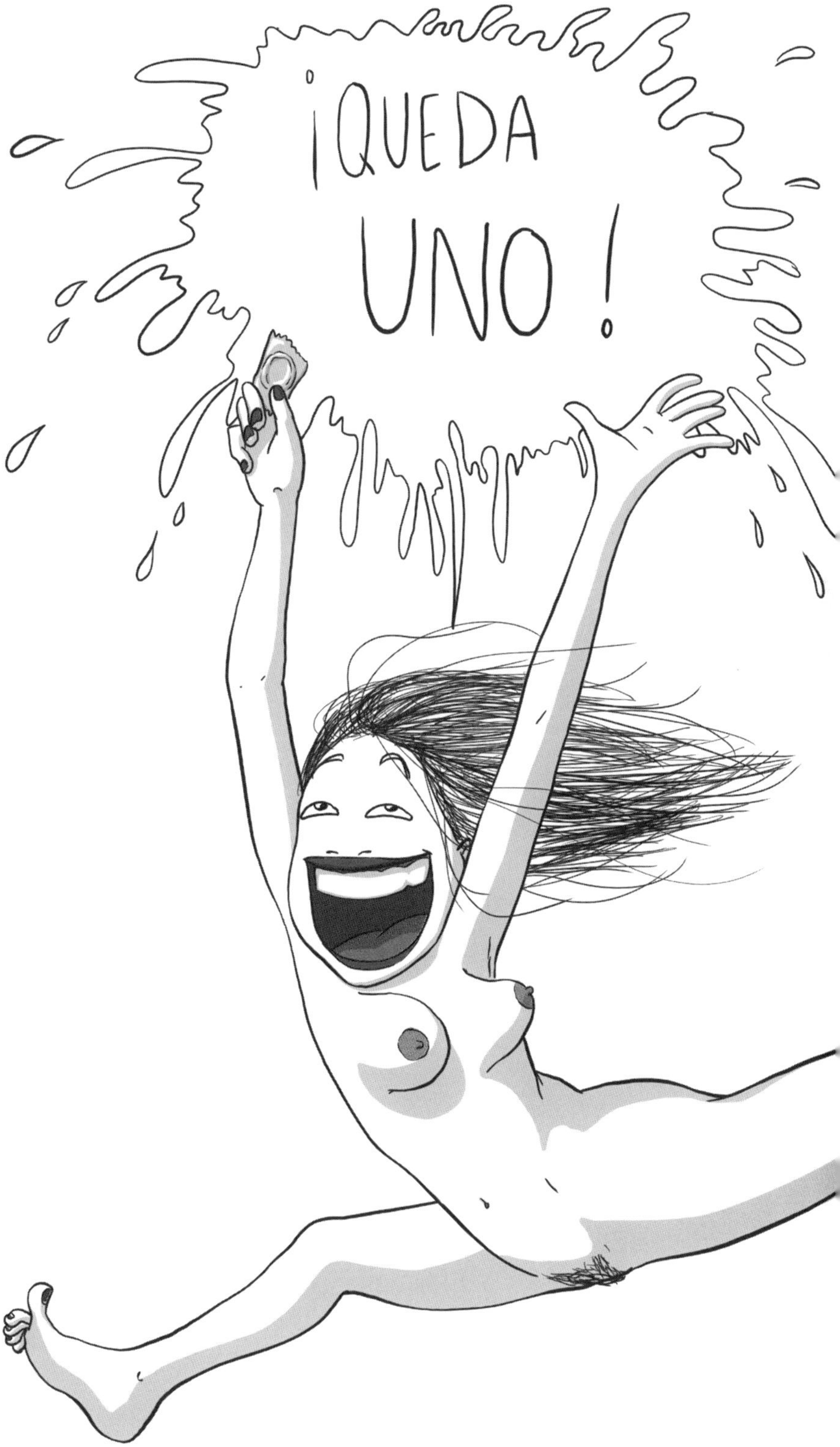
¡QUEDA UNO!

♫ "CÓMEME" - MARIO DÍAZ Y CHAMBAO ♫

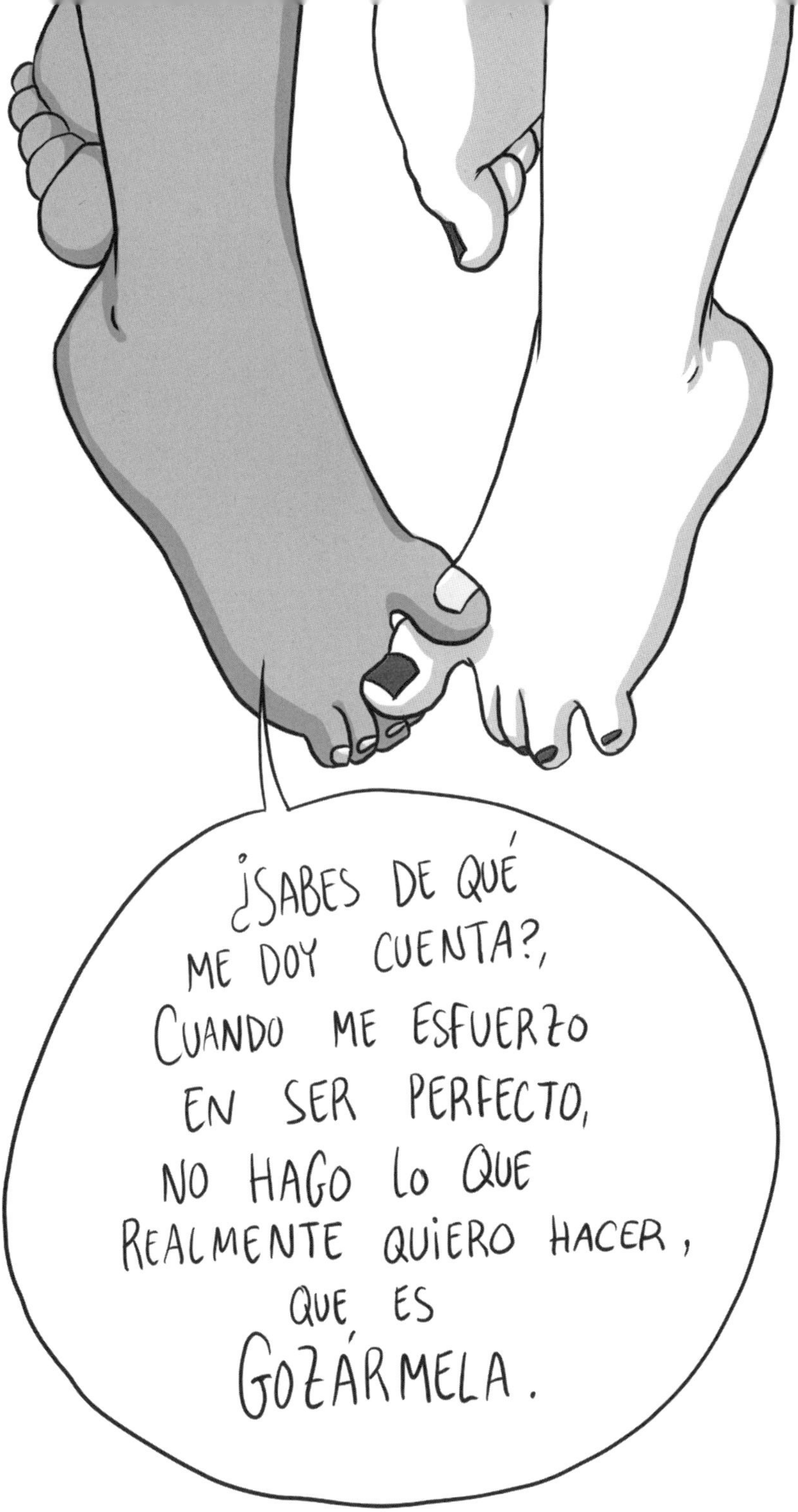
¿SABES DE QUÉ ME DOY CUENTA?, CUANDO ME ESFUERZO EN SER PERFECTO, NO HAGO LO QUE REALMENTE QUIERO HACER, QUE ES GOZÁRMELA.

♫ "ALMA, CORAZÓN Y VIDA" - LOS PANCHOS ♫

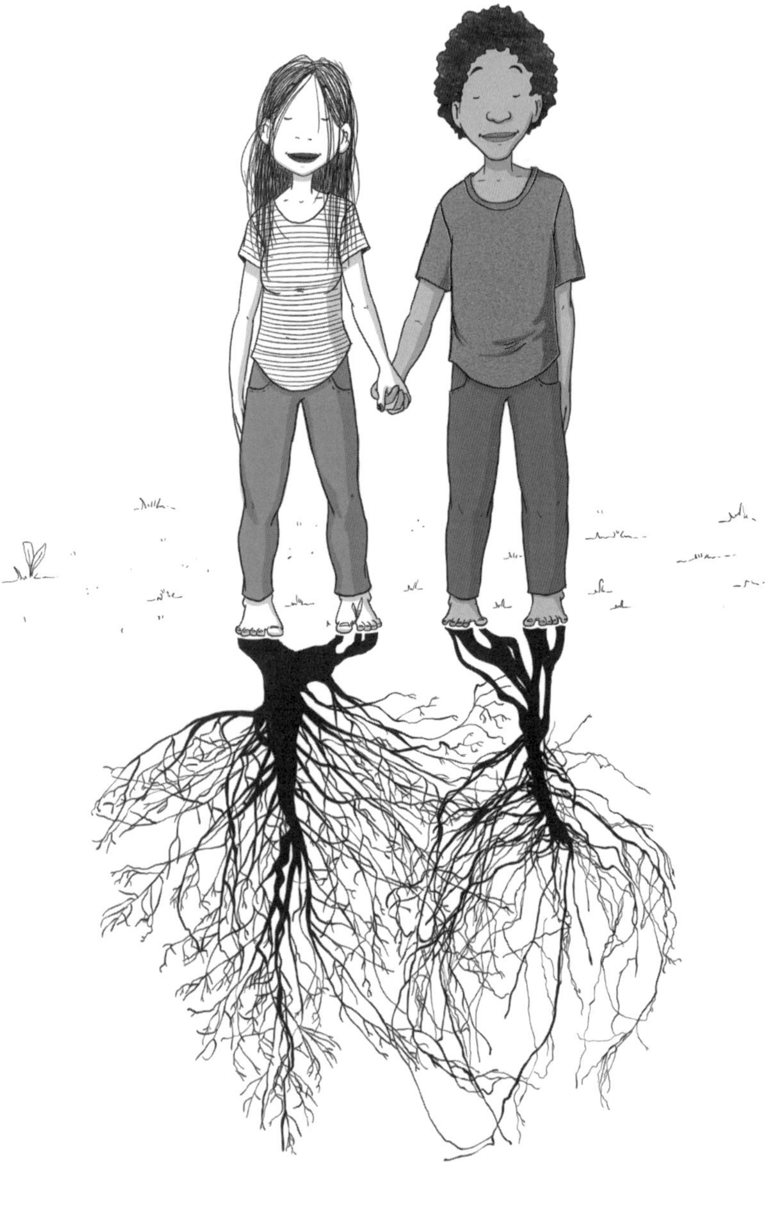

♫ "OJO POR DIENTE" - KLAUS & KINSKI ♫

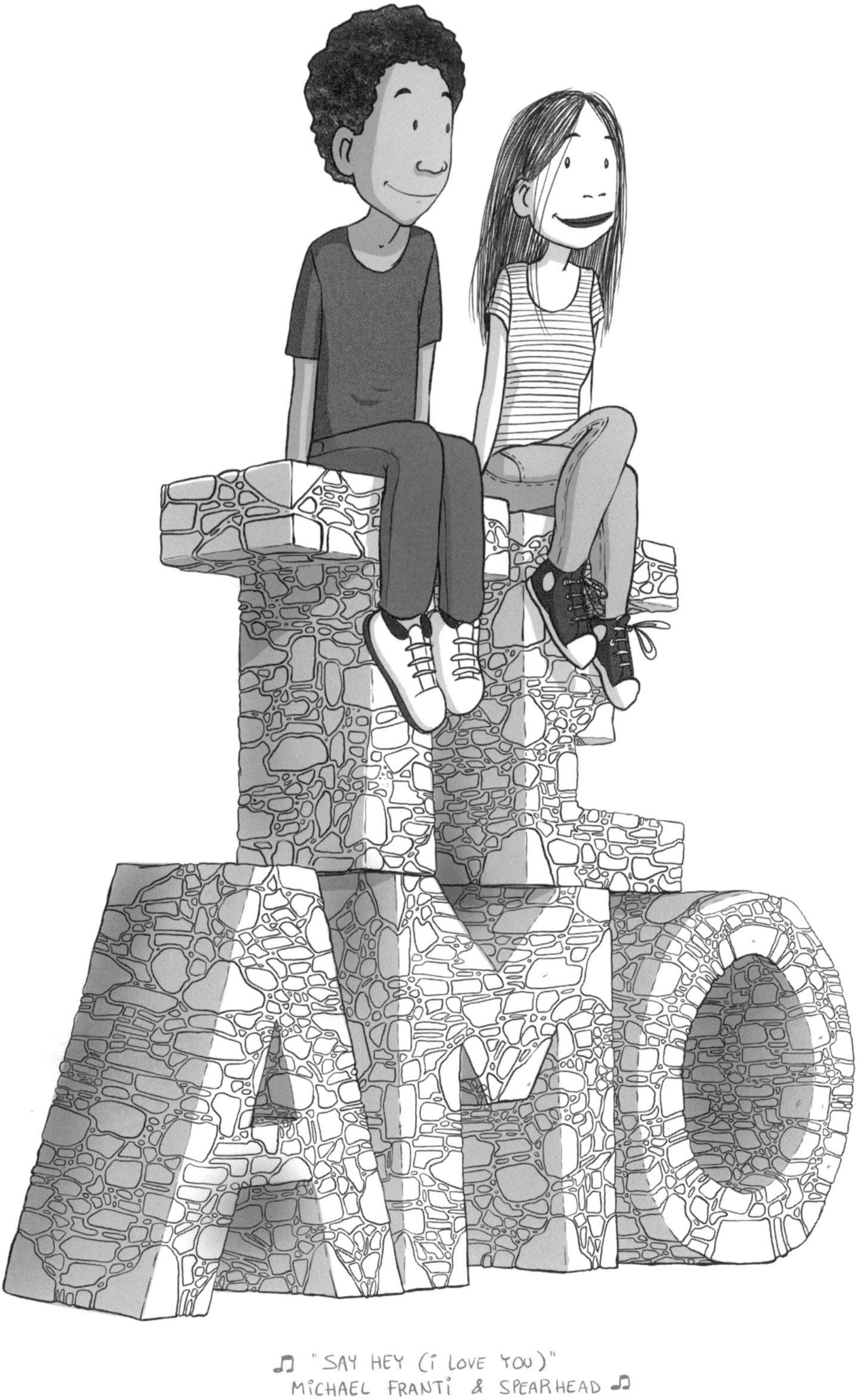
TE
AMO

♫ "SAY HEY (I LOVE YOU)"
MICHAEL FRANTI & SPEARHEAD ♫

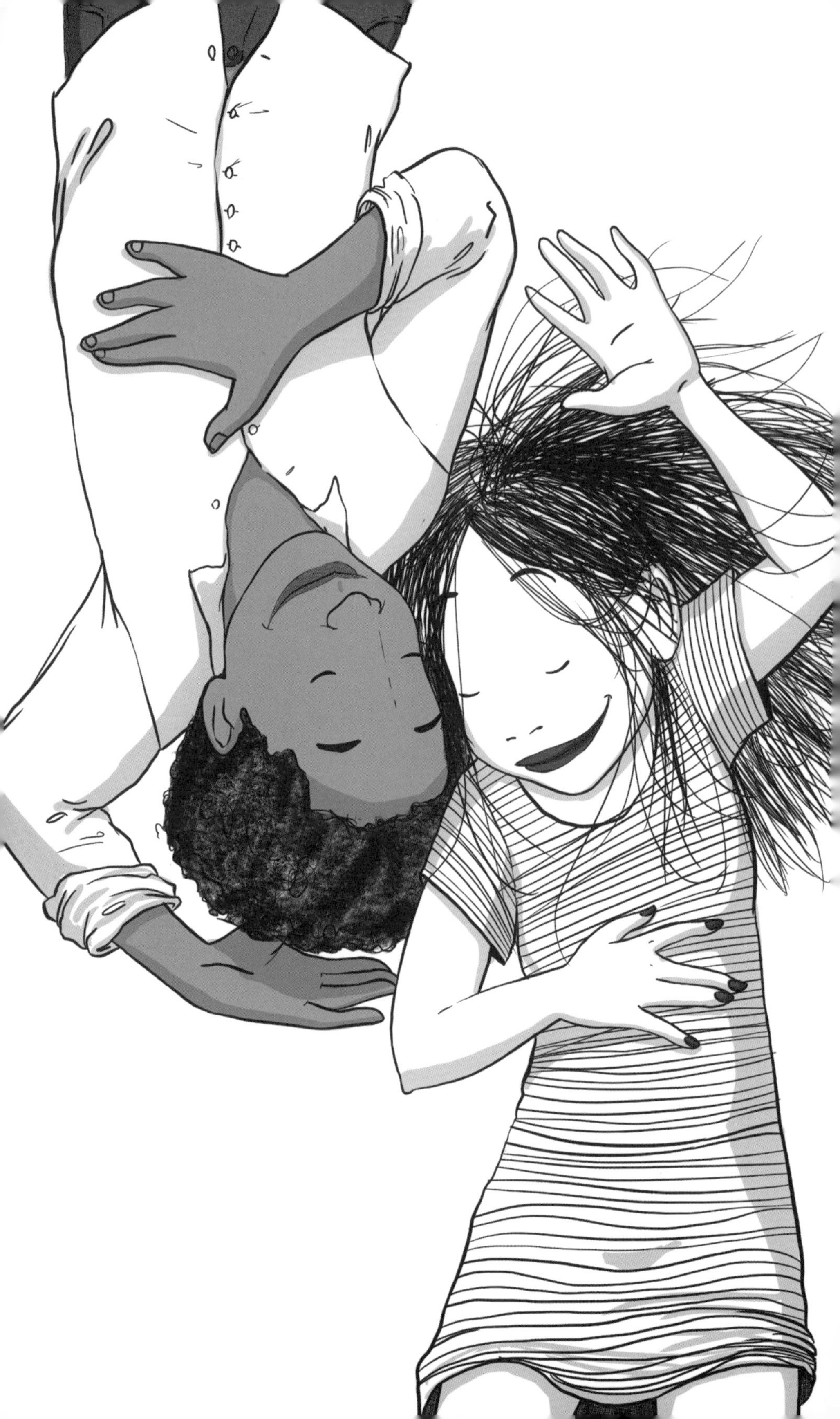

CUIDAR

ES RECONOCER EL VALOR.

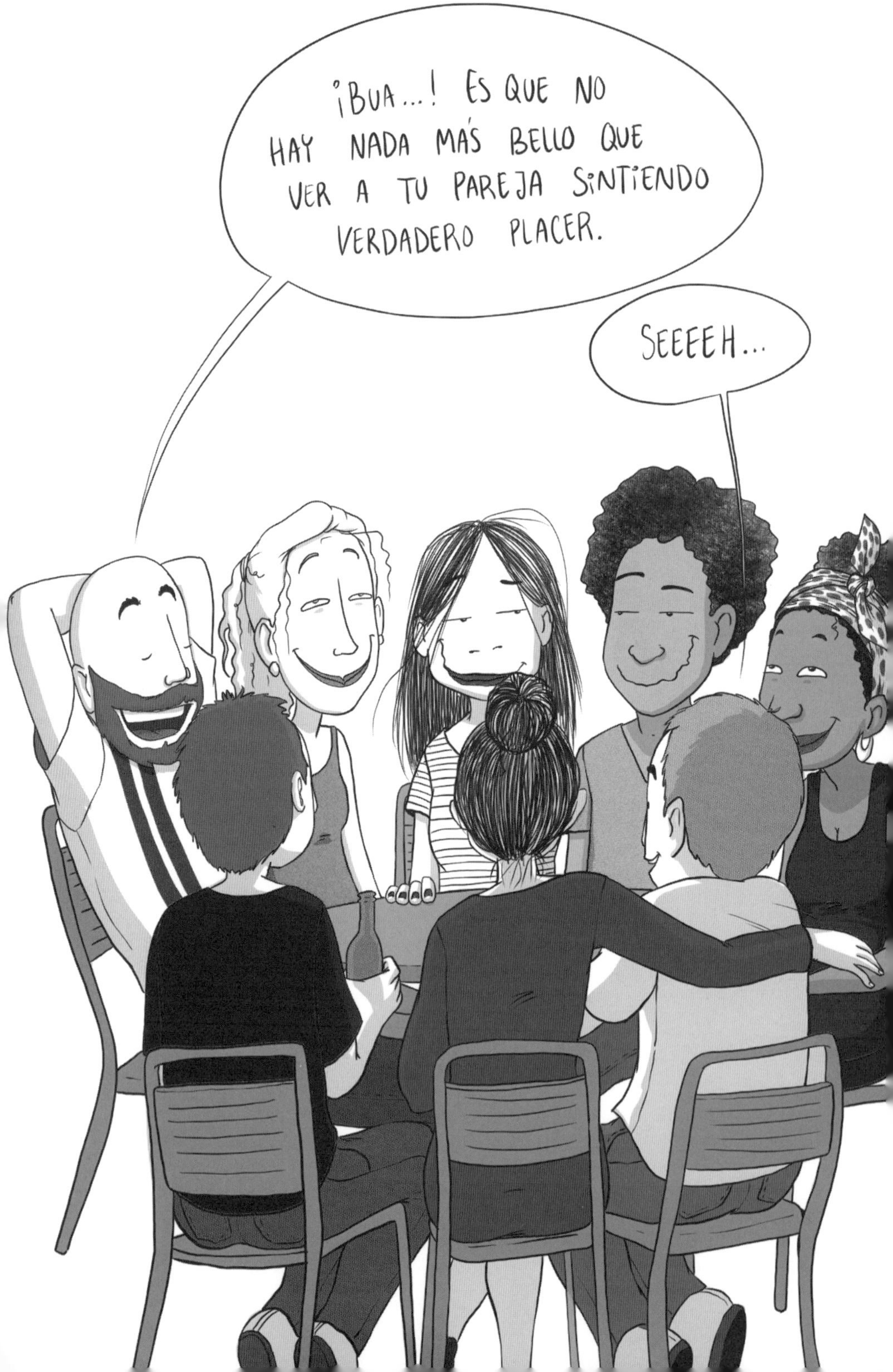
¡BUA...! ES QUE NO HAY NADA MÁS BELLO QUE VER A TU PAREJA SINTIENDO VERDADERO PLACER.
SEEEEH...

ES LA HERIDA LA QUE NOS HACE
SER MEJORES PERSONAS. POR
ESO HAY QUE ENCONTRARLA.

SER CONSCIENTE DE DÓNDE
TENGO MIS HERIDAS ME HACE
SENTIR MÁS LIBRE.
  SON ELLAS TAMBIÉN LAS QUE ME
CONSTRUYERON.

♫ "LO INNOMBRABLE" ♫
MARTA GÓMEZ Y RAQUEL RIBA ROSSY ← SOY YO ♥

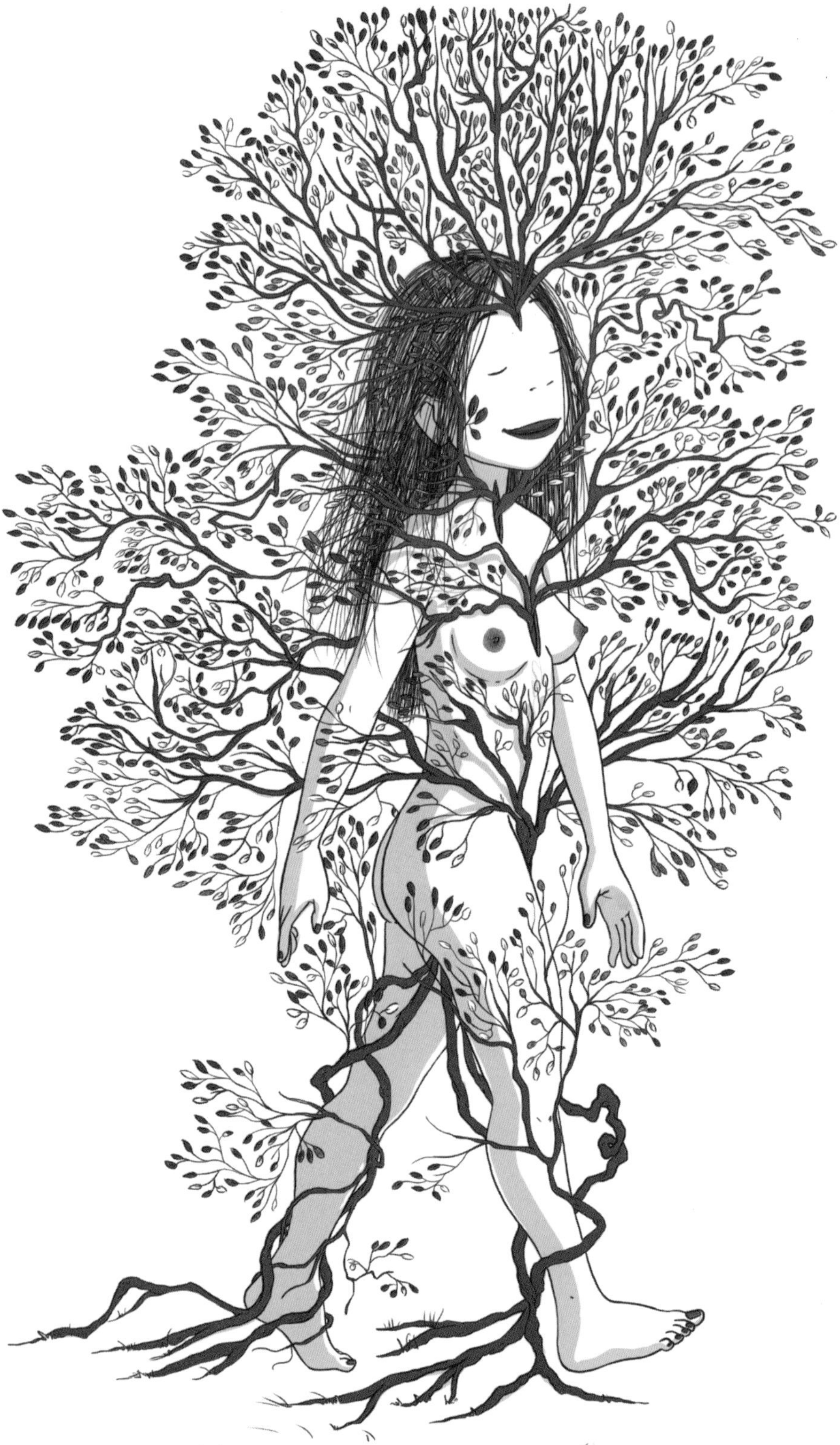

♫ "ALMA DE CANTAORA" – AMPARO SÁNCHEZ ♫

ME DISCULPO, SIENTO HABER ACTUADO CON VIOLENCIA CONTRA LA VIOLENCIA. TODO A LO QUE SE ATACA TARDE O TEMPRANO SE DEFIENDE, Y LA QUE UN DÍA FUE VÍCTIMA PUEDE SER AGRESORA EN DEFENSA PROPIA SI NO RECIBE APOYO. YO ROMPO CON ESE CÍRCULO VICIOSO.

JUSTIFICAR LA VIOLENCIA QUE YO EJERZO DESDE MI POSTURA DE VÍCTIMA ME CANSA Y ME DESEMPODERA. ME COMPROMETO A TRABAJARME PARA QUE LA VIOLENCIA NO SEA UNA SOLUCIÓN PARA MÍ.

SER HUMANO

"ES DEBER DEL ~~HOMBRE~~, MIENTRAS
VIVA, HACER EL BIEN A TODOS
CUANTOS PUEDA PARA QUE ASÍ
LA HUMANIDAD REBELDE Y DESDICHADA,
DE TANTO SER AMADA Y PERDONADA,
APRENDA A AMAR Y A PERDONAR."
— JULIO ARBOLEDA —

*ESTA FRASE ME LA DIJO
MI SUEGRO, ROBIN BIOJÓ,
UNOS DÍAS ANTES DE TERMINAR
ESTE LIBRO. GRACIAS. ♥

♪ "HEAL THE WORLD" - MICHAEL JACKSON ♪

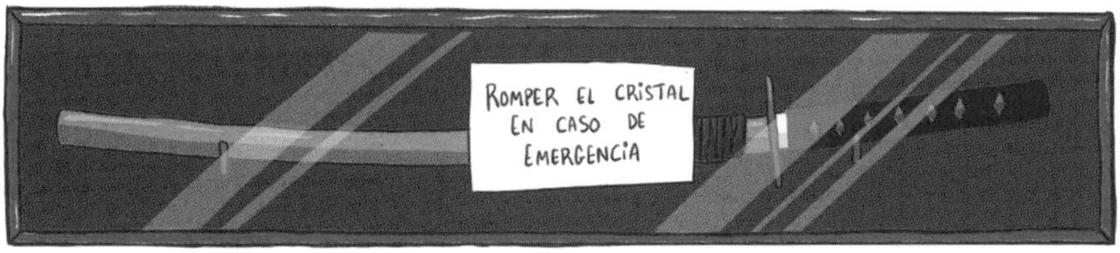
ROMPER EL CRISTAL
EN CASO DE
EMERGENCIA

♫ "GIRASOLES" - ROZALÉN ♫

Carta a los Hombres

Queridos hombres, compañeros de vida, abuelos, padres, hermanos, parejas...

Necesito tenderos la mano, por fin. Después de muchos años de cargarme las espaldas de peso, unas veces por orgullo y otras porque no sabía actuar de otra manera, estoy cansada. Mi cuerpo está cansado, mi espalda está cansada, mis ojos están agotados. Ni yo ni nadie puede convertir este mundo en un lugar más amable para todxs sin vuestra participación.

No os estoy pidiendo que nos salvéis de un malo malvado o de un dragón que escupe fuego, como hemos visto mil veces en las películas. No, no. Olvidaos de los superhéroes, de los protagonistas de películas porno, de James Bond y de todos esos machos perdonavidas. Os estoy pidiendo de corazón y con la mano abierta que caminéis conmigo y con todxs lxs que queremos mejorar este mundo. Necesito deciros que estamos comprometidxs a hacer un cambio radical, a llegar a nuestras raíces y a darnos cuenta de todo aquello que aprendimos y nos ha hecho tanto daño para reprogramarlo y seguir adelante, y precisamos a nuestro lado de hombres que hagan lo mismo. Hombres que se responsabilicen de su historia y de su posición en el mundo. Hombres que estén dispuestos a deconstruir aquello que han entendido como verdad. A abandonar esa masculinidad emocionalmente impermeable y a arriesgarse a romperse. Hombres que estén dispuestos a aprender a amar desde la escucha y el respeto, de igual a igual, y no desde la autoridad. Gozando y aprendiendo todas las lecciones que la apertura de corazón impone. Entendiendo cada día más profundamente que este mundo no es para que lo disfruten unos cuantos privilegiados a costa de la esclavitud de otrxs. Y cuando hablo de esclavitud hablo también de todas esas madres y abuelas que estuvieron cuidando de vuestras familias sin un compañero presente y que nunca ganaron dinero a cambio de su tremendo servicio a la sociedad.

Queremos seres humanos...

comprometidos con una nueva manera de hacer familia, sabiendo que no les va a tocar readaptarse una vez, sino muchas a lo largo de la vida;

que compartan las tareas del hogar de una manera consensuada y se adapten a las nuevas necesidades que conlleva el paso de los años;

que estén dispuestos a vivir el sexo de otra forma, en encuentros que no consistan en desahogar la energía en el cuerpo de alguien y reproducir escenas de películas porno que no fueron pensadas para el placer de ambos, sino en desmontar la armadura que cada unx carga y conocerse a través del intercambio y la conexión con otro ser humano;

que crean que la maternidad no atañe solo a las mujeres y que es un deber social hacer tribu para que las que decidan tener un bebé se sientan arropadas y valoradas, tanto en casa como en sus respectivos trabajos;

que se impliquen en las visitas al pediatra, las tutorías del colegio, las conversaciones, la colada y el proceso vital de lxs niñxs que un día serán adultxs;

que tengan conciencia de que amar no se limita a compartir sentimientos, sino que se basa también en aprender habilidades para ser mejor, todos los días, procurando el máximo bienestar para uno mismo y para el entorno;

que intuyan que cuanto más amor ofrece uno hoy, más bienestar tendrá mañana;

que sientan el compromiso de dejar de tratar a los niños como si fueran guerreros y a las niñas como si fueran de cristal, y lxs eduquen como seres libres del peso del género que están aprendiendo a vivir, como todxs nosotrxs;

que luchen por que los espacios públicos sean seguros para todo tipo de personas;

que sean conscientes de que el sexo de las mujeres y de las niñas no es un producto que se pueda consumir o con el que se pueda comerciar.

Todxs necesitamos que os sintáis parte de esto. Por favor.

Yo quiero un mundo en el que en las casas se oigan gritos de placer y no de disputa. Hemos perdido mucho tiempo gritándonos para ganar. Ha llegado la hora de soltar las armas, mirarnos a los ojos y parar.

Yo ya no hago lucha feminista. No creo en eso. Cambio la palabra «lucha» por «escucha». Creo fervientemente en los círculos de seres humanos que se miran a la cara y expresan la verdad de sus luces y sus tinieblas. Creo férreamente que con la lucha solo se consiguen enemigos y muertos. Yo tiro mis armas. Las voy a fundir para hacer las patas de los pupitres de escuelas donde se hable de la verdad del ser humano, mucho antes que de metralletas, trincheras o francotiradores.

Yo no quiero luchar más. He perpetuado la guerra en mí mucho tiempo, creyendo que así estaba arreglando el mundo, y no es verdad. Lo estaba enfermando. Me estaba enfermando. Yo me rindo a escucharme y a escuchar, a dejar de poner el juicio por delante de mi humanidad.

A los que estéis comprometidos: os acojo yo y os acogemos todas. No os esperamos sentadas, lo hacemos en movimiento.

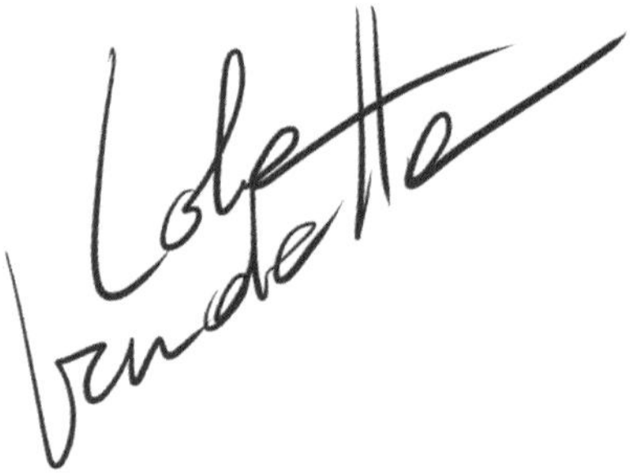